本书获广东外语外贸大学外国文学文化研究中心立项经费资助
属"外国文学文化论丛"系列成果之一

Bogesen Sixiang de
Shengming Huazhang

# 柏格森思想的生命华章

张峰/著

外国文学文化论丛

主编 栾栋

中山大学出版社

·广州·

版权所有 翻印必究

**图书在版编目（CIP）数据**

柏格森思想的生命华章/张峰著. —广州：中山大学出版社，2016.9
（外国文学文化论丛）
ISBN 978-7-306-05883-6

Ⅰ. ①柏… Ⅱ. ①张… Ⅲ. ①柏格森（Bergson，Henri 1859—1941）—哲学思想—研究 Ⅳ. ①B565.51

中国版本图书馆 CIP 数据核字（2016）第 256576 号

| | |
|---|---|
| 出 版 人： | 徐 劲 |
| 策划编辑： | 吕肖剑 |
| 责任编辑： | 廉 锋 |
| 封面设计： | 林绵华 |
| 责任校对： | 王延红 |
| 责任技编： | 何雅涛 |
| 出版发行： | 中山大学出版社 |
| 电 话： | 编辑部 020 - 84111996，84113349，84111997，84110779 |
| | 发行部 020 - 84111998，84111981，84111160 |
| 地 址： | 广州市新港西路 135 号 |
| 邮 编： | 510275 传 真：020 - 84036565 |
| 网 址： | http：//www.zsup.com.cn E-mail：zdcbs@mail.sysu.edu.cn |
| 印 刷 者： | 佛山市浩文彩色印刷有限公司 |
| 规 格： | 787mm×1092mm 1/16 16.5 印张 306 千字 |
| 版次印次： | 2016 年 9 月第 1 版 2016 年 9 月第 1 次印刷 |
| 定 价： | 48.00 元 |

如发现本书因印装质量影响阅读，请与出版社发行部联系调换

# "外国文学文化论丛"序

广东外语外贸大学外国文学文化研究中心成立已有12个年头。作为广东省文科基地,该中心为广东外语外贸大学这所专业型和实用性特征突出的学校增添了几分人文气质,使广东省这个改革开放的"前沿码头"多了些了解他山之石的深度。今天,我们推出"外国文学文化论丛",就是想对本中心研究的状况和相关成果做一个集结,也是为了把我们的工作向广东的父老乡亲做一个汇报。

"外国文学文化"是一个庞大的范围。任何一个同类研究机构,充其量只能箪食瓢饮,循序渐进。我们的做法是审时度势,不断进行学术聚焦,或曰战略整合。具体而言,面对"外国文学文化"这个极其宽泛的研究对象,我们用12年时间完成了内涵、外延、布局、人员、选题、服务学校和社会等方面的核心建构。

其一,12年的艰苦努力,基地真正地完成了对广东外语外贸大学重要外语种类文学文化研究实力的宏观联合。经过这些年的精心组织和努力集结,英、法、德、日、俄、泰、越等国别文学及其相关研究初具规模,跨文化的择要探索、次第展开,突破比较研究局限的熔铸性创制有序进行。从总体上看,虽然说各语种实力仍然参差不齐,但是几个重要的语种及其交叉研究,都有了可以独当一面的人才,有了相对紧凑的协作活动,优选组合的科研局面日臻成熟。

其二,基础研究和个案研究、单面进取与多向吸纳的交叉研究态势业已形成。长期以来,广东外语外贸大学的外语师资在科研方面比较分散,语各一种,人各一隅,教学与科研大都是单面作业,几十年一条"窄行道",一辈子一个"小胡同",邻窗书声相闻,多年不相往来。近几年基地积极推荐选题,从战略上引导,在战术上指点,通过活动来整合资源,基础研究与个案研究的结合颇有成效,单向研究的局限有所突破,交叉研究的方法也有较大面积的推广。这个进步将会对学校的师资建设产生积极而深远的影响。

其三,领军人才和高端人才的培养在有重点地推进。在当今中国,高教发展迅速,不缺教书匠,缺少的是高水平的教师,尤其缺乏大气磅礴的将帅之才。自古以来，有些知识分子以灵气或知识自傲，文人相轻，是己非人，一偏之才易得，淹博之人寥寥，而可以贯通群科的品学兼优之才更是凤毛麟角。我们这些年在发掘和培养科研人才方面，花了不少心血。外国文学文化研究中心以人文学为集结号，在本校相关专业的教师当中培养了一批师资力量。让我们感到欣慰的是，最近几年基地持续多年的创新学术导向渐入佳境，熔铸性的科研蔚成风气，专兼职人员知识结构的改造成为本中心的自觉行动，科研人才的成长形势喜人。随着学校支持力度的加大，陆续有高端人才引进，他们的加盟对基地来讲，是具有战略意义的人才布局。

其四，科研有了质量兼美的提升。从2011年到2013年，"人文学丛书"第3辑15种著作全部付梓。截至目前，1、2、3辑共35种著作，加上丛书外著作5种，总计达40种著述（不包括2011年之前基地已经出版的10多种"人文学丛书"外著作），成建制地推向学界，产生了积极的学术影响。在基地的专兼职研究人员中，有些学者善于争课题、做课题；有些学者精于求学问、搞创新。我们对这两种学者的特长都予以支持。相比较而言，前者之功，在于服务政策，应国家和社会所急需；后者之德，在于积学储宝，充实学林，厚道人文，是高校、民族和国家的基础建设。从学术史和高教发展史来看，两个方面都有其贡献，后者的建树尤为艰难。埋头治学者不易，因为必须淡泊名利，宁静致远。然而，不论是对于一所高校、一个民族、一个国家，还是对全人类，做厚重的学问是固本培元的事情。有鉴于此，基地正在物色人选，酝酿专题，力求打造拳头产品，做一些可以传之久远的著述。

其五，将战略性选题和焦点性课题统筹安排。诸如，以"人文学研究"（即克服中外高校学科变革难题）为龙头，以"文学通化研究"为核心，以"美学变革研究"为情致，以"外国文论翻译研究"为舟楫，以"人文思潮探讨"为抓手，以"重要人物研究"为棋子，推出了一系列比较厚重的研究成果，如人文学原理、文学通化、感性学、文学他化、存在主义、女性主义、后现代主义、新小说、副文学现象、日本汉诗、莫里哀、波德莱尔、艾略特、柏格森、阿多诺、海德格尔、勒维纳斯、海明威、萨特、古埃尼亚斯、本居宣长、厨川白村、川端康成、大江健三郎、村上春树、米兰·昆德拉、伊里加蕾、鲍德里亚、麦克·布克鲁、雅克·敦德、德尼斯·于斯曼、勒·克莱齐奥、哈维等，一盘好棋渐入佳境。

其六，全力配合学校的总体规划。本基地为学校的传统特长——外国文学文化研究增砖添瓦，为学校学科建设的短板——文史哲学科弱项补偏救急，为学校"协同攻关"和"走出去"身先士卒。事实上，基地的上述工作，早就开始"协同攻关"。试想，把这么多语种的文学文化研究集于一体，冶为一炉，交叉之，契合之，熔铸之，应该说就是"协同攻关"。"人文学中心建设"也是一种贯通群科的"协同攻关"。比较文化博士点的复合型人才培养，同样是一种"协同攻关"。我们做的是默默无闻的工作，基地的专兼职研究人员甘愿做深基础、内结构和不显山露水的长远性工作，我们为之感到高兴。笔者一贯用"静悄悄，沉甸甸，乐陶陶"勉励自己，也以之勉励各位同事。能够默默地奉献，那是一种福分。在"走出去"方面，我们也下了相当大的功夫，仅2013—2014年，基地就有5名教授分赴法、德、俄、美等国访问与讲学。这些活动的反响都很积极。对方国家的高层学者，直接把赞扬的评价反馈给我国教育部、汉办等领导部门。我们努力响应国家和学校的号召，认认真真地"走出去"，这在今后的工作中还会有进一步的体现。

以上几个方面的工作，在"外国文学文化论丛"中都有聚焦性的著作推出。还有一些方面，比如外国语言文学如何固本培元的问题，外国语言文学选择什么提升点的问题，"人文学"的后续发展问题，诸如此类，都是今后基地科研工作的关注点。这些方面也会在"外国文学文化论丛"中陆续有所体现。序，是个开端。此序，也是12年来基地工作的一个小结。

栾　栋
2015年4月19日
于白云山麓

# 目录
Contents

前言 ································································································ 1

## 第一章 生命的放逐 ································································· 13
### 第一节 生命的形上消解 ······················································ 15
一、"存在"的生命之失 ······················································ 15
二、"理念"的生命之隐 ······················································ 17
三、"机械"的生命之弃 ······················································ 20
### 第二节 生命的形上悬置 ······················································ 22
### 第三节 生命的形上辨伪 ······················································ 28

## 第二章 生命的时间镜像 ······················································ 35
### 第一节 时间的量化之路 ······················································ 36
### 第二节 时间的质归之思 ······················································ 41
一、量化时间下的性质之思 ················································ 42
二、时间的纯质之思 ······························································ 46
### 第三节 康德时间生命化的困境 ·········································· 51
一、时间生命化的逻辑困境 ················································ 52
二、时间生命化的理论困境 ················································ 54

三、时间生命化的自由困境 ………………………………… 58

## 第三章 生命的登场 ……………………………………………… 65
### 第一节 绵延的发现 ………………………………………… 66
一、从强度到多样性 ………………………………………… 67
二、从多样性到绵延 ………………………………………… 70
### 第二节 物质与绵延 ………………………………………… 76
一、概念重构 ………………………………………………… 77
二、实验论证 ………………………………………………… 86
三、思辨论证 ………………………………………………… 91
### 第三节 对科学方法论的反思 …………………………… 96

## 第四章 生命的超越 ……………………………………………… 103
### 第一节 对生命概念的梳理 ……………………………… 104
一、生命的核心：人 ……………………………………… 105
二、生命的本质：意识 …………………………………… 108
三、生命思想的标准：主体性与自我经验 …………… 109
### 第二节 对生命概念的疑虑 ……………………………… 112
一、生命：人的泛化 ……………………………………… 112
二、生命的意识羁绊 ……………………………………… 115
三、对生命哲学划分标准的分析 ……………………… 119
### 第三节 生命的超越 ……………………………………… 122
一、超越的条件 …………………………………………… 123
二、主体性的明弃 ………………………………………… 124
三、文字背后的领会 ……………………………………… 127

## 第五章 生命的张力 ……………………………………………… 131
### 第一节 必然铁律与自由意志 …………………………… 132
一、生命与自由 …………………………………………… 133
二、因果律的疆界 ………………………………………… 136
### 第二节 思之有维与去维 ………………………………… 142
一、思维之去维 …………………………………………… 142

二、有维之思的诘难 ················· 147
　　三、诘难背后的价值取向 ··············· 152
第三节　生命的形上与形下 ················ 157
　　一、生命的形上之引 ················· 157
　　二、生命的形下之履 ················· 167
第四节　生命的美学观照 ················· 174
　　一、喜剧：美的生活显现 ··············· 174
　　二、艺术：美的生命显现 ··············· 178

# 第六章　张力下的思索 ·················· 185
第一节　根基处的反思 ·················· 187
　　一、追问芝诺 ···················· 187
　　二、消解虚无 ···················· 191
　　三、拆解理念 ···················· 194
第二节　群科中的游走 ·················· 198
　　一、文史哲互根 ··················· 198
　　二、心理学、生物学基奠 ··············· 201
　　三、多学科融通 ··················· 203
第三节　哲学域内的创造 ················· 204
　　一、从理念之静到绵延之动 ·············· 205
　　二、从智能之析到直觉之感 ·············· 207
　　三、从概念之收到隐喻之放 ·············· 209

# 第七章　直觉视域下的中西之融通 ············· 213
第一节　直觉之同 ···················· 215
　　一、关注生命 ···················· 216
　　二、质疑语言 ···················· 218
　　三、远离功利 ···················· 219
第二节　同名背后的差异 ················· 221
　　一、缘起之异 ···················· 221
　　二、机理之殊 ···················· 223
　　三、旨归之分 ···················· 226

第三节　中西直觉之融通 …………………………………… 228
　　　一、梁漱溟之"新孔学" …………………………………… 229
　　　二、熊十力之"新唯识论" ………………………………… 231
　　　三、张君劢之"新玄学" …………………………………… 234

**结语** ………………………………………………………………… 238

**参考文献** …………………………………………………………… 242

**后记** ………………………………………………………………… 253

# 前　言

亨利·柏格森（Henri Bergson，1859—1941），19世纪末20世纪初法国著名哲学家，其代表作《创演论》（*L'évolution créatrice*）[①] 曾以其"丰富而生机勃勃的思想及其卓越的表现技巧"获得1927年诺贝尔文学奖。在柏格森身上，我们既能看到文学家的炫彩与华丽，也能感受到哲学家的深邃和沉思；既能体悟人文直觉的温馨与多彩，又能感受科学逻辑的严密与精湛；既能体验生命在当下的有形阈限，又能感知其在未来的无形超越。文学与哲学、人文与科学、当下与未来的交集，构成了本研究选题的外部原因。若向纵深处思考，柏格森思想中的耐人寻思之处便在方法论、认识论、本体论和价值论层面自然展开，此四方面问题的合集构成了本研究选题在学理方面的深层缘由。

## 一、研究思路

从方法论层面看，基于对数学和经典物理学研究方法的分析以及对西方传统哲学进路的剖析，柏格森明确指出这些方法背后是一种"思维的摄影机机制"（le mécanisme cinématographique），即一种割裂性的静止思维。值得推敲的是，作为极具禀赋的数学天才[②]，柏格森何以会对科学的方法质疑？对科学的反思能否构成柏格森反科学、反理性之名成立的原因？现实中科学方法的有效

---

[①] *L'évolution créatrice* 一书最早的国内译本出现在1919年，张东荪将其译作《创化论》，此译法深得柏格森创造之游移不定的内涵，但"化"字一词的中式意味太浓，超出了柏格森思想对心物、质量、时空的真切且具体的把握，少了原著勇往直前的进取之义。此后，*L'évolution créatrice* 经常按字面意思被译作《创造进化论》或《创造的进化论》。依照栾栋教授的观点，l'évolution 有进化之义，但也有演化之义，取后者为妥帖。其理据如下："进化"一词过于科学化和线性化，不如"创演"二字更符合柏格森的本意；柏格森的创造性思想具有融通性、发散性和演变性，在生命、心脑、灵肉、时空、意志等关系上，更侧重逸出逻辑和科技概念的爬梳剔抉，若用线性思维来牢笼，则显得生硬僵直；*L'évolution créatrice* 写作用意，也是在古往今来中穿梭，在生命律动间游弋，本身就是超出常规的开放性求索，即一种非传统的思想演绎。有鉴于此，本书采用《创演论》之译法。
[②] 柏格森从小就表现出在数学上的天赋，他曾于1877年解决了一道数学大赛的应征难题。详情参见：王理平. 差异与绵延 [M]. 北京：人民出版社，2007：4.

性是否能够反证柏格森方法的无效性？叩问自然的科学是否是把握实在的唯一途径？经验科学之实证是否为量天的绝对尺度？

从认识论层面看，在科学范式认知自然的大一统局面下，柏格森提出了直觉这样一种新的范式。科学范式的本质是一种空间性思维，其主要手段是分割与解析；直觉范式的本质是一种时间性思维，其主要手段是融合与统一。时间思维中的时间不再是科学中那种分点、分段、分期的可量度性的时间，而是一种不能分割的整体性的时间之流，即绵延。对绵延的把握依靠的是主观的直觉体悟，而非逻辑的推理和实证的量度。在柏格森这里，这种绵延化的思维方法，这种主观的直觉认知范式，能否直面经验科学之实证的质问？

从本体论的层面看，西方传统本体论之理念是一个超验的本体，或者说是一种逻辑上的存在。柏格森在颠覆传统理念、建构形而上学理论的过程中，使用了大量富含生命气息的概念。这种与生命、与主体的纠葛使其获得了生命哲学之冠名。绵延、意志、自由等生命概念极具活力和创造性，同时也蕴含着有限性。生命的有限性是否真的构成柏格森思想的藩篱、成为其哲学的局限？这种局限是否是柏格森思想在一段时间内销声匿迹的原因？如果不是，那柏格森思想中应该存在对生命有限性的超越，直觉范式下的发现也应是一种客观实在。如果存在超越，那又发生在何处？柏格森思想进路中隐喻化的言说方式又能否经受住逻各斯的诘难？

从价值论的层面看，柏格森思想似乎更接近于一种对自然实在、无功利性的描述。其思想上这种无功利性的基调与他积极入世之践履形成巨大反差。这种悖反是否又在暗示我们应该对其思想做一番价值层面上的研究？这种研究能否揭示出一种无用之大用？在这样一个讲究效率、追求功用、注重现实意义的当下，象牙塔式的研究是否必要？理论研究是否一定要遵循指导实践的必要？当科学和实践成为检验真理的唯一尺度时，非功利的人文研究该何去何从？

本书的选题与运思基于以下两个理论因素的考量。从理论依据看，当前比较文学的研究视野主要覆盖类型学研究、形象学研究、主题学研究、译介学研究、比较诗学研究、同语异域文学研究等。上述领域的研究要么从理论出发，最后来到具体的文学现象；要么从现象开始，走到理论的归纳与提升，或者是从理论到理论的融通。在这些看似不同的研究路径背后有着共同的向度，即理论向度。理论向度是学术研究的固然本质，但若不执着于上述三种进路，而去追问理论背后的成因，去探究理论机制背后的机制，对问题的思考则必然是哲学层面的运思。比较文学研究也为此得以多出一个向度——元理论向度。元理论向度为文学研究跳出文学看文学提供了可能，也使得比较文学研究能够充分去吸取哲学提供的养料。

从本研究运思的指导性原则看，栾栋教授的辟文学理论为本研究提供了思考方式和宏观性指导。辟文学思想是人文学原理的一个组成部分。辟文、辟学、辟思的关键在辟解。辟解，是心物人己关系开合启蔽的兼在兼通，也是对辩证思维逻各斯机制的内在消解。就文学而言，辟解提出的是"文学非文学"的命题，辟文学意味着文学是文学，而同时又非文学。文学是与非的辟合处，披露出了"文史哲互根"的深厚底蕴。本书不拘泥于文学的文学性研究，是辟文学理论精神和思想方法的践履，哲学领域内的"人文学互根"之思正是在界非界的辟思，文学丛林的"文学非文学"之辩则是文学通化的辟解，心物冥会时的质量交感又为生命华章打开了新的一页。辟思带给本书的是解疆化域的辟创。人文学原理从理论运思的导向性来说，可称文之道；从对写作实践的深层指导来说，可谓思之器，原始要终、熔铸创演、化感通变等理念在本书写作的若干节点均有体现。人文学体用不二的和合性特质为本研究的跨学科比较研究提供了理论依据。

## 二、国内外研究现状

### （一）国外研究现状

在国外，柏格森研究以法国为中心全面铺开，大概可分为以下四个时期。

第一个时期为柏格森生前。像一切有独创性的思想家一样，柏格森在生前，特别在《创演论》问世后，受到热烈地追捧，同时又遭到严厉地攻击。柏格森的追随者中最著名的是勒卢阿（Édouard Le Roy），他将柏格森的哲学命名为"一种新哲学"（une philosophie nouvelle），以表明其与传统哲学的决裂，颂扬其充满生命力的创造精神。其反对者主要有朱利安·班达（Julien Benda）和雅克·马利坦（Jacques Maritain）。班达先后通过《柏格森主义：一种运动的哲学》（*Une philosophie pathétique*，1913）和《知识分子的背叛》（*La Trahison des Clercs*，1927）来驳斥柏格森，认为柏氏哲学完全否定了对于科学和知识的价值。马利坦则站在托马斯主义的立场，指责柏格森对于理智这个上帝最伟大作品的贬低，认为柏格森思想与基督教教义矛盾。在柏格森的反对者中，影响最大的是伯特兰·罗素（Bertrand Russell，1872—1970），他在《西方哲学史》（*A History of Western Philosophy*，1945）中对柏格森哲学的冷嘲热讽为此后的研究留下了抹之不去的烙印。罗素带着讥讽的口吻将柏格森思想纳入了非理性主义的行列，他认为柏氏著作缺乏有力的逻辑论证，不过是依赖优美的文笔："他像做广告的人一样，依赖鲜明生动、变化多端的说法，依赖对许多隐晦事实的表面解释。"①

第二个时期为柏格森去世后的 20 年。这个时期的柏格森研究相对沉寂，主要的代表作是罗密欧·阿尔布尔（Roméo Arbour）的《柏格森与法国文学》（*Henri Bergson et lettres françaises*，1955），它主要阐述了柏格森对法国文学思潮的影响。这个时期，部分有远见的学者已经认识到柏格森思想的价值，在《法国哲学史录》（*Tableau de la philosophie française*，1962）一书中，哲学家让·华尔（Jean Wahl）将柏格森哲学看作是自苏格拉底（柏拉图）、笛卡尔、康德等哲学家引发革命后的第四次伟大革命。

第三个时期为 20 世纪 60 至 90 年代。1966 年，吉尔·德勒兹的《柏格森主义》（*Le Bergsonisme*）一书出版，给柏格森研究带来了划时代的影响。在该著作中，德勒兹重新认识了柏格森的直觉方法论、科学与形而上学的关系以及多样性理论，并在 1988 年英文版后记中明确提出"回归柏格森"（Retour à Bergson）的口号。众多知名学者，如让·华尔、亨利·古耶（Henri Gouhier）、亨利·伍德（Henri Hude）、弗雷德里克·沃姆（Frédéric Worms）、菲利普·索尔（Philippe Soulez）、让-路易·维耶埃-巴龙（Jean-Louis Vieillard-Baron）等开始投入柏氏思想的研究之中。其中贡献最大的是亨利·伍德，他花费十几载整理出版了柏格森的大量讲稿，共四卷（*Cours, tome* I—IV，1990—2000），并写出两卷本有关柏氏研究的重要著作《柏格森》（*Bergson* I—II，1989—1990）。

第四个时期为 21 世纪的前 10 年。这是柏格森研究在法国最活跃的时期，一方面学者们继续柏格森文献的整理出版，另一方面还展开柏格森与其他思想家的对比研究。最能体现柏格森研究成果的是弗雷德里克·沃姆主编的四卷丛书《柏格森年鉴》（*Annales bergsoniennes* I—IV，2002—2009）。《柏格森年鉴》收录了众多一流学者研究柏格森的最新成果，内容丰富，视野开阔，广泛涉及柏格森的哲学史地位、形而上的本体论与方法论、柏格森与德国古典哲学、柏格森与现象学、柏格森与科学、柏格森与道德和宗教等诸多领域，充分展现了国外目前柏格森研究的现状。自此，柏格森进入了柏拉图、亚里士多德、笛卡尔、斯宾诺莎、康德、黑格尔等大思想家的行列，柏格森哲学研究成为当代西方思想领域最活跃的思潮之一。

（二）国内研究现状

柏格森在国内的研究大致也可分为以下四个时期。

---

① 罗素. 西方哲学史（下）[M]. 马元德，译. 北京：商务印书馆，2010：365.

第一个时期为20世纪40年代之前。国内柏格森研究最早出现在1913年，钱智修在《东方杂志》第10卷第1号发表《现今两大哲学家概说》，拉开了柏格森思想在中国颇为崎岖的传播历程。五四运动前后，柏氏思想在中国掀起了一股热潮：1919年张东荪翻译的《创化论》由商务印书馆出版，《新潮》《民铎》等杂志开始刊载介绍柏格森的文章。值得一提的是，《民铎》于1921年设立"柏格森专号"，刊登当时诸如张君劢、李石岑、蔡元培、张东荪、梁漱溟、吕澂等人的文章，内容既涉及柏格森作品的介绍分析，又有比较性研究。随即，柏格森主要著作相继出现了中译本：1921年杨正宇译《形而上学导言》，1922年张东荪译《物质与记忆》，1923年胡国钰译《心力》，1927年潘梓年译《时间与自由意志》，1933年张闻天译《论滑稽的意义》。柏格森在中国的热潮一直持续到20世纪30年代。通过"柏格森专号"的推介和柏氏著作的引进，柏格森哲学正式进入中国先进知识分子的视野，鲁迅、郭沫若、郁达夫、宗白华等人都通过各种方式接触到柏格森，或多或少地接受了柏氏思想的影响。

关于柏格森哲学在近代中国的传播情况，建议参阅吴先伍所著的《现代性的追求与批评——柏格森与中国近代哲学》。该书有关章节在具体事实的基础上，侧重梳理柏格森哲学在近代中国的传播脉络，其中对近代中国的柏格森主义热潮的分析颇为中肯。吴先伍认为，柏格森创造进化论的"生命冲动说"较之生物进化论的"优胜劣汰"原则更契合近代中国民众的心理。首先，依据创造进化的观点，生命就像爆炸的炮弹和烧开的水，同时包含各种方向，每个方向都有其存在的合理性，这种合理性为当时遍体鳞伤的中国的继续存在提供了理论上的支持；其次，柏格森哲学对于语言和直觉的观点以及对相关不确定性的追求，使其与中国传统文化之间具有某种表面的相似性，而正是这种相似很容易使近代国人在谈论其思想时去"寻找中国传统文化的影子，寻找中国传统文化存在合理性的证明，寻找民族自尊心和自豪感，同时也要寻找中西交汇的契合点"①。

第二个时期为20世纪40年代至80年代。20世纪30年代以后，由于马克思主义的全面进驻，西方其他哲学思想淡出国人的视野，柏格森主义也不例外。1958和1963年，国内学界重译柏格森的《时间与自由意志》和《形而上学导言》，但其目的不是为研究柏格森主义提供支持，而是为了批判其反理性的唯心主义哲学思想。不过，依据柏格森的生命理论，曾经的存在并不会消失，而是通过记忆的方式储存下来，记忆安静地隐身在神秘之所，等待着知觉

---

① 吴先伍. 现代性的追求与批评——柏格森与中国近代哲学［M］. 合肥：安徽人民出版社，2005：42.

的召唤，等待着突然的苏醒，以成就崭新的创造。柏格森主义在中国的传播，也一如潜在的记忆一般，静静地等待着新的召唤。

值得一提的是，1966 年台湾商务印书馆出版了吴康先生的专著《柏格森哲学》。这是目前所知国人最早研究柏格森思想的个人专著。相对于前期诸多散乱的研究而言，《柏格森哲学》一书更为系统和全面，其内容涉及柏氏的基本概念、进化思想、道德思想、宗教思想等，"反映了吴先生对柏格森思想的整体把握能力"①。

第三个时期为 20 世纪 80 年代到世纪末。20 世纪 80 年代，西方哲学、美学、文学思潮成为中国学界的热点，柏格森哲学重拾记忆，以新的形象返回中国。1988 年，陈伟平、施志卫的《生命的冲动——柏格森和他的哲学》以文学化的语言较为系统地介绍了柏格森的生平和著作。这一时期，报纸期刊也零星出现一些介绍柏格森思想的文章，如戚文藻的《柏格森直觉主义今议》，费大伟的《柏格森非理性主义美学中的绵延说》，赵修义的《柏格森的非理性主义》，孙志明的《评柏格森的非理性主义》，周荫祖、金元浦的《论柏格森直觉主义及其美学意义》，陈卫平的《论柏格森在近代中国的影响》，王宗昱的《梁漱溟与柏格森哲学》，等等。仅从上述论文的题目就可以看出，在整个 20 世纪 80 年代，甚至到 90 年代初期，国内的柏格森研究还没有完全摆脱早期意识形态的影响，基本将柏格森思想定位为直觉主义和非理性主义；而且，由于当时国内的研究将柏格森思想与整个西方近代历史背景相脱离，这一时期的研究很难认清其思想的核心内容，而只能将他哲学中的一些主要概念，如绵延、直觉和理性等，当成他的思想重心来考察。

第四个时期为 20 世纪 90 年代到 21 世纪的前 10 年。这一时期不仅相关的期刊文章数量大增，柏格森的著作不断重版重译，相关论著也明显增加，主要有李文阁、王金宝的《生命冲动——重读柏格森》(1998)，尚新建的《重新发现直觉主义——柏格森哲学新探》(2000)，吴先伍的《现代性的追求与批判——柏格森与近代中国哲学》(2005)，王礼平的《差异与绵延——柏格森哲学及其当代命运》(2007)。此外，还有相关领域的博士论文，如江冬梅的《生命·艺术·直觉——柏格森与 20 世纪中国美学》(2011)，赵伟的《时间与创造——柏格森哲学中的创造概念研究》(2011) 等。

其中，《生命冲动——重读柏格森》主要是从人的角度入手，以人为中心，围绕人的存在，对柏格森思想进行阐释，它在突出和张扬人的存在价值，尤其是精神的存在意义的同时，带有一定的视角局限性，缩小和限制了柏格森

---

① 赵伟. 时间与创造——柏格森哲学中的创造概念研究 [D]. 上海：复旦大学，2011：17.

思想的宏大气势，一定程度上造成了对原作原思的曲解和误读。

《重新发现直觉主义——柏格森哲学新探》是国内较早集中探讨柏格森思想的研究论著，对于此后的柏格森研究有着重要的参考价值。在新思想、新思潮迭起的世纪之交，该论著基本按照柏格森作品发表的先后顺序，一方面沿着柏氏思想自身的发展对著作进行细致解读，同时又将其置身于西方哲学史的背景中，既能展开柏格森与不同哲学家的比较，又能引入当时国外最新、最具权威的柏格森研究成果；另一方面，该研究对于柏格森主义在哲学史上的独特地位和其突然的销匿有着独到的见解，在国内第一次将柏格森提升到了几乎与尼采同等重要的地位。但是，该研究所存在的问题也很明显，它的"章节基本是按照柏格森发表的基本著作的先后顺序安排的，而每章所讨论的问题都集中在某本著作上，从而使对柏格森哲学的论述缺乏整体感"①。

《现代性的追求与批判——柏格森与近代中国哲学》一书展开的是横向影响性比较研究。它首先从厘定现代性的概念入手，将柏格森定位于现代性内部的批评者，完成柏格森与西方近代思想史的衔接，为进一步理解柏格森思想打下基础。该研究着重论述了近代中国在构建现代性的过程中对柏格森思想的吸收和借鉴，其成功之处在于它并没有流于表面生拉硬套的比附，而是立足现代性，深入材料内部，集中于考察柏格森哲学如何参与中国现代性的构建，它如何影响中国近代一些哲学问题的思考和解决，中国近代的思想家如何利用和发展柏格森哲学等；并且，针对新时期国内柏格森哲学研究中出现的一些问题和不足，该论著有着非常清晰的认识，并提出了相当有建设性的意见和建议。②

《生命·艺术·直觉——柏格森与20世纪中国美学》也是一部横向影响性比较研究著作，但不及前一部著作研究得缜密和深入。

与以往研究借助于英译本和中译本不同的是，《差异与绵延——柏格森哲学及其当代命运》一书是从柏格森的法文原著及当今国际最新的研究成果入手来阐释柏格森思想。论著文献丰富，紧跟国际柏格森哲学研究的前沿，提出不少新颖的学术观点，代表了新世纪柏格森研究的新气象。该研究最具创新之处在于它大胆打乱了柏氏著作的先后顺序，以绵延本体论为中心，重新组织柏格森思想中的诸多核心概念，突破了以时间和体系来规范柏格森主义的窠臼，体现了柏氏所倡导的开放与创造精神。该著述以哲学论域为核心，广泛涉及柏氏的科学思想、政治思想、宗教思想、伦理思想等，较为全面地展现了柏格森的

---

① 吴先伍. 现代性的追求与批评——柏格森与中国近代哲学 [M]. 合肥：安徽人民出版社，2005：265.
② 吴先伍. 现代性的追求与批评——柏格森与中国近代哲学 [M]. 合肥：安徽人民出版社，2005：267-268.

宏大气势。再有，该论著语言优美生动，读起来朗朗上口，一改以往哲学研究中语言的生硬、晦暗与艰涩，在论及到得心之处，作者会也用上一个甚为巧妙的隐喻，颇有柏格森语言的遗风。

《时间与创造——柏格森哲学中的创造概念研究》是距今最近的一篇博士论文。论文以开放的体系作为柏格森思想的研究前提，以柏格森的四本主要著作《论意识的直接材料》《物质与记忆》《创演论》《道德与宗教的两个来源》为素材，集中探讨柏氏思想中创造概念的演变。

### （三）缺憾与不足

21世纪以来，法国哲学虽然已成为国内学术界的研究热点，但学者们的注意力更加集中在福柯、梅洛·庞蒂、德里达、德勒兹、列维纳斯等新一代哲学家的身上，柏格森似乎成为被遗忘的一隅。无论在西方哲学史，还是在外国文学及文艺学研究领域，国内的柏格森研究基本都处于边缘地位，主要体现在以下几个方面。第一，柏格森在教科书中的缺失。除了在哲学史教材中被短暂提及，我们在时下最流行的美学史、文学理论和文艺理论教程中鲜见柏格森的影子。① 第二，柏格森著作中译本的缺憾。到目前为止，柏格森的四本主要著作《论意识的直接材料》《物质与记忆》《创演论》《道德与宗教的两个来源》都有了中译本，其中《创演论》甚至有了四个不同的译本。就这些译本而言，首先值得肯定的是，它们为国内的柏格森研究提供了巨大的便利，但同时无论是英译本还是法文原著，在细节方面都还存在不少值得商榷的地方。除了四本主要著作外，柏氏还有大量重要的论文、演讲稿、课堂讲义等在国内尚没有中译本，这不利于研究工作的进一步展开。第三，柏格森研究成果的翻译工作尚未展开。如前所述，在国外尤其是法国，柏氏思想研究已取得了长足进步，出现了一批卓有成效的研究成果。由于对其在哲学史上定位的不同，国内外的研究出现了一定反差，这一反差也体现在对研究成果的借鉴上。相对于柏格森的著作而言，其研究成果的译介工作在国内更加滞后。迄今为止，仅出现了两本柏格森研究专著的翻译：拉·科拉柯夫斯基的《柏格森》和吉尔·德勒兹的《康德与柏格森解读》，而其中第二本完全是仰仗了吉尔·德勒兹的大名，本是出于研究德勒兹而非柏格森的需要。

在相关领域的边缘地位使得目前国内的柏格森思想研究在整体上仍存在诸

---

① 在朱光潜的《西方美学史》、李醒尘的《西方美学史教程》、杨东的《文学理论》等著作中，我们都没有找到关于柏格森思想的论述；但在张秉真、章安祺、杨慧林所著的《西方文艺理论史》中，我们看到了对柏格森思想颇为新意的定位，该著作将柏格森界定为西方现代派文艺理论的奠基者之一。

多不足，主要表现为以下几个方面。一是鲜有从西方思想发展史的宏观角度阐释柏格森的。柏格森思想是在对西方传统理念哲学批判的基础上建立起来的。从古希腊爱利亚学派的芝诺诡辩一直到近代的康德哲学，柏格森思想纵贯整个西方哲学发展史。不遵循西方哲学的发展脉络，就无法从根基处把握柏格森。二是缺乏对柏格森哲学所产生的时代背景的认识。将柏格森思想从其时代背景中剥离出来进行纯哲学的分析，是自21世纪以来有关柏格森研究的主要表现。这种研究虽然带来了柏格森思想在某一领域入木三分的解读，却忽视了其根本的出发点，无法认清柏格森哲学的根本任务。三是各种关于柏格森思想的研究缺乏从文学通化向度的开掘。目前，国内的研究者大多都是从阐释者的角度来解释柏格森的思想，从国外已有的研究成果中吸取相关内容，尚缺少对其哲学前提的探究和反思，缺乏贯通群科的聚焦与辟解。四是对柏格森生命概念尚拘泥于有形生命体的具象性理解，将生命哲学的称谓圈定在主体范畴内进行阐释，忽略或者掩盖了柏格森思想在宇宙论层面的观照，其颇有启发的无限与自由观念往往被忽略。

## 三、本书研究的主要内容

本书以人文学理论为指导，从比较文化的视野出发，在前人研究的基础上，以西方哲学发展史为宏观背景，围绕"生命"概念重新思考和阐释柏格森思想，试图从以下四点展开突破和创新。

第一，在西方哲学发展史的宏观背景中展开柏格森生命概念与不同时期哲学思想的比较研究，结合其记忆理论探寻柏氏对于传统哲学的承接与超越。

第二，从直觉方法论的角度剖析柏格森对于科学方法的反思与批评，结合柏氏思想诞生的时代背景，尝试梳理科学与形而上学之间的纠结，进而阐发其对于当代人文研究的意义所在。

第三，对比国内外学界对于柏格森生命概念的不同理解，辨析它们背后的理据，在此基础上对生命思想做出新阐释。

第四，展开柏格森直觉主义与中国传统思想在关注生命、反思语言、远离功利等方面的契合，探究它们在缘起、运作、旨归等深层机理方面的差异。

本书主体部分共分为以下七个章节。

第一章：生命的放逐。本章将生命概念放置在西方哲学史的宏观背景中展开讨论，回顾生命从古希腊哲学到19世纪进化论思潮的多舛发展历程。其重心在于探讨柏格森对于传统哲学的批判和吸纳，尤其是他对康德哲学的继承和超越。

第二章：生命的时间镜像。总体而言，生命在西方思想发展史上基本处于被遗忘和被消解的境遇。但是，任何思想的发展不可能只表现为单一的驱逐和排挤，去生命化的现象背后还隐藏着暗潮涌动的生命之潜在：柏拉图并没有将时间完全排除在永恒之外；亚里士多德的时间观念中潜伏着对生命之质的思考；奥古斯丁将时间完全内化为精神；牛顿的绝对时间观源自执着的个人信仰；康德虽然将时间看作和空间一样的先天直观形式，但时间并不完全等同于空间。只有放入空间内的时间才是纯一和静止的，时间自身拥有动态层次。此时，时间不再是脱离了主体的规律性周期运动，而是和心灵密切相关的、内化的、反映生命存在的镜像。

第三章：生命的登场。本章沿着柏格森生命发生与发展的明线展开，以意识、绵延、物象、知觉、记忆等概念为引导，展示了生命从意识到物质、从物质到精神的发展进路，为第四章生命的超越铺路搭桥。本章的着力点有二：其一在于解析柏格森绵密的论证理路及其实证与思辨相结合的论证手法；其二在于反思科学方法论，进而探讨学界对于柏格森思想的定位。

第四章：生命的超越。本章从梳理学界对生命概念的不同理解入手，沿着柏格森生命概念的明暗两条线路，展示了生命从主体到宇宙，从概念到隐喻，从有形到无形的超越。

当下学界无论是将生命理解为主体，还是理解为意识，都是出于有用、无用的功用性考量，将生命与有限的生命体紧紧捆绑在一起，从而忽略生命在宇宙论层面的超越与意义，剥夺了它在形上之域的自由之韵。

柏格森对生命的超拔沿明暗复线进行：意识、绵延、物象、知觉、记忆等概念的依次登场，勾勒出生命从意识经由物质走向宇宙存在的超越明线；明线的超越带来了言说方面的困难，形象化的隐喻与直觉化的绵延之思连接了超越在明线上的缝隙，滚滚流动的生命由此从概念走向隐喻，从逻辑走向体悟，从有形走向无形。

第五章：生命的张力。本章探寻的是生命概念下所呈现出的四对张力：必然与自由、有维与去维、形上与形下、个性与共性。必然与自由呈现的是人文与科学、物质与精神之间的纠结，有维与去维再现的是空间与时间、智能与直觉之间的比对，形上与形下给出的是有用之无用与无用之有用之间的悖反，个性与共性展现的是艺术与生命和生活的同气相求。

第六章：张力下的思索。作为笼罩群科的复合型学者，柏格森思想是人文学櫽栝、文史哲互根的典型范例。从归根、通变、创造的视角研究柏格森势必带来人文学研究的新内容，为人文思想的广泛播撒添砖加瓦。

第七章：直觉视域下的中西融通。柏格森思想在 20 世纪初进驻中国，并很快与国内的现代性构建发生关联，对当时的各大思想流派均产生深远影响。时至今日，回首反观，这种影响无疑取决于柏氏理论的独特魅力，但同时也和它与中国传统思想的某些相似与相通割舍不开。直觉是这种相似性和相通性的重要体现，是二者发生契合的重要因子。本章将详细剖析它们之间的异同以及在近代中国所发生的碰撞与融通。

第一章　生命的放逐

在柏格森看来，生命概念应具备以下两个基本特征：一是变化，二是不定。变化意味着生命不是恒常的静止，而是连续的运动；不定意味着生命拒绝必然，拒绝预测，是一种创造着的进化。当然，就柏格森自己对语言的态度而言，生命概念这种说法在一定程度上与他绵延和直觉的精神不太符合，与他回归活生生直接经验的方法有些相悖。在他看来，生命是一种非概念性的流动；而概念是知性思维的产物，是对流动的固化。但是，为了言说和讨论的方便，我们还是有必要把柏氏的生命视为一个概念，否则对其生命思想的分析就难以成为可能。其实，只要不拘泥于文字相，而去领会能指背后的所指，那么，即使在概念的言说框架内，也不会对柏格森生命的内涵造成大的偏差。

从爱利亚学派的巴门尼德到柏拉图再到亚里士多德，古希腊理念哲学从其本质上表现出一种对永恒静止的无限追求：由于视生灭变化和运动为幻相，理念哲学的本体存在只是一种去时间化的逻辑存在。理念远离变化和运动，也就远离了自由和创造这两大生命的基本特征。

作为二元论的肇始者，笛卡尔一直徘徊于两条线路之间，既肯定一般的机械论原则，又相信人的自由意志。但是，"试图用数学的精密性来装备哲学"①的思想，使得生命渐露的嫩芽窒息在以斯宾诺莎和莱布尼茨为代表的心物平行论中。

康德对理性认识能力的批判也没有破除近代科学带给哲学的机械论思想，没有找回形而上学中被消解和被遮蔽的生命之质。面对科学和知性的强大力量，他将生命悬置到本体界，成为知性所无法触及的"物自体"。

19世纪的进化论思潮极大地影响着柏格森，他充分肯定其对于哲学研究的重要意义，但又认为进化论思想把机械论和目的论的方法套用于生命领域，其中蕴含的必然性与生命的自由本质相违背。同时，进化论思想以科学的观点和方法从现实的某个角度来观察现实，将自身严格限定在特定的观点上，并且较为重视细节方面的研究。这样的方法固然得到了精确性和实用性，却忽视了现实的全貌，忽视了生命的总体特征。

从古希腊理念哲学到17世纪的机械论，从康德哲学到19世纪的进化论，西方主流哲学所探寻的是一些规律性存在，它们排斥变化，否认不定。这些去生命化的倾向被称之为对生命的放逐。

---

① 撒穆尔·伊诺克·斯通普夫，詹姆斯·菲泽. 西方哲学史 [M]. 丁三东，等，译. 北京：中华书局，2005：332.

## 第一节　生命的形上消解

基于生命的变化与不定这两个特征，柏格森认为在西方思想史的发展中，生命没有得到应有的重视。

西方传统哲学从希腊源头开始便否认运动和变化，将其界定为一种非实在，而将它们背后被称为"理念"的静止存在物界定为真正的实在。这种主张体现在希腊哲学的主流学说中，最具代表的是柏拉图的理念说。在柏格森看来，理念这种实在恰恰是对生命的扼杀和消解。

自笛卡尔以来，近代哲学借助数学思维的机械论来理解生命。尽管笛卡尔的主客二分论给精神化的生命留下了空间，但面对强势的数学思维，物质与精神的二元对立最终在斯宾诺莎和莱布尼茨那里演变成一种心物平行论。这种物质状态与心理状态对应的学说实质上是对生命的一种物化。

简言之，无论在西方哲学的源头，还是在近代哲学中，生命都处于一种被消解的状态：理念哲学否定了变化，近代哲学否定了不定。

### 一、"存在"的生命之失

追根溯源是人文研究的重要方法。沿着柏格森思想发展的轨迹进行回溯之旅，我们不难发现柏格森对古希腊哲学的追问进路。他对运动的理解切中了芝诺悖论的要害，对理念的剖析拆解了柏拉图的永恒，对第一推动力的质疑消除了亚里士多德的上帝——对西方哲学在根基处的反思成为理解柏格森生命概念的逻辑起点。

自古希腊开始，西方哲学便出现了消解生命的迹象。以巴门尼德（Parmenides，盛年约在公元前504—公元前501）为代表的爱利亚学派以理性的存在为最高范畴，区分真理和意见，试图通过对非运动和非变化的讨论来取消时间的意义。该学派对生命的消解集中体现在巴门尼德"存在"与"非存在"的论述和芝诺悖论中。

作为爱利亚学派的代表人物，巴门尼德正式提出了"存在"与"非存在"的概念，认为"存在存在，非存在不存在"，存在是一，是真理，是逻各斯，它无始无终，永不变化，恒常永存；而"非存在"是现象，是变化，是不断生成与不断灭亡之间的永恒继起，是子虚乌有，是幻相。巴门尼德的存在概念是对逻各斯的凸显，是对运动、变化以及多样性的铲除。

作为巴门尼德的门徒，芝诺（Zenon，盛年约在公元前 464—公元前 461）在哲学史上的声誉通过维护老师的学说而凸显。他用二分法、阿喀琉斯追不上乌龟、飞矢不动、露天运动场等一系列悖论从思辨层面证明存在就是一种静止。"阿喀琉斯追不上乌龟"是柏格森著作中引用最为频繁的一个芝诺论证。我们以此为例来揭示芝诺论证中的论辩技巧。希腊神话中那个有名的"飞毛腿"阿喀琉斯要和行动缓慢的乌龟进行赛跑。骄傲的英雄对这次比赛太不屑一顾了，他让乌龟先出发一段距离，由他来追赶乌龟。现实的结果可想而知。但芝诺却指出，阿喀琉斯永远不可能追上乌龟，因为他总是必须到达乌龟已经走过的点：如果阿喀琉斯为 A 点，乌龟为 B 点，它们朝同一方向运动；当阿喀琉斯前进到 B 点，乌龟却到达了 C 点；当阿喀琉斯来到了 C 点，乌龟又到了 D 点，等等。如此下去，阿喀琉斯永远也追不上乌龟。这个论证结果与我们所观察到的现实，或者和我们的常识之间出现了严重的不一致。如果芝诺的逻辑推理是正确的，那我们肉眼观察的现实或常识就是虚幻和不真实的，运动和变化也因此是不真实和不存在的。通过对运动的反驳，芝诺揭示出运动本身的自相矛盾性，从反面论证了运动的本质。这种论证直接支持和捍卫了巴门尼德的学说。

爱利亚学派关于存在的观点在认识论上对后世产生了重大影响，柏拉图、亚里士多德、普罗提诺等众多思想家走在了巴门尼德所开辟的道路之上。他们相信，思维与存在同一，只有思维的抽象世界才是真实存在的，它如同真理一般不变不动；通过感官而知觉到的外在世界，由于其变化和多样性，不过是一个幻觉而已。因此，要认识存在，仅仅靠感觉与观察是远远不够的，还必须学会思考。

当存在成为宇宙的最高真理，成为哲学永久性的思考对象，以巴门尼德为代表的爱利亚学派便为西方哲学开辟了一条追求静止和永恒真理的道路，他们对运动与变化的否定扭转了古希腊哲学早期万物皆变的自然观，在一定程度上改变了希腊哲学、甚至是整个西方哲学的发展方向。此后，存在的静止性与确定性观念被柏拉图的理念所吸收，影响西方哲学世界近两千年。在这个意义上，"爱利亚学派的诡辩成为重压在整个哲学史上——无论是古代的，还是现代的——一种原罪。"① 同时，这也是重压在生命之上的一块巨石，是消解生命的一种原罪。

---

① H. Gouhier. Bergson dans l'histoire de la pensée occidentale [M]. Paris: Vrin, 1989: 32.

## 二、"理念"的生命之隐

巴门尼德关于存在的确定性以及存在与现象、真理与意见之间的明确区分等观点被柏拉图（Plato，公元前427—公元前347）的理念哲学所吸收。在柏拉图看来，可知理念是感觉的根据和原因，是永恒的存在；可感事物是可知理念的派生物，是幻灭的现象。前者产生知识和真理，后者产生意见和杂多。两者之间是被分有与分有的关系，或者说被模仿与模仿的关系。理念是事物完满的模型，离开了理念就没有事物，而事物是对理念的模仿，是不完满的。按柏拉图的观点，理念是事物追求的目的，事物因追求理念这个本质而获得完满。然而，在柏格森看来，这种追求本质的完满与生命的方向刚好相反，与生命的变化与不定性直接相悖。

不过，柏拉图的理念哲学并非仅仅是从万物到理念这一个向度。他的创世说也阐述了从理念到万物的过程。这个相反的向度是指向变化与生成的，是指向生命的。面对这一相反的事实，我们该如何理解呢？

有研究指出①，柏拉图本人在后期曾对理念与事物分离所产生的困难进行反思。针对理念论的"分离"难题，柏拉图在《蒂迈欧篇》中借"模仿创世说"试图以自然哲学的方式来解决。他意在对"分有"与"模仿"两种解释进行补充，并试图绕开分有说面前的逻辑困难，如亚里士多德指出的"第三者"难题等。柏拉图对理念与事物重新做了一个沟通，这个沟通与事物追求理念的方向相反，是由理念到万物的宇宙生成过程。这种过程曾被罗素大致表述为，宇宙的创造者在柏拉图那里被称为神，神认为理性比非理性好，秩序比无秩序好。于是，"'神'看到整个可见界并不是静止的，而是处于一种不规则和无秩序的运动中，于是神就从无秩序中造出秩序来。"② 而且神将理性放入灵魂，又将灵魂放入躯体。如此可见，柏拉图的神是一种理性的神，并或多或少带有人格色彩，因为创造宇宙的活动更像基于理性价值的一种有意义的活动。

在《蒂迈欧篇》中，柏拉图提出模仿创世说。从总的方向看，这是一个从理念到万物的生成过程。创造者要造物，必须以不变的东西作为模型，即以理念为型而造万物。这样，柏拉图便由静止的理念走向了变化的事物。应该说，柏拉图的理念说远离了生命，而其创世说则接近了生命。但柏格森认为，

---

① 张志伟. 西方哲学十五讲 [M]. 北京：北京大学出版社，2011：82-84.
② 罗素. 西方哲学史（上）[M]. 何兆武，李约瑟，译. 北京：商务印书馆，2010：190.

柏拉图的这种创世说只是一个形而上学的"零",它必须依赖于理念说这个"一"才具有意义。没有理念的"一",再多的"零"也只是零,只有在理念"一"的前提下,才会有创世中的万物,才会产生多。

柏格森对柏拉图的这种批判有其一定的原因。在他看来,理念哲学只关注抽象化的静止,只关心永恒的理念,除此之外便没有其他实质性的存在。创世说也不过是理念说的修补而已。不变的理念之所以能产生变化的现象,是基于这样一个原则:"不运动的东西较之运动的东西更为实在,我们在由稳定的东西到达不稳定的东西时,只要用减法就行了。"① 换句话说,在理念哲学中,不动者比动者的内涵更丰富,从不动到动,从不变到变,从一到多,都不过是理念的降级——理念诞生了万物。无论如何,变化着的万物都不是最高实在,而是实在不断降级的产物,是形而上学的零。当运动和变化成为形而上学的零之后,作为理念的存在与非存在之间便会自然形成不同层次的实体——从静止的理念演化出变化和生成的过程。

柏格森用形而上学的零来解释理念的下降,目的在于说明柏拉图哲学的核心只有一个,那就是理念。与之相比,理念的降级生成过程是不重要的,降级本身并未更改理念对生命的消解。但是,柏格森这一分析是否切中要害,笔者认为还值得商榷。因为,柏拉图的"非存在"并非铁定就是"存在"的逻辑对立面。柏拉图关于两个世界的思想虽然继承了巴门尼德关于知识与意见相区分的观点,但柏拉图并未把感觉事物简单地看作"非存在",而是看成既存在又不存在的东西,亦即我们说的现象。从纯逻辑的角度看,当人们说某物"不存在"时,其实已经假定了某物已经存在过这个前提。"存在"与"非存在"实际上是互为前提的一对辩证关系,而非单方面一方是另一方的逻辑先在。其次,从柏拉图的创世说来看,它不同于基督的创世说,前者是从理念模仿出世间万物,是从有中生成世界,并将原本无序的宇宙安排成有序的宇宙;而后者是从无的混沌中创造出世界万物,完全是无中生有。所以,柏格森借用形而上学的零来揭示理念哲学消解变化这一理路是否具备有效性值得进一步探讨。

通过分析可以看出,柏拉图的创世说的确在一定程度上表明了理念哲学走向变化的事实,那么本质上追求永恒静止的理念又该如何消化这一事实?既然理念包含运动和变化,那柏格森又为何在不同的著作中不停地痛批柏拉图呢?

笔者认为,问题的关键在于澄清理念哲学的生成与柏格森的生成内涵是否一致。有研究指出,柏拉图的宇宙生成学说有三条原则:一是神创生的东西有

---

① H. Bergson. La Pensée et le Mouvant [M/OL]. Chicoutimi: UQAC, 2003: 119 [2016 - 06 - 28]. http://classiques.uqac.ca/classiques/bergson_henri/pensee_mouvant/bergson_pensee_mouvant.pdf.

两大类，不变的和变的；二是变动的东西总有原因促使其变化生成；三是创造所构造的事物与性质必须以不变的东西为模型。① 从三原则可以看出，柏拉图生成论的核心是必然律：理念作为事物的内在根据都是固定的，而模仿从根本上讲是一种重复，它远离创造。所以，柏拉图的生成变化和运动与生命的生成变化和运动是性质不同的两回事。前者正如柏格森所说"一切都是给定的"②，而后者则是不确定的。"给定"意味着必然性和机械化，"不定"意味着自由和生命。表面看来，变化与静止是衡量生命的标准，但这个标准却漂浮于表象的变化，并未触及现象背后固化与创化的深层冲突。而"一切都是给定的"这一论断可谓击中了理念哲学的要害，使其非生命的属性表露无遗。从此，我们对理念哲学的论断便可不再依赖其重视此物而轻视彼物这样的价值依据。

理念哲学对生命进行的形而上消解在认识论层面对哲学产生了巨大影响，它几乎决定了人类理性的认知方向。既然宇宙的本质在于一切都是给定的，那么，科学便是要发现这种不变性，发现规律。在理念的强大作用下，规律和必然逐渐成为人类实践的指南，成为他们行动的落脚点：理性在面对新事物之时，都有将其归入已知规律这个旧东西之下的倾向。正是在这个意义上，柏格森发出了这样的感慨："我们都是天生的柏拉图主义者"（nous naissons tout platoniciens）。③

西方哲学重理念重本质的精神在亚里士多德（Aristoteles，公元前384—公元前322）这里得到进一步提炼。理念的不变本质作为规律在亚氏的逻辑学里具体化。对同一性和确定性的追求是逻辑的一根主线，因果关系是这一线路在思想领域内的主要体现。与柏拉图相比，亚里士多德更加关注真实自然中的知识。按理说，亚氏的学说最有可能触及生命。但是，对逻辑同一性和确定性的追求将亚氏的思维导入了线性轨道。从与生命相关联的生物研究来看，亚氏把"生物系列看成是单一的线性发展现象"。④ 这种追求同一性的倾向在柏格森看来败坏了大多数自然哲学家，这使得他们在植物生命、本能生命以及理性生命中仅仅看到了同一种发展的三种连续的程度差异。然而，实际情况恰恰与此相反，它们只是同一活动在发展过程中分离出来的三个性质不同的方向。追求同

---

① 张志伟. 西方哲学十五讲［M］. 北京：北京大学出版社，2011：88.
② H. Bergson. L'évolution créatrice［M/OL］. Chicoutimi：UQAC，2003：39［2016 – 06 – 28］. http://classiques.uqac.ca/classiques/bergson_henri/evolution_creatrice/evolution_creatrice.pdf.
③ H. Bergson. L'évolution créatrice［M/OL］. Chicoutimi：UQAC，2003：38［2016 – 06 – 28］. http://classiques.uqac.ca/classiques/bergson_henri/evolution_creatrice/evolution_creatrice.pdf.
④ H. Bergson. L'évolution créatrice［M/OL］. Chicoutimi：UQAC，2003：107［2016 – 06 – 28］. http://classiques.uqac.ca/classiques/bergson_henri/evolution_creatrice/evolution_creatrice.pdf.

一性的思维实际上是对不定性的一种拒斥,也是对生命本质的拒斥。这便使得亚里士多德原本可以接近生命路向的比率几乎转化为零。

与此相应,在形而上学中,亚氏按因果关系来思考宇宙,最终导出万物源自第一推动力的基本原理。按照执果溯因的倒推法,作为第一推动力的上帝必定是静止的。因为如果上帝仍是一个运动的推动者,那上帝运动的背后还会有其原因。如此类推,直至无穷。所以,不动的上帝是逻辑的必然结果。可以说,亚里士多德的上帝在遵循逻辑的同时远离了运动和变化,也最终远离了生命,远离了创造。生命在形而上学层面被遮蔽和消解。

## 三、"机械"的生命之弃

古代理念哲学一直走在远离生命的道路上。与此相似,近代哲学继续沿着古希腊开辟的非生命路线前行,并在自然科学的带动下,以机械论的形式抛开了不定性,抛弃了生命。不过,近代哲学的非生命化局面也并非铁板一块,其中也曾有生命的萌发。近代哲学家们也曾注意到生命的绿芽,并以人文的自由精神来对抗科学的机械文明。这种对抗主要集中在对意志自由的关注之上。如果承认了人的意志自由,生命将由之可能。但是,由于自然科学对物理世界普遍规律的发现,普适性规律开始统摄生命,生命的萌芽最后枯萎在严格的身心平行论中。

在主张主客二分的模式下,笛卡尔(Réne Descartes,1596—1650)的形而上学一直在两条线路之间徘徊。一方面,他肯定一般的机械论,肯定数理逻辑对广延物质的无限切割,肯定物质世界所呈现出的量化规律,肯定外在世界的有序性;但另一方面,笛卡尔没有将机械论扩至精神领域,他相信人类的自由意志,承认绵延中包含发明、创造和连续性,"将人类活动的非决定论放在物理现象的绝对论之上"[①]。笛卡尔绵延的基础位于神那里,"这个神不断地更新世界的创造活动,并为此和时间与生成连在一起,支撑着时间和生成。"[②] 简言之,在笛卡尔那里,物质与精神两相分立。前者具有空间性,受必然律支配;而后者具有绵延性,游走在必然律之外。这样,笛卡尔虽然以"我思"确立了主体性或精神的地位,但同时也带来了二元对立的难题。

笛卡尔的二元论同时意味着把实在分成数量与性质两部分。前者对应物质

---

[①] H. Bergson. L'évolution créatrice [M/OL]. Chicoutimi:UQAC,2003:201 [2016 - 06 - 28]. http://classiques.uqac.ca/classiques/bergson_henri/evolution_creatrice/evolution_creatrice.pdf.
[②] H. Bergson. L'évolution créatrice [M/OL]. Chicoutimi:UQAC,2003:201 [2016 - 06 - 28]. http://classiques.uqac.ca/classiques/bergson_henri/evolution_creatrice/evolution_creatrice.pdf.

(身体)的广延，后者对应精神（灵魂）的绵延。柏格森指出，在古代哲学中并没有提出数量与性质以及身体与灵魂这种划界。从词源学角度看，亚里士多德用"灵魂"一词来意指肉身的完成，也就是说，灵魂不单纯指代精神；而他的"肉体"一词也包含"理念"之意。当精神与身体二元分立后，物质世界强有力的规律性激发了哲学家们在形而上学域内建立具有统一抽象性学说的渴望。简言之，哲学企图成为科学。

笛卡尔之后，近代哲学家试图在心物二元之间建立平行关系，以弥补它们因对立而失去的联系。柏格森认为，斯宾诺莎与莱布尼茨都是心物平行论者，尽管他们的表现方式不尽相同。对斯宾诺莎（Baruch de Spinoza, 1632—1677）来说，精神作为思想实体与物质作为广延实体是同一的，两者是同一个实体的不同属性，或者说，"两者是同一原稿的两个译本"①。此种思路通过将笛卡尔学说中的思想实体与广延实体降低为同一实体的属性来化解精神与物质之间的二元对立，但其结果却使得精神变得物化。因为从逻辑上看，思想与物质如果因依附于同一实体而取得同一，那么物质的规律性必定会被思想所共有。于是，斯宾诺莎得出结论，自然中没有任何偶然的东西，一切事物都必然依附法则或者出自神的命令。如果说一切是偶然的，那么这仅仅表明我们的认识有缺陷而没有别的原因。②斯宾诺莎以几何学方法构建了上述学说，真正实现了笛卡尔用几何学方法建立哲学体系的构想。这种做法本身就是一种机械论，它取消了精神的独立性，带来了生命的机械与重复。

在身心关系上，莱布尼茨（Gottfried Wilheim von Leibniz, 1646—1716年）对机械论则采取了审慎的态度而没有向机械论一边倒。在解释自然的方式上，莱布尼茨承认数学—机械论框架模式的有效性，但同时认为，此模式在用广延和数量的概念去解释自然本性时，仅仅抓住了现象的性质而不是实在自然的性质。机械论的这种局限源于笛卡尔将最后的目的因完全从物理学中排了出去。莱布尼茨认为，从因果关系角度追溯，动力因最后的落脚点是"善"，每一事物都内含一个意志去追求善，追求完美性。③这种解释不再是机械论，而是目的论。因此，对莱布尼茨来说，对实在的解释除了机械论解释模式外，还存在目的论模式。依据这两个模式，自然分别被化为形体与灵魂、现象与实体两个领域。针对笛卡尔的身心关系问题，莱布尼茨认为，灵魂遵从目的因规则，形

---

① H. Bergson. L'évolution créatrice [M/OL]. Chicoutimi: UQAC, 2003: 204 [2016-06-28]. http://classiques.uqac.ca/classiques/bergson_henri/evolution_creatrice/evolution_creatrice.pdf.
② 张志伟. 西方哲学十五讲 [M]. 北京: 北京大学出版社, 2011: 222.
③ 范志军. 自然界中的两个王国——莱布尼茨自然哲学初探 [J]. 东南大学学报（哲学社会科学版），2005（5）: 22.

体遵从机械动力因规则,两者并行不悖,但它们又通过"前定和谐"而协调一致,相互呼应。"当有某种身体的运动(发生)时,我们就产生某种思想,而当我们有某种思想(产生)时,某种身体的运动就发生了。"① 这一主张明示了精神与身体(物质)一一对应的关系。这种关系我们可以从经验中得到验证。例如,身体受到外物打击,心灵会发生战栗;身体受到过大的外界压力,心灵会感到疲惫。但是,如果对这种对应关系的理解不只局限于经验域内,而是要提升到抽象理论层面,那我们就会面临逻辑递归带来的生命物化问题:作为物质的身体必然受到必然律支配,那么与身体有着一一对应关系的灵魂定然不能逃脱这种支配。这正是莱布尼茨的结论。他指出,灵魂其实已包含了它将要发生的一切,未来就孕育在现在中,当下就是先前的结果,一切都是内在注定的,因为一切都是上帝的预定和谐。

但柏格森认为,在精神中未来不能依据现在加以决定,它还要依据过去、依据记忆对当下的渗透。甚至说,未来本就不能被决定,因为一切都是不定和创演的。现代科学也已经证明,身心之间并非严格的对应关系,心灵(精神)实际上要比身体(物质)复杂得多。生命虽然基于物质,但比物质要更富于变化,它已摆脱了物质领域内单调的重复性,走向创演——这才是生命的实质。

上述表明,无论是古代理念哲学还是近代哲学,总体上都表现出对生命的一种形上消解。前者是通过性质的不变来固化生命,固化运动与变化;而后者通过机械观,通过严格的心物平行论对生命作物的归化;前者在态度上是对生命的一种拒斥,而后者在行动上是对生命的一种收编。拒斥表现为对变化的一种否定和轻视,收编则表现为将不定的创演规整为确定的机械变化。

## 第二节 生命的形上悬置

从古代理念哲学到斯宾诺莎以及莱布尼茨主义,生命在形而上学中一直都处于被遗忘、被遮蔽的状态:古代理念哲学因追求永恒的静止而遗失了变化,

---

① 范志军. 自然界中的两个王国——莱布尼茨自然哲学初探 [J]. 东南大学学报(哲学社会科学版), 2005 (5): 23.

斯宾诺莎以及莱布尼茨则因追求数学性的精确而误失了创演。若对这两种情况进行比较，则会发现它们有着共同的理念基础，那就是对本质、对规律的执着追求。换句话说，科学的物化思维对它们有着深厚的影响：古代科学构成了理念哲学的基础，近代几何学则构成了斯宾诺莎和莱布尼茨学说的基础。这种情况表明，在自然科学影响下，哲学在思维层面或主动或被动地接收了科学的思考方式。因此，当哲学面对世界时，它所做出的思考便自然难逃科学的机械决定论。

当哲学家们开始信仰科学理性，当他们试图将科学方法推广到知识乃至思想的所有领域，亦即当他们相信社会与人类也如同自然物质一样服从因果必然律时，人与物之间最终失去了区别，人之为人的价值和尊严便随之不复存在，生命也被缩减为生命体的有限存在，自由更成为一种奢侈和妄想。这便是18世纪唯物论思想带给我们的世界。

康德（Immanuel Kant，1724—1804）试图对此做出改变。让-雅克·卢梭（Jean-Jacques Rousseau，1712—1778）关于自然与文明、道德与科学关系的思考对康德产生重大影响，他由此意识到文明与科学的局限，并开始思考有关知识和自由的问题。从本质上讲，康德对认识何以可能的追问针对的是必然与自由的矛盾问题，即生命的自由困境问题。

要弄清人类理性认知的局限性就必须深入到科学知识的基础中去。从常识看，科学知识是基于经验与实验，因为科学的本质在于实证。但是，当科学在经验和实验的基础上通过理性来构筑理论时，它一定存在一个预设。而且，这个预设很大程度上依赖理论创立人自身的个人信仰。例如，在经典物理学中，牛顿在绝对的时空之外假定了一个神，自然的奥秘来自于上帝。又如爱因斯坦，当面对测不准定律时，他主张上帝不可能通过掷骰子来创造宇宙：面对实验中的不定性事实，这位伟大的科学家仍旧信奉确定的本质与规律。所以，古代科学与近代自然科学必定有各自的潜在假设。

古代科学主要基于人对运动的观察，基于人的直观，其实验基础相当薄弱。在观察者看来，无机物的运动犹如有机物的生成一样，其目的是要实现自己。亚里士多德设置"高低""上下""本位与客体""自然运动与被迫运动"等概念来解释石头落地：地面是石头应处的位置，落地是回归本位；如果石头不处在本位，便不是完美的，只有落地才是完美实现自己。由此可见，古代科学只是对概念的一种设定与推演，是一种定性的阐释而非定量的分析。对于纯概念的推演不会走向量化的原理，只能走向质化的神坛，即上帝作为"不动的原动者"。这便是被亚里士多德视为形式之形式、理念之理念的东西。它在时空中运动，起到上帝在天体运行及万物变化过程中所起的那种作用。这个形式的形式在人的经验观察之外，与其说它是逻辑的推论，倒不如说是一种假设，因为没有这个假设，推理便会无穷无尽，没有依归。

古代科学"神"的假设对近代科学也产生了巨大影响，典型的例子如前述经典物理学创始人牛顿、斯宾诺莎和莱布尼茨的思想。这个假设在这几位科学家的形而上学中变成了一个明示的主张：上帝便代表着知识的统一性。但是，自启蒙运动以来，人类凭借理性的力量获得了一个新信仰，那就是：人通过自身可以认识自然。随着自然的神性面纱被慢慢揭去，近代科学的假设也在逐渐发生变化：自然的本质不再是一个神，而是表现为事物之间的关系，准确地讲，是以数量方程式体现出来的关系，它普遍存在于事物当中。并且，当人们发现宇宙中的天体也像地球上的物体一样遵从力学原则时，规律的普适性便呈现出来。法则的普适性也意味着理性的普适性。而且，没有人类理性，没有理性的过滤，世界不可能呈现为一套法则系统。由此，科学的新假设便进一步显露，即人类理性可以通过科学把握宇宙的所有规律进而把握实在，理性不仅可以规律性地把握物质世界，它还可以规律性地把握精神世界。

关于理性认识能力的这种普适性假设，康德认为要经过理性自身来检验，这也是康德批判哲学的一个核心问题。理性的认识能力体现在知识上，知识在康德看来可以分为质料和形式两方面。质料是指人类通过后天经验所获得的一种具体内容，它是知识的内容。而主体的认知能力便在于使这些来自经验的质料形成知识。而认识能力在康德看来便是知识的形式，即主体的先天认识形式，也就是空间和时间，它们对感觉经验进行综合统一：空间是外直观，时间是内直观。

这种对认识形式的划分也即刻带来认识的局限性。例如，只能在直线上活动的生物，就只能感受一维空间；能感受到二维空间的生物，其活动范围便是一个平面；而在三维空间内活动的生物，其活动范围就是一个立体的领域。生活在此三种空间内的生物彼此感觉和经验到的事物是不相同的，生物特定的感觉形式只能产生与之相应的特定经验。能感受高维空间的生物，其经验可能包含生活在低维空间生物的经验，反之则不可能。从理论上讲，如果宇宙空间超过三维，那就存在人类感觉不到的东西，它们非人类的经验和实验所能确证。因此，认识形式是认识能力的前提。如果事物处于时间和空间中，我们便可认识。这种认识仅为事物在时空内对我们的"表现"，也就是现象。如果事物不在时间和空间之内，事物便不可知，康德称其为"物自体"。

至此，我们需要问一个问题，既然康德学说是对理性认识能力的一种批判，是对近代科学知识基础的一个分析，那么，他对理性认识能力的限定是否可以破除近代科学带给哲学的机械论呢？古代理念哲学中这些非时间性的逻辑存在和近代哲学中的唯物理存在能否被推翻呢？这种批判是否进而为意识存在和生命留有余地呢？答案在柏格森看来是否定的。

柏格森认为，康德最大的问题在于把时间看成和空间一样纯质的媒介。表面看来，康德区分了时间与空间，将空间视为外直观，将时间视为内直观，但实质上却是混同了两者："康德对空间和时间进行区别的原因在于，他把这二者混淆起来。"① 空间是理性和科学处理的最佳对象，空间中的运动已被数学和物理所掌握，并被提炼成为规律和法则。而所有的规律和法则都可以归结为因果律，这正是机械论的核心。同样的物理现象若在空间中再度出现，由其产生的结果也必然重复出现。简言之，因果律意味着一个决定与被决定的关系。如果将时间与空间混淆，或者把时间空间化，那么作为内直观形式的时间也将成为科学处理的对象，也能被数理所把握。如此类推，作为意识的精神也能被数理所测定，精神量化便由此成为可能。当精神走向决定论，不但自由变得不可理解，生命也会变得不可理喻。在柏格森看来，康德之所以碰到这样的困难，是因为他把自我的象征和自我自身混淆，认为只有通过空间性的并列排置，意识才能知觉心理状态。也就是说，只有通过空间这个参照系，内心的精神状态才是可知的。所以，时间作为内直观形式，作为精神运动的大背景，便如同空间一样具有可分性。时间一旦可分，绵延与创演便随之消失，取而代之的是空间与固化。

面对这个困境，康德没有动摇自己对自由的信仰，他将自由的自我放到了时间与空间之外。那么，按康德的认识论，自由既然在时间与空间这两种先天认识形式之外，那它便是人类认识能力所不能抵及的。这样，康德在现象界与本体界之间划下了一道无法越过的鸿沟，自由也随即被悬置。而自由是精神的特质，是生命的特质。因此，康德并没有在对理性认识能力的批判中找回在以往形而上学中被消解的生命，而是从机械因果律中将生命放生到本体界并悬置起来。

需要指出的是，康德哲学本体界的自由所指涉的生命并非生物意义上的生命。人作为物质性存在，作为大自然中的一分子，肉体生命始终处在自然的必然性规律中，是不自由的。但精神层面的人却是自由的。通过精神，人可以超越自然的限制而用心灵领会自由的真谛，领会生命的意义。因此，康德悬置在本体界的自由与生命和柏格森的生命与自由有其相通之处。不过，思想的相通

---

① H. Bergson. Essai sur les données immédiates de la conscience [M/OL]. Chicoutimi：UQAC, 2002：102 [2016 - 06 - 28]. http://classiques.uqac.ca/classiques/bergson_henri/essai_conscience_immediate/essai_conscience.pdf.

与相同并不是哲学的精妙所在。哲学之所以迷人，在于后继思想家对前人的批判与超越。而且，这种超越的可能恰恰就隐藏在前人的思想学说之中。

康德对自由和生命的悬置虽然具有重大意义，但是，这同时也意味着人类的认知能力在形上之域画上了一个休止符——自由这个生命的精髓被提升到本体界而不许我们问津。正是这一点在柏格森看来是可疑的，也是不能接受的。在形而上学中，康德限定了科学方法的效用范围，避免了作为人类精神的形而上学沦落为必然律的奴隶，也避免了哲学因不加批判地接受科学方法论而丧失自己合法性的可能。但是，对科学方法的限制并不意味着给形而上学研究提供了积极的答案。在康德看来，推理理性在形上之域也是无效的，理性只对知识进行调整并形成体系，它自身与经验无关。经由理性调整而出的系统只具有理想的统一性。但人类智能却不仅仅满足于对经验的认识，它还要追问其背后的根据。科学认为只要穷尽经验所涉的全部现象就能够揭示最后的本质。但是，可以经验任何表象并不意味着可以经验表象之全体。例如，由于宇宙的无限，所以人类得不到现实的统一性，而只能得到理想的统一性。这两种统一性之所以不能合二为一，是因为中间横挂着一道经验的帷幕，科学认识不可能超越经验；如果理性试图僭越经验，知识便失去了其实证的可能，这便会带来既无法证实也无法证伪的认知。由此，纯理性对同一对象会产生两种不同的、相互对立的理解，而且各自都有理由使自己完全成立。

自由在理性看来就会产生二律背反（antinomie）问题。因为在柏格森看来，二律背反的正题与反题都以假定物质与几何空间的完全一致为前提。① 按照康德的理解，通过我们知觉能力的形式感只能抓住物自体的某种折射。我们通常都是以空间这个形式框架来处理物质。空间的统一性使得数学可以对不同事物进行排列和计算。空间成了常识中语言、逻辑乃至一切确定性知识的可能条件。空间的实用性以及与物质的统一性已被科学所证实，"于是，我们就很有把握地认定物质一概都按我们的推理路线衍化。"②

但是，物质与几何空间的完全一致性这个前提在处理物质时的成功，并不意味着它在处理物自体时也会成功。"随着物理转向生理，又由生理转向心理，科学变得越来越缺乏客观性。"③ 因此，我们可否考虑在处理物自体问题时将

---

① H. Bergson. L'évolution créatrice [M/OL]. Chicoutimi：UQAC, 2003：125 [2016-06-28]. http://classiques.uqac.ca/classiques/bergson_henri/evolution_creatrice/evolution_creatrice.pdf.
② H. Bergson. L'évolution créatrice [M/OL]. Chicoutimi：UQAC, 2003：123-124 [2016-06-28]. http://classiques.uqac.ca/classiques/bergson_henri/evolution_creatrice/evolution_creatrice.pdf.
③ H. Bergson. L'évolution créatrice [M/OL]. Chicoutimi：UQAC, 2003：208 [2016-06-28]. http://classiques.uqac.ca/classiques/bergson_henri/evolution_creatrice/evolution_creatrice.pdf.

前提置换。在康德那里，经验只有一种理性智能的方向，那就是指向物质，而不存在指向内心精神的相反方向。如果我们接受柏格森的看法，经验也有可能指向精神，那我们就要将作为前提的空间外直观形式置换为时间内直观形式。

前提置换的可能在于，时间既不具有空间意义上的形式，更不是类似质料的内容，它是内容与形式的合二为一。在时间里，我们面对的是一个连续的、不可分割的流，也就是绵延，它呈现为一种质而非一种量。因此，真正的时间是无法区分形式与内容的。所以，一旦说时间具有形式，或者把它当作与空间外直观对等的内直观形式，它实质上就是被放在空间中进行表达，为此也便丧失了相互渗透的特征。简言之，当绵延被混同为空间，质的时间便成了可拆解、可测定和可计算的时间。柏格森指出，完全纯粹的绵延具有如下特性："当我们的自我让自己活下去的时候，当自我不肯把现有状态跟以往状态隔开时，我们意识状态的陆续出现就表现出完全纯粹的绵延。"① 而这正是内在精神的秘密。

因此，若将物质与几何空间的完全一致性前提置换为精神与时间绵延的一致性，那我们就"可能借直觉把握精神"。② 前提置换的主观条件在于，我们要承认经验的两个方向，要能在绵延中看到现实的本质，看到事物的实际绵延与分散在空间中的时间。这样才可能将物自体重新纳入生活中感性经验的直接材料中。唯有如此，我们才能明白柏格森在《创演论》中所讲的，必须抓住事实在涌现过程中的状况而不是涌现之后的结果，必须抓住掩藏于空间和空间化时间下面的真东西；③ 我们也才能明白柏格森在《意识的直接材料》中所提出的，科学在于从外物去掉绵延，而哲学在于从内心去掉空间。④

康德通过物自体将自由、精神这些生命的本质进行悬置。一方面，他限定了科学理性的适用范围，为人类的精神与信仰留下了地盘；但另一方面，他也将形而上学对精神的认识导向了不可知论。不过，这种不可知也意味着我们不能用科学的"知"去代替人文的"思"。正是因为不可知，我们才可能去自由地"思"。其实，柏格森正是沿着康德指出的方向继续前行。他对康德的超越

---

① H. Bergson. Essai sur les données immédiates de la conscience [M/OL]. Chicoutimi: UQAC, 2002: 48 [2016-06-28]. http://classiques.uqac.ca/classiques/bergson_henri/essai_conscience_immediate/essai_conscience.pdf.
② H. Bergson. L'évolution créatrice [M/OL]. Chicoutimi: UQAC, 2003: 209 [2016-06-28]. http://classiques.uqac.ca/classiques/bergson_henri/evolution_creatrice/evolution_creatrice.pdf.
③ H. Bergson. L'évolution créatrice [M/OL]. Chicoutimi: UQAC, 2003: 209 [2016-06-28]. http://classiques.uqac.ca/classiques/bergson_henri/evolution_creatrice/evolution_creatrice.pdf.
④ 亨利·柏格森. 时间与自由意志 [M]. 吴士栋, 译. 北京: 商务印书馆, 2010: 171.

之处也正是康德止步的地方。康德止步于对物自体的问津，止步于对智能的追问，他将智能当成毋庸置疑的事实而全盘接受，以至于没有考虑到在智能的反向也许存有另一种理解力的可能。

柏格森直觉的提出为形而上学研究提供了一个新方法。与康德止步于物自体相比较，柏氏的态度更具积极性。当直觉有可能把握精神时，物自体与我们之间的鸿沟便没有在知性视域下时那么不可逾越。在自由领域，智能网不到现实的真相，只有"直觉才有可能获得现实的整个形而上学的意义。"① 因为智能只能在黑与白两个观察点看问题，而直觉却可以从灰色这个既黑又白的渗透状态来体验问题。柏氏指出，这种直觉并无神秘之处，每个人都有这能力并有机会运用。这如同有人要写一篇文学作品，主题已定，材料和笔记都齐全。除开这些物质的有形条件，作者还要进行构思。经过一番努力，突然某个时刻他就有了一种领悟的冲动，将一大堆事实自然地合在一起，这种领悟就是直觉。就连罗素这样坚定的反柏格森主义者也说到，在艺术、科学、文学和哲学领域，大多数最美的创造都是一刹那的事情。例如，他自己在写书的时候，必须对题材各部分熟记于心并沉浸于细节中，只有这样才能幸运地看到它们在无形中恰当地连成整体，只需写下来就行了。② 这样看来，或许罗素对柏格森学说的排斥并没有他自己认为的那样大。

## 第三节　生命的形上辨伪

如果说形而上学因为理念论与机械论而远离生命的话，那最有条件谈论生命并接近生命的则应当是生物学。以达尔文（Charles Robert Darwin，1809—1882）为代表的生物进化理论是人类思想史上最伟大的成果之一，它不单是一种解释生命起源和生命演化的学说，而且自身也蕴含着深刻的哲学意义。但恰恰是这样一种理论，却成为柏格森创演观点的重点批判对象。当然，我们不能仅靠这些表面现象就为柏格森贴上反科学和反理性的标签，更不能在反科学的

---

① F. Worms. L'Intelligence gagnée par l'intuition: la relation entre Bergson et Kant [J]. Les études philosophiques，2001（4）：453.
② 罗素. 西方哲学史（上）[M]. 何兆武，李约瑟，译. 北京：商务印书馆，2010：65.

口号下把他对进化论的批判视为理所当然。

请不要忘记，柏格森是有着深厚科学素养的哲学家，在 20 世纪初期其所著的《创演论》曾风靡西方世界，并获得诺贝尔文学奖。这些事实表明，该理论应该有其科学上的合理性。不过需要注意的是，《创演论》是一部哲学著作，也就是说，该著作即使以进化论为批判对象，也肯定不是从纯生物学的角度对其进行专业的评判，而是立足于进化论学说在性质方面出现的问题，准确地讲，是立足于进化论中所隐含的哲学问题。

矛盾的是，在学界看来，以达尔文为代表的进化论学说有着积极的哲学意义，它对西方哲学的本体论、目的论以及传统决定论都提出了挑战。[①] 也就是说，从哲学内涵来讲进化论其实和柏格森思想有着共同之处，它们都站在传统哲学的对立面，共同反对静止化的理念、目的和必然。因此，如果说之前的传统哲学理路都与生命背道而驰，那么，进化论学说应该是贴近和研究了生命，应该与柏格森的思想两相契合才对。但推论与事实之间的矛盾是鲜明的，这种矛盾该如何解释？

从哲学层面来看，达尔文学说的第一个影响便是否定了源自古希腊的传统本体论。在传统本体论中，宇宙是静止和分层的结构性系统，万物按其固有性质从低到高排列，最终都渴望趋向神的完满。但进化论表明，地球上所有的生命物种都源于一个祖先，都由这个祖先共同进化而来。物种是生成的，而非预先给定的。

另外，进化论还与目的论发生矛盾。在古希腊哲学中，万物都趋向善，趋向神；在基督教神学中，创始论与目的论统一：宇宙的一切都是上帝按自己的意志创造出来的，上帝自然便是世界的终极因和目的因；而在科学那里，目的论也不乏实证观察的支持：研究发现，地层中的化石动物存在顺序，上层为哺乳动物，最后是人类，地质学家和古生物学家便由此推论，物种生成有一种不断完美化的演变趋势；研究鸟类和昆虫的学者也发现物种变异呈现一定的路线，这路线指向某种目的。也就是说，无论是理念论哲学、基督教神学，还是强大的科学都支持目的因果存在。与此相反，进化论研究则表明生物进化的非目的性。进化论认为，生命的出现不是有目的的创造，而是自然选择的结果；进化并不产生完美，没有向完美演化的趋势，甚至说，生物无须完美，只要胜过竞争对手就能活下去，甚至有些生物是在朝与完美相反的方向进化。例如，洞穴鱼没有眼睛，寄生绦虫没有内脏，海星和海胆丧失了脑，这些都是自然选择朝向更简单方向进化的例子。进化论表明，生物的外部环境条件才是生物自

---

① 程倩春. 达尔文进化论对近代哲学的影响 [J]. 云南大学学报（社会科学版），2007（3）：16-21.

身发展的原因。环境外因论由此代替了内在目的论。

环境外因论与内在目的论的矛盾意味着两种学说背后机理的冲突。目的论背后的机制是传统的决定论。早在古希腊时期，人们认为，人的生老病死以及物种的生灭变化都是一种命运，由神来掌管；后来基督教决定论逐渐取代了宿命论，它主张万物发生发展乃至灭亡过程中所发生的任何事情都是上帝预先规划好的，一切都已给定，一切都是必然。但是，当物种变化的原因从内在目的转化为外部环境之后，在那些难以预料的、多变的、复杂的环境的作用下，偶然性变异成为进化过程中经常遇到的现象。也就是说，虽然自然选择是一种必然，但由此产生的生物进化结果却呈现出偶然性的一面，外部的必然选择并不导致生物必然适应环境的进化结果。

上述分析表明，在对传统本体论的颠覆上，达尔文和柏格森的学说具有相近的哲学意义，两者都否定静止性存在，而主张一种进化，或者说一种生成。而且，在对目的论的问题上两者也有共性，都反对给定的目的。因为，一旦承认目的的存在，那么就必然无法否定预先给定这一前提，也必然会带来对进化和生成的消解。所以，从逻辑上看，柏格森和达尔文学说的冲突只能落在决定论上。

从表面看，两种学说都否定决定论，而承认不确定性。然而，实质上在对不确定性的承认程度方面两种学说存在着巨大差异。对柏格森而言，世界是运动的、变化的、不可预知的，不确定性就是它的本来面目；对达尔文来讲，偶然变异只是进化过程中极其微小和极其个别的现象，它们的出现不足以妨碍生物器官的正常运作，更不足以改写物种进化的规律和路线。因此，柏格森学说是对决定论完全彻底的否定和抛弃，达尔文学说仍存在相当的规律性和必然性，它不过是一种弱化的决定论，换句话说，生物进化有规则，但这种规则是统计学意义上的，其结果不一定服从严格的因果律。规律性和必然性的存在使得进化论拥有一定的预测能力。例如，根据进化论，考古生物学曾预测在某种岩石和某些地层会存在转型化石，结果得到了实证。另一个著名的例子是，英国胡椒蛾在工业化时代变成了黑色，进化论认为这是蛾子适应被煤熏黑的树干的结果，并预言在除去污染后浅色的蛾子将再度繁盛，而事实也正是如此。在这些实证面前，柏格森又如何来质疑达尔文呢？

其实，进化论预测的成功恰恰就是解开矛盾的线索。在柏格森看来，真正的生命及其变化是不确定的，是非预测的，能预测的不是生命，而是无机物，是物质，或者仅仅是生命被肢解变成死物之后的推测。简言之，预测是对生命的一种机械性看法。柏格森所批判的，正是进化论中隐藏的对生命的这种机械性看法。

进化论中对生命机械性的看法集中地体现在以下这个问题上：不同生物在两种并行的进化路线上，为什么会产生相似的器官呢？例如，脊椎动物与软体扇贝类动物的眼睛为何如此相似？生物研究表明，两种动物眼睛都有视网膜、角膜和水晶体，也都呈现细胞的结构。这是自然选择的外因论所难以解释的。自然选择意在表明，外部环境对生物进化具有积极作用；但同时也意味着，如果外部条件相同，器官会向同一方向演化。在上述案例中，光是最符合条件的外部条件，于是它便成为解释眼睛问题的理由。埃梅（Eimer）的定向变异理论（l'orthogenèse）就认为光线可以带来某些特定结果。不过，要用这一理论来解释脊椎动物与软体动物眼睛的相似性就必须假设，光的作用能使有机体形成十分复杂的、可视的并且能越来越清楚的视觉器官。① 即使如此，进化过程中脊椎动物的卵子与软体动物的卵子不可能存在相同的化学成分。而且，在不同的进化方向上，两类动物也不可能遭遇相同的化学成分。因此，当光线作为相同的外因作用在两种完全不同的生物上时，怎么可能产生相似的器官？

柏格森认为，这个困难源自进化论机理内部的机械因果律。进化论将进化的原因简单地归结为外部环境，相同的原因产生相同的效果。但是，在宏观层面，"外部环境"固然可以凝结为进化过程中相同的原因，然而，如果具体到生物内部，具体到生物个体，则完全不可能满足同因这个条件。进化中必然要涉及无限多的具体原因，进化论无法说明这些处于偶然层面的偶然原因何以能反复出现，以至形成相同的原因。柏氏故而指出，虽然眼睛案例似乎说明了条条道路通罗马这个隐喻，但并未真正告诉我们，到达相同终点就一定会显示出通往终点的道路本身。再次借用柏格森的一个比喻：两个漫无目的的步行者最终相遇，这很正常。但如果设想两人通达同一点的路径可以转为两条相互重叠的曲线，那就令人匪夷所思了。如果我们把这两条曲线的重叠与两种器官内成千上万的细胞按特定秩序排列而重合相比较，后者的概率又会是多少呢？在定向变异理论中，埃梅主张有机物的变异如同无机物的定向结晶一样，是采取一定的方式进行的。此主张是对有机生命体的一种物化理解，旨在将生命物化，以便在生命中求得类似无机物的规律性关系。埃梅通过光线来解释视觉器官的进化，就是将无机物之间的因果关系强行套用在生命之上，从而使得原因与结果在量上形成线性关系，最后得出相似的外因导致相似的结果这一机械性的结论。定向变异的机理是进化论诸多分支的一条，其主要理论并未跳脱自然选择

---

① H. Bergson. L'évolution créatrice [M/OL]. Chicoutimi：UQAC, 2003：52 [2016-06-28]. http://classiques.uqac.ca/classiques/bergson_henri/evolution_creatrice/evolution_creatrice.pdf.

和适者生存这两个基本原则，仍将外部环境视为生物进化的主导原因，其实质是对生命的一种机械性理解。物理外因的确定性为进化学说的科学性提供了条件，却不能解释生命的有机性和不定性，因此也无法成为生物进化的真正动力。

再看进化论的第二个核心命题"适者生存"。它是对"自然选择"命题的强调和补充，两者相互依存，互为表里。其要义在于，生物体如果不适应外界环境条件，就会被自然淘汰。换句话说，生物体的有效存在完全取决于外部环境的固定形式，适应则存在，不适应就消亡，就好像装入容器的液体，其形状必定由容器来决定一样。进化论中的生物几乎无一例外地受制于外部环境。在柏格森看来，这样的适应不过是一种纯机械性的被动适应，它只使用于静态的物质，适用于浇铸件对外部模子的呈现，而不适用于进化，不适用于生命。柏格森其实并不反对"适应"，也不反对"适者生存"，但他却反对进化论式的"适应"，反对进化论式的"适者生存"。在他看来，环境并非嵌入生命和塑造生命的模子，而是生命得以创造的条件和前提。真正的生命不是被动地被环境改造和遗弃，而是主动有效地利用和发挥外部环境，通过自身的创造来抵消不利因素，实现生命的向前进化。也就是说，有机体要根据外部条件的固有形式主动地去改变自己，而不是被动地被改变、被选择。所以，在脊椎动物与软体动物的眼睛相似的问题上，柏氏主张眼睛会主动地适应光线，带动内因，进化器官，而不是完全被动地被光线改造。前者是真正生命意义上的适应，后者是生物学的消极被动性适应。

柏格森反对进化论对生命的机械性理解，反对仅由物理和化学才能解开生命奥秘的主张。在他看来，理化分析只能处理退化这一级的生命现象。也就是说，它只能研究死的，不能研究活的；只能研究静止的，不能研究运动的。因为理化研究要么将生命变化中非位移性的质转化为位移性的量，要么用无机物来模拟生命形式。在前者中，生命随即可以被转化成数学函数中的曲线方程式，以此反映它的连续运动；在后者中，生命往往被撕成碎片，然后又被整合在一起，一如斯宾塞的进化论。这种研究方法在柏氏看来就好像孩子们玩的拼图游戏：他们将拼图的碎块复原，就感觉自己好像创作了一幅画一样——斯宾塞将进化的结果相加，就好像他得到了整个进化的过程。正如现代电脑科技将达·芬奇的画按数量性的几何关系进行分解后再复原，那么，那些复原图画的人难道就能成为达·芬奇吗？肯定不能。因为，这些技术人员在量化程序中所遗漏的，恰恰是达·芬奇的内在精神和内在气质，即生命。

对生命机械性理解的根源主要是人类智能的功利性。也就是说，认识必须为行动做准备，行动只有在确定性、预测中才有落脚的根基。与行动相比，思辨是一种奢侈；与实践相比，思想是一种奢侈。但自然生命的创造并非只为人类，它是非功利性的。自然创造的根基在于非功利性，正如与利害无涉的艺术中的创造。非功利性取向既是柏氏反对机械论的出发点，也是创演论的价值归宿。

在《哲学的直觉》（*l'Intuition philosophique*）这篇文章中，柏格森曾谈到，每个伟大的哲学家只能说出一个主题。对于这个主题，尽管他努力去表达，也只能说出它的某一方面。① 在拉·科拉柯夫斯基看来，柏格森的这个主题就是时间，即"时间是真实的"。② 从真实时间出发是柏格森哲学的逻辑起点，③ 也构成了我们探寻柏格森生命哲学的一个支点。

从古希腊的理念哲学到近代的进化论思潮，生命在总体上处于被遗忘、被消解、被放逐的境遇中，但矛盾总是相随而生、相伴而行。在此过程中，观念的演化并不单一地表现为对生命的放逐和抵制，有放逐处必有高扬，有抵制处必有反抗，去生命化的背后是暗潮涌动的生命潜在和萌动：在亚里士多德量化时间的背后潜伏着对生命之质的思考，牛顿绝对时间的实质在于对信仰的执着；在奥古斯丁时间内化的路途上，生命观念伴随着对时间的讨论萌芽、成长，生命在时间中展开，时间在生命中被感知；到康德哲学，内化了的有限的主体时间将要面对着时间无限性的拷问，此时，时间不再是依赖天体旋转而展现的周期性运动，不再是完全脱离了主体的量化之物，而是一种变动不居的流动，是一种内化的、反映生命状态的时间镜像。

在人类思想史上，时间概念的确立经历了量化与质化两重路径。时间量化之路的内在动力源于人类自身生产实践的需要，其实质是时间的工具化之路。在此进路中，对时间的同一性理解超越了对时间的个体性感知。这种理解如同一把双刃剑，一方面把时间造就为人类征服自然的利器，另一方面又割断了时间与生命的关联。时间质化之路的内在动力在于对生命、对个体的尊重，其实质是时间的生命化之思。它是思想家对工具化时间的重新审视，其目的在于在量化时间中重拾被遮蔽、被遗落的生命。

## 第一节 时间的量化之路

人类对时间的量化经历了一个从粗糙到精细的发展过程。测度是量化时间

---

① H. Bergson. La Pensée et le Mouvant [M/OL]. Chicoutimi：UQAC, 2003：69 [2016-06-28]. http：//classiques.uqac.ca/classiques/bergson_henri/pensee_mouvant/bergson_pensee_mouvant.pdf.
② 拉·科拉柯夫斯基. 柏格森 [M]. 牟斌，译. 北京：中国社会科学出版社，1991：7.
③ 胡景敏. 从真实的时间出发——论柏格森哲学的逻辑起点 [J]. 长春工程学院学报，2006（1）：8.

最主要和最原始的用途。测度时间源于人类对自然节律的观察。自远古时期开始，人类便注意到太阳与月亮的规律性运转，并以此为准安排农事和日常生活。"日出而作，日落而息"即以太阳的出没作为时间标准，是最早也最为简单的计时方法。其后，随着社会的发展，人们将零散的观察总结起来，形成历法。这样，对时间的把握不仅越来越精细，也越来越准确。值得注意的是，此时的时间并不是纯粹意义上量的时间，它还和人类的生产、生活或者说生命有着密切联系。

真正从观念层面对时间进行质与量分离的是古希腊的爱利亚学派。"希腊人对永恒有着极其热烈的追求"，① 他们追求确定性的规律，追求超时间的普遍原理，将变动不居的世界看作非存在的幻象，流变的时间在他们那里并不是真正的存在。作为爱利亚学派的代表人物，巴门尼德明确指出："（存在）他完整，不动，无始无终。它既不是在过去，也不是在将来……存在物不可分，因为它整个完全相同"②。这样，旨在事物之间建立区分的时间就被他排除在存在之外。他的学生芝诺通过四个著名的悖论在纯逻辑层面对时间进行分析，完全消解了时间之流。至此，"爱利亚学派将时间从本质世界放逐出去，从此时间不再属于形而上学，而只是物理学的概念"③。

柏拉图的时间观开始了量化时间与质化时间的分水岭。在柏拉图看来，物理世界与真实世界之间是一种模仿与被模仿的关系。"理念之永恒是一种非时间性的永恒，我们对它不能使用时间性术语，不能说它过去是，现在是，将来仍是，只能无时态地说它一直是。只有宇宙中的事物，作为对理念的模仿才是有时间的，我们才能使用时间性术语"④。柏拉图曾用八个天球运转周期的公倍数来构造时间单位，将时间和运动结合起来，为西方物理学的时间概念定性。由此，西方思想中纯量时间的发展真正迈出了第一步，它经由科学的发展不断壮大，最终主宰世界。

但是，柏拉图的时间并没有完全被排除在永恒之外，它作为"永恒实在的移动的影像"⑤ 由上帝给予世界。柏格森用"金币和零钱"⑥ 来喻指柏拉图主义中永恒与时间的关系——零钱的币值太小，不停地支付也永远无法偿清一笔

---

① 柯林伍德. 历史的观念 [M]. 何兆武，张文杰，译. 北京：商务印书馆，1997：24.
② 苗力田. 古希腊哲学 [M]. 北京：中国人民大学出版社. 1995：94 – 95.
③ 吴国盛. 时间的观念 [M]. 北京：北京大学出版社，2006：64.
④ 吴国盛. 时间的观念 [M]. 北京：北京大学出版社，2006：66.
⑤ 柏拉图. 柏拉图全集（第三卷）[M]. 王晓朝，译. 北京：人民出版社，2007：266.
⑥ H. Bergson. L'évolution créatrice [M/OL]. Chicoutimi：UQAC，2003：186 [2016 – 06 – 28]. http://classiques.uqac.ca/classiques/bergson_henri/evolution_creatrice/evolution_creatrice.pdf.

债务，而金币则能一下把债务了结。相对于永恒的无限大而言，时间虽然渺小，却也是一种真实存在——它继续留在形而上学域内，通过思想的火花艰难地传承。

量化时间由亚里士多德接手，并在此细化。在《物理学》中，亚氏如此定义时间："时间乃是就先后而言的运动的数目"①。此定义中"数目"二字表明了时间中量的性质。数目和量的出现，一方面表明时间概念此时已经摆脱具象物质的参照，开始走向抽象；另一方面表明时间概念已具有类空性趋向：事物之所以呈现为数目，就是因为在空间的纯质媒介中它们可以同时出现，并列排置。时间的数目化说明时间的空间化和量化趋向已经出现。对时间中量的分析体现在亚氏对数目的细分之上："时间是一种数，但是数有两种含义，我们所说的数有：被数的数和用以数的数。时间是被数的数，不是用以数的数。"②按常识理解，"用以数的数"是用作计量标准的自然数。也就是说，在亚氏那里时间不是自然数，或者说还没有表现为自然数，而是一种周期性的运动。因为在时间的流动中，必须确定一定的标准才能计量它，而时间单位的确定一般是以某种周期性运动为标准，例如秒是以单摆的周期性与等时性为基准设定，日是以地球绕太阳自转的周期性运动设定等。因此，计量时间的单位实质上是一种周期性的运动，被亚里士多德界定为"被数的数"，即"我们不仅用时间计量运动，也用运动计量时间，因为它们是相互确定的。"③也就是说，为了使时间成为测度运动的标准，必须通过整齐划一的循环运动来测度时间。

亚里士多德抽象量化的时间趋向影响极为深远：尽管现代物理学出现了原子钟概念，尽管现代物理用极其复杂和精密的手段来测度时间，但其基本原理仍未超越亚里士多德划定的框架。时间仍是由选定的周期性规则运动来规定，然后再以此为基准去测量其他运动。

除了明确的界定，亚里士多德还通过类比来阐述时间的性质。我们仅举一例说明："事物存在于时间里就像存在于数里那样……事物被数所包括就像在空间里的事物被空间所包括那样。"④ 在这样的比较中，时间的类空性更加凸显。

如果说亚里士多德是通过概念界定时间的性质，那么牛顿（Isaac Newton，1643—1677）则是通过严密论证强化了时间的量化性和空间性。牛顿区分"绝对时间"和"相对时间"："绝对的、真正的和数学的时间自身在流逝着，

---

① 苗力田. 古希腊哲学 [M]. 北京：中国人民大学出版社. 1995：435.
② 亚里士多德. 物理学 [M]. 张明竹，译. 北京：商务印书馆，1982：125.
③ 亚里士多德. 物理学 [M]. 张明竹，译. 北京：商务印书馆，1982：125.
④ 亚里士多德. 物理学 [M]. 张明竹，译. 北京：商务印书馆，1982：130.

而且由于其本性而在均匀地、与任何其他外界事物无关地流逝着,它又可以名之为'延续性';相对的、表现的和通常的时间是连续性的、可感觉的、外部的(无论是精确的或是不相等的)通过运动来进行的量度,我们通常就用诸如小时、日、月、年等这种量度以代替真正的时间。"① 绝对时间观念是经典力学理论体系的一个逻辑起点,是经典物理学定量演算的一种担保。因为只有以这种与任何其他外界事物无关且均匀流逝着的时间为参照,其他运动才能得以用运动方程的方式精确地被阐明。那个可以通过测量而被直观到的时间在运动方程中表达为t,它的存在必须以一个真实的时间为前提,即"绝对时间"是"相对时间"的来源。

我们按牛顿的动力学模式来理解时间。动力学模式是以质点为理想模型。只要知道质点的初始位置和初始速度,便可以根据运动方程求解未来和过去任意时刻的位置和速度。也就是说,质点任一时间的运动状态都可通过方程式来确定。"任一时间"的确立正是基于时间在方程式中没有任何质的不同,而只是一个纯粹的量。例如,$t$ 和 $-t$ 是一些原本可以代表时间方向的质,但在牛顿第二定律中,时间以平方数的形式出现,$t$ 和 $-t$ 平方后的结果一样,这样时间的方向性被抹平。因此,从经典物理学的观点看,过去和未来没有区别,无论将时间向过去无限还原,还是向未来无限展望,通过方程式得到的都是必然。数理逻辑带给人们的是一个一眼便可望穿的过去和未来,这样的时间否定了变化,排斥了进化,消解了演化。

因此,同为量化时间,牛顿的绝对时间观不能被简单视为对亚里士多德时间观的延续,而是对时间量化的加强和对时间性质的放弃。这具体体现在两种时间观的异同之上。首先这两种时间观有着一个共同的理论假设,即欧几里得几何学。欧式几何学中的直线两公理与等量三公理为亚氏和牛顿的时间提供了"数"与"形"的模板,时间是因为空间而得到自己的形体。两者的差异之处在于两人对于运动概念内涵的不同理解。在亚氏那里,"一切运动都是某种变化""一切变化都是从某某出来向往某某",② 也就是说,变化概念的外延要大于运动。位移并非所有运动的必然现象,也非构成运动的必要条件。而牛顿的运动则指力学一质点在空间中的位移。如同芝诺对运动的看法一样,这种运动实质上是物体在空间中的运动轨迹,它剔除了时间的变化之质,强化了时间的空间之量。从这个差异点可以看出,牛顿的时间已是一种完全的空间之量,而

---

① 牛顿. 牛顿自然哲学著作选 [M]. H. S. 塞耶,编. 王福山,等,校译. 上海:译文出版社,2001:26.

② 转引自:宋继杰. 海德格尔论亚里士多德的时间观 [J]. 世界哲学,2006 (6):5-6.

亚里士多德的时间却既包含量的因子，也包含质的因子。尽管对于后者，亚氏并未进一步阐发，但他播下了对时间之质进行思考的火种，这个种子一直深埋在科学的根基处，在量化时间遭遇逻辑困境之时便复燃重生。

量化时间作为一种工具，为人类认识和征服自然立下了不可磨灭的贡献。但随着对时间研究的深入，量化时间开始面临逻辑上的尴尬。

从根本上说，量化时间是因为空间的引入而得以成形。在此理解下，时间在逻辑上必然被视为一个实体，那么它便如同空间中的事物一样由部分构成，可以随意挑取分割。但消失的过去与尚不存在的未来给这个实体带来了无法克服的矛盾。罗素曾以幽默的口吻说道："过去存在吗？不存在。将来存在吗？不存在。那么只有现在存在吗？对，只有现在存在。但是在现在范围之内没有时间的延续吗？没有。那么，时间是否存在呢？哎呀，我希望你不要这样唠叨个没完。"① 在近代思想史上，时间量化进路中所引发的类空时间观念一直未能克服其逻辑上的困难。在大多数人看来，牛顿的经典力学未能正确揭示时间的真正本性，"绝对时间"的预设是出于神学的考虑，直到20世纪初，爱因斯坦的相对论才科学地揭示了时间的本性。事实果真如此吗？

首先需要指出的是，相对论并不是对经典物理学的否定，用爱因斯坦自己的话说："我们必须小心一点，绝不可错误地把这个体系看作是同古典物理学的思想方式截然不同的一种新的思想方式……它并不是完全新的物理学理论；它只不过是根据相对性原理进行修改了的物理学理论……相对论的思想本质上同科学已经显现出来的规律和总趋势相一致。"② 可以说，爱因斯坦的相对论只是修正了牛顿的时间观念，它不但没有扭转，反而强化了时间的量化趋向。其修正之处在于：一缝合了牛顿的绝对时间与相对时间，将时间和物质运动之间被人为割断的联系转化为空—时概念；二破除了牛顿力学中的普适时间观念，指出时间是按照不同的参照系来衡量的。这样，无论是讨论时间与运动的关系，还是将时间与参照物对比，时间都被置于空间中，以空间为尺度进行测量。时间的类空性变成了时间的属空性。可以说，相对论对于经典物理学的这两个修正大大加强和深化了时间的空间质和测量性。

空时概念下的思维存在消解了传统观念中三维物体在时间中演化的理念，进一步放逐了物理世界中的时间性。时间的属空性意味着时间这根长轴可以如同位移一般进行正反方向的穿越。这种穿越彻底消除了时间的不可逆性，将变

---

① 罗素. 人类的知识 [M]. 张金言，译. 北京：商务印书馆，1983：319.
② 爱因斯坦. 爱因斯坦文集（第三卷）[M]. 许良英，赵中立，张宣三，编译. 北京：商务印书馆，1979：369.

化性的时间之质证明为一种虚妄。爱因斯坦曾经说道:"对于我们有信仰的物理学家来说,过去、现在和未来之间的分别只不过有一种幻觉的意义而已,尽管这幻觉很顽强。"① 如此一来,时间似乎被彻底归结为人类的一种幻觉。

正如前文所讲,量化时间基于某种周期性的规则运动,它和运动不能分离。爱因斯坦的理论实质上是恢复了被牛顿经典物理所割裂的时空关系,通过时间与运动的联系形成了高一级的空—时(space-time)概念,它依然是时间量化的一个发展。如果说牛顿的绝对时间观为神学、为人类信仰还留有余地的话,那么相对论的时间观则是一种去质后的纯量——时间至此与生命几乎再无瓜葛。

去质后的时间不仅斩断了与生命的关联,还否定了人类经验的时间性。数学家库尔特·哥德尔(Kurt Godel, 1906—1978)曾以严密的逻辑证明,依据相对论人们可以在时间中来回穿梭,自由旅行。② 换句话说,日常生活中那些跟随时间流逝的东西,如美好的童年时光、不可逆转的生命等,都可以失而复得,重新来过。在相对论看来,真实的世界没有单向性的时间,一切皆可逆。这样的推论在理论上彻底取消了时间的流动和变化,取消了时间性本身。流逝的时间被排挤在以规律唱主角的客观领域之外。可见可感的具体时间难道真的是人类的主观性幻觉吗?

量化时间虽然在实践上有巨大的功用便利,在理论上有严密的逻辑推理,在效果上有明确的科学证实,但它所带来的逻辑与现实之间的冲突也一直存在,并不断促使人类去追寻和探秘时间的真质。

## 第二节 时间的质归之思

时间,作为一种约定,其内在的齐一性为人类梳理纷繁的经验世界提供了工具,也为人类认识自然提供了利器。然而,由科学实证所给予时间的客观性并不能否证以下一个自明的道理:离开人的主观意识,则不会有时间的存在。

---

① 爱因斯坦. 爱因斯坦文集(第三卷)[M]. 许良英,赵中立,张宣三,编译. 北京:商务印书馆,1979:507.
② 吴国盛. 时间的观念[M]. 北京:北京大学出版社,2006:120.

此时，自然的更替、物候的变迁、动物的生灭进化等仅能作为变化的现象自存。这些变化虽然是时间的本质，也是其存在的依据；但只有经过人类意识的能动把握，变化才能被抽象为时间这个表征。时间与意识的天然联系构成了时间质归之思的坚实起点。

## 一、量化时间下的性质之思

与作为显学的量化时间相比，质化时间更像是它的影子，它们相伴而行，明暗相间，既彼此对立，又相互映衬。随着科学的发展，量化时间的研究规模和影响不断扩展壮大，而作为陪衬的质化时间只能依赖少数思想家个体化的思考和摸索。由于缺乏大规模试验的实证性支持，质化时间凭借的主要是思辨性推理。纯思辨性质的推理需要一个预设前提，即搁置量化的空间或空间化的量。这种搁置何以可能？

亚里士多德用"时间是运动的数"以及"时间是运动和运动存在的尺度"①将时间与量联系起来。在上述定义背后，起支撑作用的是对运动位移的观察，运动被把握为运动着的物体，或者是运动物体的轨迹。无论是运动着的物体还是轨迹都是空间中诸分离点的连续并置。亚氏对运动的定义既是对运动量的描述，也是对时间空间化的界说。然而，要注意的是，亚里士多德也曾经说过："有量的运动、质的运动以及我们称之为位移的空间运动，在这三种运动中，空间运动必然是先于一切的。"②这句话除了指明位移是最显赫的运动之外，还指出质的变化也是一种运动。尽管质变不如位移运动这样直观，但它仍是一种存在，不可磨灭，不容忽视。亚里士多德笔下质变的运动性为时间思考中搁置量和搁置空间提供了前提和可能。

为质化时间思考直接提供线索是量化分析过程中所引发的一个困难。这便是运动过程中运动性或曰时间性的丧失。我们可以从经验中直接体会这个困难。例如，在看到运动物体的时候，我们可以直观运动；但如果要计量运动，为运动计数，我们便会将运动物体视为一个质点，将运动本身轨迹化。有了由一个个静止的点组成的轨迹，我们便有了计数的可能；有了计数的可能，运动便被量化，时间由此也被量化，成为"被计数的数"。计数是一个不断停顿、不停间隔的过程，因此，量化之路不仅消解了运动的运动性，也使时间的连续性化为乌有。

---

① 亚里士多德. 物理学 [M]. 张明竹, 译. 北京：商务印书馆, 2004: 129.
② 亚里士多德. 物理学 [M]. 张明竹, 译. 北京：商务印书馆, 2004: 247.

如何重拾量化进路中所遗失的时间性，成为时间质化思考中的重点。时间性的失落既是量化研究中的缺憾，也是质化思考的起点。在前科学时期，时间的量化与质化并不是两条泾渭分明的道路，在思想家对时间量化的领会中都暗含着时间质化的因子。因此，从量化角度理解时间并非一个纯量的把握。在时间量的维度越来越明晰的背后，我们不难发现，无论在量化的肇始阶段，还是量化的高级阶段，无论时间如何被抽象，抽象达到何等程度，时间仍然与质、与生命有着割舍不断的联系。

我们首先回到时间的量化之初来探寻时间的潜在之质。在亚里士多德那里，时间除了被定义为"运动的数"之外，还出现了一组与时间相关的概念：潜能、无限、有限以及连续性。

"潜能"一词源自亚里士多德思考问题的方式，即因果关系的思考模式——物体运动的原因被解释为潜能。前科学时期，物体运动的原因尚未从量上得到解释，亚氏将运动归因于从潜能向现实转化的一个过程。这个过程在他提出的四因说理论框架内可以得到完满的解释。在他看来，世界上任何变化都不是无缘无故的，任何变化也总有一个目的。在希腊语中，目的亦可以解释为"作为自身的现实"。因此，"潜能"或者说从"潜能"到"现实"转化的这一过程，必须从朝向目的的意义上来领会。至此，从"某某出来向往某某"便获得了一个去空间化的解释，呈现为性质方面的运动。海德格尔指出，这种朝向目的意义上的理解可以在完全形式化的意义上被领会为"向度"（dimention）。他说："向度表达了一种一般的伸展观念，空间向度意义上的广延则仅代表了伸展的一种特殊变更形式。"①亚里士多德运动中的"向度"和"伸展"倾向，为时间的质化之思提供了可能。

连续性既是时间量化研究的遗失点，也是质化摸索的重点。亚里士多德最先出现在连续性中的是无限这个概念。"量在现实上不是无限的，但分起来却是无限的……只有潜能上的无限……不会有现实的无限。"② 因此，无限只是潜能上的存在。一般来说，无限"可以永远一个接着一个地被取出来，所取出的每一个都是有限的，但它是不同的……不是说它们是一个已产生的实体，而是说它们永远处在产生和灭亡的过程中。"③ 亚里士多德将无限规定为潜能上的存在，并把无限界定为生成和灭亡的过程，而不是已经生成的实体。然而，通过定义垒砌的连续性似乎并不太让人信服，引发连续性的机关到底在哪呢？

---

① 宋继杰. 海德格尔论亚里士多德的时间观 [J]. 世界哲学，2006 (6)：5.
② 亚里士多德. 物理学 [M]. 张明竹，译. 北京：商务印书馆，1982：85.
③ 亚里士多德. 物理学 [M]. 张明竹，译. 北京：商务印书馆，1982：86.

我们可以换一个思路，从概念的对立面寻找该概念的现实性。在宏观定义中，无限是连续性的要害，它的对立面是有限。但有限是一个停顿，它何以能表征连续性？亚氏说过一句晦涩的话："'现在'，作为一种限，不是时间，而是偶尔属于时间，但作为计数者，它是一个数"①。计数之所以可能，就在于意识对现实的依赖，就在于意识对现在的刻意停顿。这种停顿引入了短暂的瞬间，也引入了静止。停顿使得计数得以可能，使流动的时间凝固下来，形成一个个空间的点。因此，从计数的意义上讲，"现在"是数，不是时间，因为时间没有停顿，没有限制。

"'现在'，作为一种限，不是时间，而是偶尔属于时间"这个命题，如果改为"'现在'，不作为限，不是数，而是时间"又是否成立呢？"现在能不能不作为限"是命题成立的关键。"现在"其实是意识的一个主观停顿，但客观上"现在"仍不断流逝。"现在"前接"尚未"，后接"不在"。它不停向前奔跑，奔向无限的"尚未"，同时在身后留下无限的"不在"。"现在"的本然是一种流逝，它的仍然是一种人为的静止。当"现在"不为功利计数的方便而不再作为数时，那它便不是限，而是时间，是时间性，或者说连续性。托马斯·库恩也曾经说过"亚里士多德宇宙的永恒成分……并不是物质，而是性质……在亚里士多德物理学中，位置本身也是一种性质，在一个以性质为本的宇宙中，运动必然是一种状态的变化，而不是一种状态。"②

也许有人会说，亚里士多德属于前科学时期，如果他对时间的定义有性质的要素，那么进入科学时期的时间则是一种纯量的时间。事实果真如此吗？我们来看经典物理学的奠基人——牛顿的时间观。

牛顿持有两种时间观：一是绝对的、真实的和数学的时间，它均匀流逝，与外在事物没有任何关系；二是相对的、表现的和通常的时间。其中前者是后者的前提，或者说，可测度的表现时间逻辑上以一个真实时间为假定前提。这个假定超出经验可感知的领域，牛顿从未给这个假定以实验性的证据，尽管他设计了著名的水桶实验试图证明绝对空间的存在。由于量化时间的本质是时间的空间化，所以从逻辑上讲，只要绝对空间被证成，那绝对时间也随之证成。这种超感知的绝对时间为神留下了位置。他继承数学家伊萨克·巴罗（Issac Barrow, 1630—1677）的思想，认为时空是神自己的永恒和无所不能的表达。

---

① 宋继杰．海德格尔论亚里士多德的时间观［J］．世界哲学．2006（6）：9．
② 托马斯·库恩．必要的张力［M］．范岱年，纪树立，译．北京：北京大学出版社，2005，序言：Ⅱ-Ⅲ．

正如牛顿所说"神的持续是从永远到永远……他的存在从无穷到无穷"①。因此，上帝虽然不是永恒和无限本身，但他本身却是永恒和无限的；他虽然不是时间和空间本身，但却是持续的，并总在空间中显现自己。"他（上帝）永远存在，也无所不在；而且正因为如此，他就构成了时间和空间。"② 从逻辑的观点看，绝对时间的设定无法从经典物理学理论体系中得到证明，其来源只能是牛顿自己的神学信仰，这正是牛顿自己坚持的"终极性的解释应被列在科学范围之外"。③ 因此，在经典力学时期，对时间自身性质的终极解释仍由信仰支配。时间，即使作为人类工具性的利器，仍不是一种纯粹的量的存在。

不可否认，可逆性时间在相对论中的存在带来对时间之矢的完全否定，斩断了时间发展过程中的生命之质。到此为止，时间似乎真的与生命再无任何瓜葛，但事实并不止于此。在物理世界中，可逆性并非揭示现象的唯一解释。热力学第二定律对此提出了挑战。该定律依据的是一个常识性的物理现象：只要存在温度差，总有热流从高温物体传到低温物体，从而使温度趋于平衡。关键在于，这个过程是不可逆的。对一个系统而言，如果知道它的两个不同热力学状态，便能断定它们的先后。这个先后标识出了变化的单向性运作方向，它是一个带有时间性的箭头。而且即使在爱因斯坦宇宙论的背景下，不可逆性也隐约可见。虽然在狭义相对论中，宇宙是一个没有演变的静态空间，时间的流逝性被洗净。然而，在后续研究中，却出现了多个有关宇宙模型的非静态解，其中弗里德曼模型还得到了实验支持：天文学观测中的红移现象证实宇宙整体在膨胀。"宇宙的整体膨胀意味着什么呢？意味着宇宙的整体演化，同时意味着演化的方向性。宇宙的膨胀意味着时间之矢在宇宙尺度上浮现出来。"④

由此可见，即使在数理逻辑和实证的框架下，时间也并非表现出单一的数量性和空间性，质化时间在量化的遮蔽下时隐时现。此外，博物学在近代的发展也强有力地证明了时间的质化性质。

博物学中有两类理论对时间性给予支撑：一是地质演化说，一是生物进化论。前者的证据来自地质、岩层和化石，"含化石的地层是地球的记录。"⑤ 科

---

① 兰西·佩尔斯，查理士·撒士顿. 科学的灵魂 [M]. 潘柏滔，译. 南昌：江西人民出版社，2006：98.
② 牛顿. 牛顿自然哲学著作选 [M]. H.S. 塞耶，编. 王福山，等，校译. 上海译文出版社 2001：61-62.
③ 兰西·佩尔斯，查理士·撒士顿. 科学的灵魂 [M]. 潘柏滔，译. 南昌：江西人民出版社，2006：97.
④ 吴国盛. 时间的观念 [M]. 北京：北京大学出版社，2006：163.
⑤ 孙荣吉. 地质科学史纲 [M]. 北京：北京大学出版社，1984：7-8.

学研究表明，地层和化石的形成可能经历了漫长的变化。通过对地层化石的整理，英国地质学家威廉·史密斯（Wiliam Smith，1769—1839）确立了生物地层学的基本原理和方法，确立了测量大跨度时间的尺寸。地质深时概念也在科学发展史上得到认同。地质演化说为生物进化论的问世提供了条件。经由卡尔·冯·林奈（Carl Von Linné，1707—1778）、让·巴蒂斯·拉马克（Jean-Baptiste Lemarck，1774—1829）、乔治·居维叶（Georges Cuvier，1769—1832），生物进化理论到达尔文时期基本形成。1859年出版的《物种起源》用大量的证据证明生物在自然选择的作用下经历着漫长的进化过程。地质的演变与生物的进化成为时间之矢存在的直接证据。

上述种种都是在科学时间内对时间性质的一种探索，也是对时间纯量理论的一种反拨。时间性在科学域内的证成为时间质归之思提供一个合法性基础。在这个基础上，科学主义者再不会武断地宣布对时间之质的探索只是人文学者对时间的一种主观想象。

## 二、时间的纯质之思

时间是人类获得意识之初便撇不开的话题，昼夜更替、四季循环、生老病死等与时间有关的内容无不让人们困惑、迷茫和无奈。当年孔子站在江岸，面对滔滔江水时发出"逝者如斯夫"的感慨亦是对时间流逝的无可奈何；古希腊赫拉克利特"人不能两次走进同一条河流"的名言，说明人们已经明确意识到了时间不间断的流动和变化。

随着基督教的诞生和兴起，循环时间观对上帝的存在意义造成威胁：既然时间是循环的，既然下一个轮回还要回到尘世受苦，那么上帝救赎、基督受难、末日审判也就丧失了至高无上的意义。早在希腊化时期，教父哲学家奥里根（Origenes，约185—254）就曾面临伊壁鸠鲁派的质问："多么愚蠢！尚未有时间，即说花了多少天世界才形成。事实上，天还没有创造，地还没有固定，太阳还没有围绕大地运转，怎么能说已经有了日子呢？"[①] 这个质问指出了《创世纪》无法回避的一个问题："花了多少天世界才形成"暗示了时间存在的假设，但此假设与天地始分、上帝还未创造时间等直接矛盾。对此，奥里根主张不能对《创世纪》做字面上的理解，而要领会其精神实质。这种做法只是转移和回避了问题，矛盾并没有被解决。因为如果不按字面理解，那么创世问题可以暂时摆脱时间的诘难，但这种跳脱却将问题引向了上帝，用时间将

---

① 叶秀山，傅乐安. 西方著名哲学家评传（第二卷）[M]. 济南：山东人民出版社，1984：223.

上帝捆了起来：如果上帝在时间中创世，那么上帝必然受到时间的约束，其永恒性将被时间的流动性消解；如果上帝不在时间中创世，那么上帝为什么要创造出一个支配万物的时间呢？

真正从思辨角度对这些问题进行深入思考的是奥古斯丁（Aurelius Augustinus, 354—430）。《忏悔录》第十一卷向我们展现了他对时间痛苦而深入的思考历程。

出于信仰的需要，奥古斯丁首先从逻辑上将上帝设定在时间之上，认为时间是上帝的创造物，上帝不在时间之内："你创造了一切时间，你在一切时间之前，而不是在某一时间中没有时间。"① 这种逻辑设定使得上帝的永恒性避开了流逝性时间的侵扰。在此基础上，奥古斯丁开始触及时间本质的探究。

"时间究竟是什么？谁能轻易概括地说明它？谁对此有明确的概念，能用语言表达出来？可是在谈话之中，有什么比时间更常见、更熟悉呢？我们谈到时间，当然可以了解；听别人谈到时间，我们也能领会。那么时间究竟是什么？没有人问我，我倒清楚，有人问我，我想说明，便茫然不解了。"② 奥古斯丁的这些困惑实际上是对时间常识性理解的质疑和否定。一般说来，我们对时间的理解是以对日月星辰运动的测量为基础，如地球围绕太阳的转动、地球自身的自转等。为了消解这样的时间观，奥古斯丁举了一个极为平常的例子。他问，如果日月星辰停止运动，那我们言语的语音长短以及声响长短难道就会消失吗？答案当然是否定的。也就是说，我们对时间的感觉并非仅仅依赖于外在运动。对此，国内有学者认为奥古斯丁对于这个问题的思考是不彻底的，他没有给出正确的答案："假如包括日月星辰在内的一切物体都停止运行，假如整个世界停止一切形式的运动和变化，还有没有时间了呢？奥古斯丁没有彻底思索下去。"③ 该观点意在表明时间与运动、时间与变化不可分，然而却在否定奥古斯丁结论的同时，错过了他关于时间的创新之处。因为奥古斯丁的设定并不在于完全否认时间与运动的联系，而是为了剥离时间与外在物理运动的关联，所以他才假定日月星辰等位移运动的消失，而不是一切运动和变化的消失。这样的假定为性质上的运动和变化留下了发展空间，使内在意识时间的确立成为可能。因此，可以说，奥古斯丁对时间的理解与常识不同，常识将时间外化，将其与外在空间连接；奥古斯丁则将时间内化，将其与主观意识连接。正是在内化理解的趋向下，他说道："物体的运动是一件事，估计运动历时多

---

① 奥古斯丁. 忏悔录 [M]. 周士良，译. 北京：商务印书馆，2012：257.
② 奥古斯丁. 忏悔录 [M]. 周士良，译. 北京：商务印书馆，2012：258.
③ 蔡英田. 时间的困惑——读奥古斯丁《忏悔录》[J]. 吉林大学社会科学学报，1997（3）：47.

少是另一件事……时间并非物体的运动。"①

奥古斯丁对常识时间的消解还表现在他对时间划分的质疑上。按日常观念理解，时间犹如一个空间实体，可以分为过去、现在和未来三个部分。但在奥古斯丁看来，"过去已经不存在，将来尚未来到，则过去和将来这两个时间如何存在呢？"② 因此，存在着的只能是现在。在这里，时间流逝性的现实与构成性的观念直接相抵触。在构成性时间中，过去、现在和将来的区别是理性依照空间人为划分的产物，是对流动时间的抽象和静止，是人类理解时间的一个方便法门。这种理解在方便了人类的同时，却牺牲了时间的动态本质。在这一点上奥古斯丁的态度异常明确："说时间分过去、现在和将来是不确当的。或许说，时间分过去的现在、现在的现在和将来的现在三类，比较确当。"③ 这样的时间观念显然不是来自空间，不来自我们的日常知识。那么，它来自哪里呢？

心灵，这是奥古斯丁给出的回答："我的心灵啊，我是在你里面度量时间。"④ 在他看来，心灵或者说意识是时间的先决条件。不仅如此，心灵和时间甚至是一体的："我度量时间的时候，是在度量印象。为此，或印象即是时间，或我所度量的并非时间。"⑤ 这里，实体化时间被超越，时间从实体性存在过渡到了关系性存在。作为内在心灵的一种属性，时间是心灵在延展时所呈现的一种动态关系，是"精神中的事情"⑥。

从对时间的实体性理解到对时间的关系性理解，时间观念在其发展史上迈出了巨大一步，给人类思想带来了深远影响。尽管有学者指出这种理解是出于宗教目的，通过将时间之流内在化，而使上帝最终摆脱时间的束缚。⑦ 但是当时间被视为心灵的属性，被视为人的一种思想方式时，时间便从外在空间走向了内在生命。

从学理角度看，虽然奥古斯丁的论述充满浓厚的主观色彩，但他对时间的这种理解思路却富含开创和启发意义，后来诸多哲学家如笛卡尔、贝克莱、柏格森、海德格尔等都走在由奥古斯丁所开辟的时间内在化道路上。这条道路有一个必备的逻辑起点，那就是心灵，或者说是意识。没有意识，没有心灵，就没有奥古斯丁内在化的时间。在此前提下，很多集科学与哲学于一身的伟大思

---

① 奥古斯丁. 忏悔录 [M]. 周士良，译. 北京：商务印书馆，2012：268.
② 奥古斯丁. 忏悔录 [M]. 周士良，译. 北京：商务印书馆，2012：258.
③ 奥古斯丁. 忏悔录 [M]. 周士良，译. 北京：商务印书馆，2012：263.
④ 奥古斯丁. 忏悔录 [M]. 周士良，译. 北京：商务印书馆，2012：271.
⑤ 奥古斯丁. 忏悔录 [M]. 周士良，译. 北京：商务印书馆，2012：272.
⑥ 尚杰. 时间概念的历史与被叙述的时间 [J]. 浙江学刊，2006 (3)：76.
⑦ 吴国盛. 时间的观念 [M]. 北京：北京大学出版社，2006：83.

想家，沿着奥古斯丁所指明的方向，进一步深化了时间与意识关系的研究。

笛卡尔从主客二分的思考方式出发，将空间性归于物质世界，将时间性归于精神世界。他认为物质世界只有数学和空间意义上的广延，而没有时间。时间不存在于事物中，而存在于我们的思想中，它产生于事物绵延与事物运动之间的比较，不是占据空间的实体，而是一种思想方式。在笛卡尔这里，时间必须由主体用存想的方式，通过能动的比较才能被认识，在被认识后又用来度量运动，度量事物的变化。因此，笛卡尔的时间只存在于思维领域，是人类认识世界的一种方式。依照这种理解，年、月、日等表达时间的单位，与其说是时间的属性，不如说是主体对自然现象的一种理解。

笛卡尔以心理意识为基础来理解时间的方式被霍布斯继承。在霍布斯那里，时间就是运动物体及其运动在心里留下的观念或影像。[①] 对他来说，时间是一种依赖心灵的存在：没有了心灵，虽然运动依然存在，却没有了测度运动的标准。到贝克莱，时间的存在几乎完全取决于心灵，心灵成了时间的必要条件。也就是说，没有心灵，则没有时间。"时间之成立，是由于在我心中有连续不断的观念一律地流下去……离开了心中观念的前后相承，时间是不能存在的。"[②]

如果站在科学主义和唯物主义的角度来看，时间的内化理解或许显得过于主观唯心和神秘。但不能否认的是，时间的内化理解将时间与意识活动较为恰当地联系了起来，抓住了时间流逝性的本质特征，而这恰恰是量化时间下所遗失和遮蔽的东西。时间在逻辑论证方面的部分缺失，到康德便得到了一定程度的加强。

面对科学主义和唯物主义的指责，我们可以用康德的话来回应："我的空间和时间的唯心性的学说，远远没有把整个感性世界弄成仅仅是一个假象；反之，它是保证最重要的知识之一（即数学所先天阐述的知识）得以应用于实在的对象上去以及阻止人们去把它当作仅仅是假象的唯一办法。"[③] 也就是说，感性世界对康德来说具有真实性，就如同客观世界对科学来说具有实证性一样。对于实证科学来说，时间既是一种量化性理解，也是一种实体性理解。面对这种理解，康德无不批判地说："主张空间和时间的绝对实在性的人，不论他们把这种实在性看作是自存性的还是仅仅依存性的，都必然要与经验本身的原则不相一致。因为如果他们采取自存性的看法（这是从数学研究自然的那一

---

① 北京大学大学哲学系外国哲学史教研室. 十六—十八世纪西欧各国哲学 [M]. 北京：商务印书馆，1975：81.
② 乔治·贝克莱. 人类知识原理 [M]. 关琪桐，译. 北京：商务印书馆，1936：71.
③ 康德. 形而上学导论 [M]. 庞景仁，译，北京：商务印书馆，1978：55.

派人的通常看法），那么他们必然要假定两种永恒无限独立持存的杜撰之物，它们存在着（却又不是某种现实的东西），只是为了把一切现实的东西包含于自身之内。"① 从数理逻辑来看，时间只是一种为数理演绎和物理学计算所设定的某种可分性单位，是一种工具，是对物体做质点匀速运动的一种度量。这种带有严密逻辑推想和实验测度的客观实体在康德看来是一种虚幻，是一种杜撰之物。

对康德来说，时间是先天的。这种先天性应被理解为一种逻辑上的在先，而不是时间上的在先。也就是说，时间的观念要先于时间的测度，因为"变化的概念以及和它一起的运动（作为位置的变化）的概念只有通过时间表象并且在时间中表象才是可能的；而假如这个表象不是先天的（内）直观的话，那么任何概念，不论它是什么概念都不能使一个变化的可能性……成为可理解的。"② 也就是说，在康德这里，没有时间的观念，就不能理解运动和变化。为此，时间被他归入了主体性的"直观"概念中："我们在一切情况下所可能完全认识的毕竟只是我们直观的方式，即我们的感性，并且永远只是在本源地依赖于主体的空间、时间条件下来认识它。"③

在量化理解中，时间是一个自存的实体，它独立于主体，独享客观性。与此不同，时间的质化理解拉近了时间与主体、与生命的距离，被看作是主体的一种接受能力，或者说是主体理解世界的一种方式。时间概念从实体性到观念性的变化体现了时间量化理解到质化理解的重大转变。这种转变使我们更能明白康德在哲学史上为何有哥白尼革命的意义。主客观关系的转换体现在康德的名言"人为自然立法"中。当然，这句名言一直被唯物主义者所诟病。而且，科学主义也一直以傲人的纯客观性自足存在。但人文学者至少可以声明，康德哥白尼式革命的意义在于，我们对自然不应该仅拘泥于工具性的利用，还应该有一种主观性的更接近生命的思考和理解。

时间的量化分析依凭的是空间思路，其实质是对时间的一种空间化研究。这种研究的最高成果被凝练在空时概念中。在空时概念的视域下，世界呈现出空时流形，变化的舞台消失了，理解的框架隐退了，四维空时不过是数学意义上的四维空间。时间的质归之思是对时间的非量化研究，它所依凭推进的不是空间依据而是变化依据，是事物从一种性质到另一种性质的转变，或同一性质在程度上的加深或递减，这样的变化不需要依赖外在空间的位移而显现。从运

---

① 康德. 纯粹理性批判［M］. 邓晓芒, 译. 杨祖陶, 校. 北京：人民出版社, 2004：40.
② 康德. 纯粹理性批判［M］. 邓晓芒, 译. 杨祖陶, 校. 北京：人民出版社, 2004：35－36.
③ 康德. 纯粹理性批判［M］. 邓晓芒, 译. 杨祖陶, 校. 北京：人民出版社, 2004：42－43.

思方向上看，时间的量化理解是一种外扩，它指向外部空间，最终与空间连为一体。而时间的质化理解是一种内展，它指向内部意识，最后聚焦于心灵。因此，两种理解时间的进路有着不同的要义：时间的量化理解重在同质化的抽象，时间的质化理解重在异质化的具象。因此，前者远离生命，直逼物理世界的真空；而后者亲近生命，直触生命世界的本真。

## 第三节 康德时间生命化的困境

  康德对时间的质化理解将时间与生命紧密相连。在时间生命化的进路中，这种关联虽然开启了创造性把握时间的希望之火，但各种难题也如影随形，挥之不去。当下学界，既有单独撰文，也有通过专著的某些章节，来探讨康德时间的困境问题。由于研究视点的不同，学者们对困境的理解自然也不同。因此，虽然大家共用时间与困境两词，但实际上每个研究者心目中的困境能指却大相径庭。对时间困境内涵的梳理构成我们探讨康德时间生命化困境的前提。

  笔者认为，康德时间生命化困境的内涵有三：一是逻辑困境，二是理论困境，三是自由困境。逻辑困境是指如果时间被视为一种与生命相联系的存在，它必须要面对两个逻辑问题：时间到底是主观的还是客观的，如何理解生命有限性与时间无限性之间的矛盾？逻辑问题的锋芒直指时间生命化自身。理论困境是指时间皈依主体后，在认识论范围内与空间相比所产生的一种不对称或缺位。例如，在《纯粹理性批判》中，依照分析，空间使几何学成为可能，时间使算术成为可能，但后者的论证与前者相比，却显得极不充分。"这也是一个历来康德学界众说纷纭的话题。"[1] 与逻辑困境不同，理论性困境指涉的是时间与他者的关系，它不是反身性的，不关乎自身的存亡，而关乎认识论理论整体上的自洽性。自由困境与前两个困境既相联系，又相分离。其联系之处在于，自由困境是对逻辑困境和理论困境意义的思考：逻辑困境与其说是对时间生命化的逻辑质问，倒不如说是对生命的一种限，如何跳脱出这个逻辑上的限，就是对生命能否自由的思考；同时，理论困境也在提醒思者，这种跳脱能

---

[1] 邓晓芒. 康德时间观的困境和启示 [J]. 江苏社会科学，2006（6）：14.

否与认识论的自洽性相容。其分离之处在于，自由困境是对逻辑困境和理论困境的一种超越。

## 一、时间生命化的逻辑困境

如前所述，时间可以按量化和质化两种思路来理解。从量化思路来看，时间要么是绝对的存在，要么是空间的一维，在空时概念中被计算。简言之，此时的时间是纯客观的。从质化思路来看，时间往往与心灵或意识紧密结合在一起，表现出明显的主观特性。因此，时间到底是主观还是客观是其生命化进程中始终要直面的问题。它可能是主观的，因为没有人的意识，就没有关于时间的观念；其次，时间作为被"计数的数"，其前提必须有一个可以计数的心灵。它又可能是客观的，即使主体排除感官，心灵不再计数，时间似乎也并未消失，春去秋来，日夜更替，时间依旧存在；此外，时间作为公共尺度，似乎也被淘尽了主观性。主观与客观之间的对立存在构成了逻辑上理解时间的困难。

按照形式逻辑的排中律规则，面对两个相互否定的命题，只要证成自身，另一个自然被否定。如果说时间的生命化理解充满浓厚的主观神秘色彩而让人难以置信、难以言说的话，我们可以从它的对立面——时间的客观性入手，来验证其是否成立。按照唯物主义的观点，时间背后的依据是变化，没有变化就没有时间。按科学主义的观点，对时间的测度依据的是运动。在前者看来，变化是自然界的一种客观现象，自然界没有不变化的事物。时间的依据是变化，变化是客观的，没有变化便没有时间。这种论述本身没有问题。真正的问题在于，从"作为时间依据的变化是客观的"这一命题能否直接推出"时间是客观的"呢？从时间与变化的联系来看，变化是时间的必要条件，但非时间的充分条件。没有变化便没有时间，但有了变化却不一定有时间。这里，使时间得以产生的充分条件是主体。只有主体对变化觉察以后才能产生时间的观念。没有主体，虽然变化依旧存在，但时间的观念却不会产生。时间观念是对客观变化的一种主观表征。可能有观点认为，即使心灵不再计数，时间依然流淌。这种说法也是值得商榷的，我们不能说时间依然流淌，只能说变化依旧，这种变化与人类的认知能力无涉。因此，只要说到时间，用到时间，那么这个概念下一定潜藏着人这个主体。潜设主体就意味着时间与主观性有割舍不断的联系。

再来看量化时间的测度性。测度是量化时间最为典型的特征之一。在时间的发展史上，测度有着诸多形式和标准，如太阳、月亮、潮汐、滴水、沙漏等。最终，追求齐一性和规律性的本质使得科学要选择一个稳定的过程作为时间的统一标准，这样，秒分时、日月年一套计时系统得以成立和推广。事实上，被选定的稳定过程也是一种运动，只是这种运动相对于其他运动更为规则、更容易把握，可以作为不变的基本量来测度其他运动的变化。不难看出，测度时间具有的齐一性实际上也是一种人为约定，其客观性和普适性乃是人类认知和理解自然的一种方式。

当然，如果我们从科学角度出发，将会得到更多有利于时间客观性的推论和例证，科学的发展已经充分证明了这一点。如此看来，时间是主观还是客观成为一个二律悖反的问题，即无论从逻辑，还是从实验或经验，我们都能给出充分理据来证明各自的观点。科学主义和唯物论者会说时间是客观的，唯心主义（即理念论）者会说时间是主观的，或者至少它不是纯客观的。争执往往会无休无止，谁也无力说服对方。最终，主观与客观的判定只能走向信仰，而不再依赖理性。那么问题到底出在哪里？

在理解时间的进程中，还会遇到另一个逻辑困难，那就是时间的有限与无限之间的对立。它具体体现为人的有限存在与时间的无限永恒之间的矛盾。事实上，时间的有限与无限本身也是一个二律悖反，它们都超出了经验的范围。亦即对于时间的有限与无限，科学提供不了经验上的证据。由于经验证据的缺乏，对于同一对象可能会出现两个相互对立的理论，而且两种理论都具有逻辑上的自洽性。

问题不在答案，而在于提问的方式。时间是主观还是客观，有限还是无限？这是一个科学式的提问方式。它试图站在中立的立场来弄清楚时间的属性。也就是说，时间在这个语境下变成了一个对象。对象性思维重在追问对象本身的客观本质，但数理逻辑下的经验科学对此总有许多难以回答的盲点，比如语言的起源、意识的起源、人类的起源等。"为什么人记不起自己学习母语的过程？"[1] 这样的问题说明，科学对于对象的客观性证明总是有限的。如果它面对的是一个静止不动的物体，那么，它便可以以纯客观的方式去量度。但当它涉及它的认识主体——人的时候，便会遭遇种种非客观。这种现象正如荷兰版画家艾舍尔（M. C. Escher, 1898—1972）在作品《画廊》所表征的哲学意义——世界图景的悖论。波普尔（Karl Popper, 1902—1994）也曾把科学家比作在自己房间里给房间画地图的人，他必须把他正在画的地图也包括在这张地图之内："他的任务不可能完成，因为他必须把他画地图的最后一笔也画在地图里面。"[2]

---

[1] 吴国盛. 世界图景悖论——兼论艾舍尔《画廊》的哲学意义 [J]. 北京大学学报（哲学社会科学版），2001（4）：100.

[2] Popper, Karl. The Open Universe [M]. trans. by Andrew Motte. Prometneus Books, 1995：109.

## 二、时间生命化的理论困境

时间在康德的《纯粹理性批判》中被收归为认识主体的一种先天形式。与空间观念相比,这种观念在纯粹理性批判体系中有一个明显的破绽,即空间按照学理要求做了"先验阐明",被阐释为一个原则,为几何学这种先天综合知识提供前提,而时间则没有。时间只被做了形而上学的阐明,只将概念本身的内涵阐发出来,而没有涉及它在认识论上的功能和作用,没有阐明它何以为算术知识提供前提和可能。对于这个非对称性的缺位问题,有学者指出"康德《纯粹理性批判》中对时间的'先验阐明',撇开了数学何以可能的问题而跳到了力学何以可能的问题。时间的先验阐明这一实际的缺位表明其时间观在'形式框架'的理解和作为'能力'的理解之间的冲突。他处于传统空间化的时间向力学化、能动化的时间的过渡中。"①

此结论的起点在于,在《纯粹理性批判》中康德对时间的先验阐明没有给数学以支撑,这样与空间观念对几何学的支撑相比,便形成了一个缺位。然后,论证从形式上的缺位渗入到内容上的冲突,即时间到底是静止的形式框架,还是动态的能力。然而,问题在于论者对于"形式框架"的判断基于什么理由?

把时间看成形式框架最明显的理由在于,康德的时间和空间是主体认识事物的两种先天直观形式,"形式"概念则指涉一种静止,一种框架。但康德也指出:"时间只有一维:不同的时间不是同时的,而是前后相继的(正如不同空间不是前后相继的,而是同时的一样)。"② 这是时空特性的一种对比,很明显,时间因前后相继所以是动态的,而空间不是前后相继所以是静态的。既然如此,我们又该如何理解康德把时间和空间定义为先天直观的形式呢?对空间而言,我们可以依照康德的字面来理解,但对于时间则不能。"时间不过是内感官的形式,即我们自己的直观活动和我们内部状态的形式……它既不属于现状,又不属于位置等。"③ 与空间理解不同,对于时间的先天直观形式,我们只能从一种比喻或类比的角度来体会,一如康德所言:"而正因为这种内部直观没有任何形状,我们也就试图通过类比来补足这一缺陷,用一条延伸至无限的线来表象时间序列。"④ 也就是说,康德借助空间类比对时间进行了对象化

---

① 邓晓芒. 康德时间观的困境和启示 [J]. 江苏社会科学,2006 (6):14.
② 康德. 纯粹理性批判 [M]. 邓晓芒,译. 杨祖陶,校. 北京:人民出版社,2004:34.
③ 康德. 纯粹理性批判 [M]. 邓晓芒,译. 杨祖陶,校. 北京:人民出版社,2004:36.
④ 康德. 纯粹理性批判 [M]. 邓晓芒,译. 杨祖陶,校. 北京:人民出版社,2004:36.

考察，本来是内心状态，是只能体会不能目视的东西，现在被空间赋性，变得可以直观了。当对时间的体会变成对时间的直观后，时间被偷偷地从内部状态转换成外在形式，并与空间合二为一。时间此刻不仅真正拥有了形式的称号，还拥有了形式的内容。

但是，需要注意的是，时间与空间的和合只是一种类比，或者说是对象化思维下的一种表象。时间与空间在本质上的差异不能被表象所遮蔽。康德本人也充分意识到这一点："我们从这条线的属性推想到时间的一切属性，只除了一个属性，即这条线的各部分是同时存在的，而时间的各部分却总是前后相继的。由此也表明了时间本身的表象是直观，因为时间的一切关系都能够在一个外部直观上表达出来。"①

然而，有学者指出②，康德认为时间的一切关系都能够在一个外部直观上表达出来，是一种自相矛盾，因为空间对时间的这种类比表达不是完整的，它只能将时间各部分同时表示在线上，但时间的前后相继不可避免地被消解了，而这种前后相继恰恰正是时间的本质属性。而"康德竟然忽略了他自己的这一自相矛盾"③。

果真是康德忽略了他自己的这一自相矛盾吗？在此，我们需要留意康德与研究者两人在表达上的不同。在康德那里，"时间的一切关系都能够在一个外部直观上表达出来"，在该学者这里"前后相继是时间的本质属性"。要知道，关系与属性并不是一回事。从量的角度看，关系概念意味着至少两者，或两者以上要素之间的联系；而属性则指单一体的特征。从质的角度看，一条线可以将时间的各个部分依照前后相继的关系进行编排，如以某一点为现在，向该点的左右两个方向延伸，过去和将来则得以规定。时间先后相继的关系便转化为数轴上的前后空间关系。因此，在对时间空间化的表象中，前后相继的动态关系没有完全丢失，而是转化为数轴上的先后静态的空间关系。该学者认为康德自己并未明确意识到自己的时间观其实隐藏着两个不同的层次，一个是前后相继的动态层次，一个是空间静态的层次："这表明康德在对时间本身的性质上有一种根本性的两可的理解。"④ 这种观点恰恰误失了康德类比论证的本意。

空间可以表征时间，并不意味着时间等同于空间。空间是表征的工具，时间是表征的对象，二者是类比关系，本质上不可能完全等同。所以对"时间是先天的直观形式"这一表达我们只能做类比性理解，只有放入空间中的时间才

---

① 康德. 纯粹理性批判 [M]. 邓晓芒，译. 杨祖陶，校. 北京：人民出版社，2004：36-37.
② 邓晓芒. 康德时间观的困境和启示 [J]. 江苏社会科学，2006 (6)：16.
③ 邓晓芒. 康德时间观的困境和启示 [J]. 江苏社会科学，2006 (6)：17.
④ 邓晓芒. 康德时间观的困境和启示 [J]. 江苏社会科学，2006 (6)：16.

是静态的，而时间自身只有动态层次。因此，时间静态形式"框架"与动态"能力"矛盾的提法值得商榷。而且，康德很清楚地意识到时间与空间相比较而言，时间的层面更为深刻："一切表象，不管它们是否有外物作为对象，毕竟本身是内心的规定，属于内部状态，而这个内部状态却隶属在内直观的形式条件下，因而隶属在时间之下，因此时间是所有一般现象的先天条件，也就是说，是内部现象（我们的灵魂）的直接条件。正因此也间接地是外部现象的条件。"① 实际上，时间对于空间这种深层关系若继续向纵深处递归，时间与心灵将获得紧密关联："心灵与时间这种表象能力处于这样一种直接的关系中：心灵的状态直接显现于时间中，而时间中的显现同时也就是心灵的状态……时间的到时就是心灵的显现。"② 因此，时间既是心灵的直接条件，又与心灵具有统一性。时间借此获得了生命主体的一种能动。这表明，我们应该按照比喻去领会作为直观形式的时间。这也表明，康德在对时间本身的性质上没有一种根本性的两可理解，时间的本性在他看来就是心灵的一种能力。

按照时间与空间的类比思路，我们同样可以解释康德"纯粹知性概念图型"所内含的矛盾：这个概念自身是一个空间化的直观"图型"，然而其运作机理却是非空间的。康德提出了四种概念：经验性概念的图型、纯粹感性概念的图型、几何学图形的图型以及纯粹知性概念图型。对第一类图型的阐释，康德借助一个盘子的经验概念达到了圆的纯几何学概念；第二类图型所依凭的是由点到数的一种抽象；用来解释第三类图型的例子是三角形图型。也就是说前三类图型都是从具体的空间形象抽象出的一种直观图型，唯独第四个纯粹知性概念图型的抽象依凭的不是空间。"一个纯粹知性概念图型是某种完全不能被带入任何形象中去的东西，而只是合乎某种依照由范畴所表达的一般概念的统一性规则而进行的纯综合，是想象力的先验产物，该产物就所有那些应先天地按照统觉的统一性而在一个概念之中关联起来的表象而言，就一般内感官的规定依照其形式（时间）诸条件而发生关系。"③ 如果不按类比论证的思路去理解，我们似乎同样又可以发现康德推理的矛盾，即前三类直观图型源自直观形象，而第四类直观图型却源自完全非空间的想象。并且，第四类图型中的有型直观与无形运作又将陷入"框架"与"能力"之间的对立。

所谓的矛盾并不真正存在，因此也无关"忽略"与"被忽略"，它之所以会出现，是论者对康德论证的理解所带来的结果。这是一种二元式的思考方

---

① 康德. 纯粹理性批判 [M]. 邓晓芒, 译. 杨祖陶, 校. 北京：人民出版社, 2004：37.
② 黄裕生. 真理与自由 [M]. 南京：江苏人民出版社, 2002：99.
③ 康德. 纯粹理性批判 [M]. 邓晓芒, 译. 杨祖陶, 校. 北京：人民出版社, 2004：141.

式,"框架"与"能力"的理解背后实质上是静与动、被动与主动之间的矛盾。从方法论而言,二元思考模式的确可以揭示较为深刻的客观矛盾,但其使用应受一定条件的限制。将两个性质不同的事物或事物不同的两个方面放在一起并不完全是为了显示不同。在论证时间的过程中,康德借用空间之举非在揭示或制造矛盾,而是要借助于空间的"显"去解释时间的"隐"。他赋予时间以"形式"这样的称谓,一是为了便于言说,二是出于逻辑上的对称性。这种类比论证实质上更接近一种综合,将时间与空间放在一起进行对照性理解。不能忘记的是,综合不等于融合,不等于等同。因此,抓住"形式"这个字眼而将其与实质上的能动对立,构成矛盾,这恰恰误失了康德类比论证的本意。

而且,在时间先验性阐明与空间先验性阐明之间非对称性的理解中,存在一个潜在假设,即时间和空间应该是对等的,因为它们都是主体先天性的直观形式。而实际上,时间与空间虽同为人的先天直观,但两者并非完全相同、完全对称,它们的差异既可以由动与静横向铺陈,也可由主与辅纵向深入。所以,相对于空间先验阐明而言,时间先验阐明的缺位正表明了时间与空间的差异所在,而并非由康德的"不小心"[①] 所致。算术作为一种精准的工具,其本质是理性的、静止的,是对时间之流显现瞬间的一种截取。流动就是变化,变化就无所谓精准,因此,动态的时间,作为能力理解的时间,作为与生命相联系的时间,从本性上不可能像空间为几何学提供纯直观那样,为算术提供纯直观。

那么,对康德时间困境的提法,似乎不应是其《纯粹理性批判》中在对时间的"先验阐明"时撇开了数学何以可能的问题而跳到了力学何以可能的问题,而应该是对时间的"先验阐明"何以缺位的问题。第一种提法仅抓住了时间作为能力的理解(这种理解使时间的动态性与力学的结合有了天然保障),它的确解决了康德撇开数学而奔向力学的问题,却带来了时间作为形式框架与作为能力之间的冲突。第二种提法则厘清了静态形式与动态内容的矛盾内涵。类比性理解从逻辑上消除了形式与内容的自相矛盾,让我们借助形式这个静止的跳板一下跃入时间能动的动态本质中。可以说,康德时间困境的启示不仅在于对费希特、谢林、黑格尔、叔本华、柏格森等的启示,更在于它对时间与能动、与生命关联的一种证成。

---

① 康蒲·斯密康德.《纯粹理性批判》解义 [M]. 韦卓民,译. 武汉:华中师范大学出版社,2000:169.

## 三、时间生命化的自由困境

当我们把时间与自由一起思索时，便会发现一个打不开的结。那就是，任何事物只要以时间为尺度，则都是有限的，都无法逃脱消亡这个必然。对生命来说，这个有限和必然显得尤为刺眼。

个体的生命毫无疑问是有限的，那么时间是有限的还是无限的？按康德的观点，从经验角度看，时间超出了我们认识能力的范畴；从纯理性认识的角度看，则会出现二律悖反，即时间的有限和无限都有可能得到证明；从逻辑角度看，时间是主体的先天直观形式，有赖主体而显现。那么，问题是当主体消亡，时间是否依然存在？也就是说，康德有关时间的理论出现了吊诡：当时间作为自在的存在，它是自由的；当时间作为一个外在尺度，它可以凸显任何事物的有限性，包括上帝；但是，当时间被收归主体后，它便显现出自身的有限性，显现出自身的自由限度。

康德自己也在试图解决这个吊诡。在康德看来，人首先是一种有限的自然存在。作为自然万物中的一员，人必定要遵守自然界的客观规律，或者说要受自然规律的制约。而且，作为自然存在，人在经验领域内的认知能力也非常有限，人类探索自然至今，也不敢说已经认识了自然界所有的奥秘。因此，从存在的角度看，人类必然受大自然的约束，人是不自由的，或者说，我们尚没有充足的理由来证明人是自由的。

在康德那里，人不仅是一种有限的自然存在，还是一种有限的理性存在：人具有实践理性。相对于纯粹理性中知性为自然立法，实践理性中理性为自身立法。知性为自然立法所立的是自然法则，它不以人的意志为转移。而理性为自身立法所立的是理性法则，它需要人的意志条件才能被遵循。"自然法则体现为以'是'字为系词的叙述方式，而理性法则乃是由'应该'连接起来的命令式。"① 依照实践理性，从理论上讲，人可以使自己的行动动机摆脱经验限制而由理性来决定。这是从条件形式上获得自由。从内容实质上看，没有摆脱经验限制的行动动机基于的是个人，没有普遍性意义。但"你的行动，要把你自己的人格中的人性和其他人格中的人性，在任何时候都同样看作是目的，永远不能仅仅看作是手段。"② 这里，"人是目的"的内涵，即"理性是目的"。此时，人的行动便对一切有理性者普遍有效，个人准则便通过个人的意

---

① 张志伟. 西方哲学十五讲 [M]. 北京：北京大学出版社，2013：308.
② 张志伟. 西方哲学十五讲 [M]. 北京：北京大学出版社，2013：308.

志上升为普遍法则,这种法则能"使人能够自由地按照理性自身的法则规定自己的行动,使人能够超越自然的限制而达到无限的自由之境。"①

康德通过对人存在性的二分把人的有限与自由的无限相协调。作为面向自然的认识主体,人是有限的,他既为自然立法,发现客观规律;又存在于规律中,受规律的支配。然而,作为面向理性的行动主体,人是自由的。如果他以理性为目的,摆脱经验世界的限制,在康德看来,就是属于纯粹理性的理想世界。为了连接意志的动机和行动的效果,即为了缓和前者的自由与后者不可避免地会落入由必然法则所统摄的现实世界之间的矛盾,康德假定了三个理性实践的共设,即"意志自由""灵魂不朽"和"上帝存在"。"意志自由"是人摆脱经验世界限制的条件;"灵魂不朽"则克服了人此时的有限性,拥有了最终抵达无限的可能性;"上帝不朽"则是以上理论的一种担保。

有一种观点认为②,康德的困境就在于时间与自由的分离,他为非时间的存在——物自体、灵魂、上帝、自由留下地盘,而一切现实的存在都是时间性的。前者只能被理性所理解,而不为感性所意识,这是不彻底之处。该论断从唯物主义的角度,认为物自体、灵魂、上帝等具有自由和生命意义的概念在康德那里都是非时间性的,正基于此,现象界与本体界的区分便带来了时间与自由的分离。照此观点,如果将康德分开的时间与自由合二为一,如果现象界与物自体之间的区分随之弥合,那么,生命与自由的无限性将如何解释?我们在本节开篇处的吊诡又将如何解释?如果不为物自体等存在留下地盘,那么,所有的东西都必将落入知性的认识范围,一切又将处于必然的关系中,我们又何来思的余地和思的自由?世界又何谓创造?

物自体的设立使得康德哲学中明确存在非量化的时间,这也是传统形而上学以及柏格森哲学要极力维护的存在者。因为正是这种存在者的存在才打破了或者说超越了人作为个体在时间尺度下所面临的有限。

如果说上述论证成立,那么,时间与自由的分离或合一不能解决自由的困境问题。这样,我们必须审视提问方式是否有问题。其实,在针对康德主体化时间的责难中,一直存在着一种混沌。那就是,学者们并没有明确相关讨论是在认识论层面展开,还是在存在论层面展开。时间的有限性是对人类自由的否定,它带来了存在论层面对自由的消解。因此,为了超越有限,康德在知性这个非时间性存在的对面竖起自由的旗帜,将自由放入时间性的物自体中。反对者则认为这种非理性存在为神秘主义留下了地盘,不承认这种只能思而不能知的物自体或上帝。这种指责和诘难是基于认识论对象性思维的产物,表现了主

---

① 张志伟. 康德的道德世界观 [M]. 北京:中国人民大学出版社,1995:47-48.
② 包国祥. 自由与时间 [D]. 长春:吉林大学,2008:50-51.

体对清晰性认知的一种欲求，其背后潜藏着对必然、对规律的内在渴望。因此，它有一个没有言表的目的，即将认识对象纳入逻辑的框架，纳入必然律的世界。这样的求知目的恰恰与自由失之交臂。

康德对时间性的超越带来了一种与现实完全脱离的自由，并为神秘主义留下空间。该现象被部分研究者归结为康德的一种困境，即时间与自由的困境。柏格森对这一困境进行了深入的学理分析。他认为，康德从骨子里把时间和空间混为一谈，把自我自身和自我象征混淆起来，把时间看作如同空间一样的纯质媒介，把使用于空间的因果律原则同样在内心世界推广。这样一来，从理论上来说，自由在现象界便成为不可理解和无处着脚的东西。但康德又舍不得否认和放弃自由，所以"他把自由提升到本体的领域去了"。① 柏格森的分析不无道理，但柏氏似乎也未意识到，康德并没有完全将时间与空间混为一谈。空间意味着纯一和同一，意味着规律和必然。如果康德将时间和空间完全混淆等同，那时间注定会落入人的认知范围内——自由自然会被消解。其实，物自体的不可知以及时间与空间之间的关系在康德那里是清楚的，时间有着更为深层次的地位，它"除了借空间而呈现出自身外，还有不能呈现出来而只能在内心中去'觉'的成分。"② 时空不完全等同的关系还表现在康德追究想象力根源的举动上。他说："知性的这个图型法就现象及其单纯形式而言，是在人类心灵处隐藏着的一种技艺，它的真实操作方式我们任何时候都是很难从大自然那里猜测到、并将其毫无遮蔽地展示在眼前的。"③ 这表明，康德并未将自我自身与自我象征混同，自我不可知即表明了它与空间象征的差异，与规律性和必然性的不同。康德将自由提升到本体领域，将科学的时间与自由分离是事实，但他是否将时间与空间混同，这一问题还值得进一步商榷。

与康德将自由与时间分离不同，柏格森将两者紧密相连，或者说时间本身即自由。并且，更为不同的是，康德的自由躲入物自体领域，远离经验和现象界；而柏格森的自由则与经验和现象界融为一体，自由成为现实中的一个事实："自由是一种事实，在我们所验明的那些事实之中，再没有比它更清楚更明白的了。"④

---

① H. Bergson. Essai sur les données immédiates de la conscience [M/OL]. Chicoutimi：UQAC, 2002：102 [2016 – 06 – 28]. http://classiques.uqac.ca/classiques/bergson_henri/essai_conscience_immediate/essai_conscience.pdf.
② 邓晓芒. 康德时间观的困境和启示 [J]. 江苏社会科学, 2006 (6)：18.
③ 康德. 纯粹理性批判 [M]. 邓晓芒, 译. 杨祖陶, 校. 北京：人民出版社, 2004：141.
④ H. Bergson. Essai sur les données immédiates de la conscience [M/OL]. Chicoutimi：UQAC, 2002：97 [2016 – 06 – 28]. http://classiques.uqac.ca/classiques/bergson_henri/essai_conscience_immediate/essai_conscience.pdf.

柏格森的自由可以从微观和宏观两个层面来理解。从微观层面看,"我们把具体自我与它所做运动之间的关系称作自由"①,"引起我们做出自由决定行动的是我们的整个灵魂"②。也就是说,人的行动如果出自深层的自我意识,人就是自由的;如果行动出自任何功用,人则不自由。需要指明的是,意识本质上是自由的,或者说意识本身就是自由。其原因在于,处于内心深处的意识不受外在因果律制约和支配,其状态间彼此渗透,彼此影响,不能进行空间分割,前一状态永远为后一状态铺垫,后一状态永不重复前一状态——意识永远处在变化之中。因此,"自由与其说是功能,不如说是状态"。③状态即变化,即绵延,即时间性。更进一步说,它不是分有变化,分有绵延,分有时间性,而是变化本身,绵延本身,时间性本身。这是一种置于时间之内的、差异的、不可分割的连续流动。

从宏观层面看,生命即生命冲动,即自由。生命冲动就是在物质中"引入尽可能多的非确定性和自由"④。"尽可能多的非确定因素"表明了生命对规律和必然性的排斥,表明了它与自由之间的和合。在漫长的进化长河中,生命首先表现为差异性的进化运动,差异意味着变化,意味着创造,意味着非必然和非确定,意味着不可预知和不可逆转,亦即意味着自由。"生命就是自由插入必然性使其为己所用"⑤。面对生命,物质的必然性一方面是必要的,生命必须以它为依托;与此同时,生命又必须要克服物质,跳脱物质,以至于掌控和支配物质,让其为己所用。我们正是从后一个层面讲,生命是自由的,生命之为生命的本质就在于对自由的追求。沿着进化的方向,我们可以隐约看到生命追求自由的艰难历程,它具体表现为生命不断克服和支配物质的斗争过程:在植物界,生命被固定在土壤中,尚未拥有四处活动的能力;随着生命与物质的抗争,动物开始游走于地表,并且活动范围越来越广——这是一条充满危机与惊险的道路,但同时也是一条通向自由的道路。只是,在通向自由的过程中,

---

① H. Bergson. Essai sur les données immédiates de la conscience [M/OL]. Chicoutimi: UQAC, 2002: 96 [2016-06-28]. http://classiques.uqac.ca/classiques/bergson_henri/essai_conscience_immediate/essai_conscience.pdf.
② H. Bergson. Essai sur les données immédiates de la conscience [M/OL]. Chicoutimi: UQAC, 2002: 75 [2016-06-28]. http://classiques.uqac.ca/classiques/bergson_henri/essai_conscience_immediate/essai_conscience.pdf.
③ 转引自:王理平. 差异与绵延 [M]. 北京:人民出版社,2007:402.
④ H. Bergson. L'évolution créatrice [M/OL]. Chicoutimi: UQAC, 2003: 149 [2016-06-28]. http://classiques.uqac.ca/classiques/bergson_henri/evolution_creatrice/evolution_creatrice.pdf.
⑤ H. Bergson. L'Energie spirituelle [M/OL]. Chicoutimi: UQAC, 2003: 13 [2016-06-28]. http://classiques.uqac.ca/classiques/bergson_henri/energie_spirituelle/energie_spirituelle.pdf.

动物们纷纷败下阵来，智能的缺乏使它们只能拉长而不是砸断禁锢它们的链条。最终，只有人类不但跳脱了物质，而且还支配了物质，成功地将必然性转化向有利于自己的方向：他们不仅通过智能制造和运用工具，而且还发展出了语言，帮助意识脱离了物质。在与物质必然性的对抗中，生命的自由在人类这里得到了最大限度的展现。

与康德的路向相反，柏格森将自由与人和经验重新结合起来，并将它们放置于时间中展开论证。那么，在他这里，康德所遗留下来的时间与自由，人类与自由，经验与自由的二分困境是否被解决了呢？答案是否定的。实质上，问题被回避了，或者说被转移了。柏格森没有正面回答人在时间中的有限性问题，实际上也根本没有回答这个问题。如果仔细推敲，我们可以发现，相对于康德的自由，柏格森的自由内涵已经发生了变化：柏氏的自由是基于不定性的一种创造或创化，也可以说生成；而康德的自由是一种道德意义上的"至善"。前者在摆脱必然律的基础上，面向的是瞬间现实，注重的是不确定性的后果；后者在摆脱必然律的基础上，面向的是永恒的理念式存在，注重的是确定性的目的。而且，两种自由的前提也大相径庭。对柏格森来说，人的有限性恰恰是自由的前提条件。在他看来，生命的主要表现在于进化，进化便意味着生死消亡。正是在生与灭的变化中，才会有创造，才会有生成，生命才得以发展，世界才得以进步。旧事物的消亡是新事物出现的必要条件，是生命进化所必须付出的代价。"一切之发生好比是一个不明确的模糊存在……在摸索着自我实现，它只有在进化路途中抛弃掉自身的一部分才能够到达目的地。"① 柏格森意在指明，追求自由无须超越生命的有限性，自由就在生命的有限性当中：死即生，生即死，生死就是一种进化，一种生成，就是一种自由。但对康德来讲，人的有限性受制于因果律，正是人不自由的表现。生命在物质层面可以消亡，但在精神层面却可以永恒。因此，精神对物质的超越，以及精神的永恒性构成了康德自由的前提。柏格森的前提带来了自由与时间的合二为一，康德的前提带来了自由与时间的彼此分立。

虽然康德与柏格森二人的自由在前提和内涵上存在着不同，但两者却有着共同的价值取向，那就是对非功利性的追求。康德自由的非功利性指向非常明确，自由即自律。当主体用意志将自己的主观准则升华为对一切理性者的意志都有效的客观法则时，即去掉自己的私欲而与道合为一体时，人便超越了物质的限制，在自身中领会自由。柏格森自由的非功利性可以从微观和宏观两个层

---

① H. Bergson. L'évolution créatrice [M/OL]. Chicoutimi：UQAC, 2003：157 [2016-06-28]. http://classiques.uqac.ca/classiques/bergson_henri/evolution_creatrice/evolution_creatrice.pdf.

面来看。微观角度的自由感受犹如对艺术家与其作品之间相似性的体悟,"当我们的行动出自我们的整个人格,当这些行动把我们的人格表现出来时,当它们同人格之间的相似,如同我们常常发现的那种艺术家和其作品之间的相似性一样的时候,我们就是自由的。"① 艺术的创造必须基于非功利的前提,只有在这种状态下,艺术家才能跳脱现实的羁绊,才能与流淌着的绵延相通相融,才能在内心产生觉解,进而随着大道自然而然地创造。从宏观角度看,生命的自由主要体现在"超人"(sur-homme)的非功利性上,超人"感觉到他们与每个人的心灵息息相通……把他们所接收到的东西在爱的冲动中撒播向整个人类。"② 在柏格森看来,人类社会只有在这些英雄人物的指引下,在他们博爱、行动和创造精神的带动下,才能摆脱封闭、落后和静止,步入开放社会。

从以上分析不难看出,柏格森之所以指责康德混淆了时间与空间,其原因在于,他要为自己的时间之思开路,要为自己的时间理论制造前提。而且,上述种种分析也同时表明,在从自由角度理解时间生命化的过程中,甚至说在整个面向思的学术过程中,我们不能只满足于给出一个肯定或否定的答案,即使这个答案可能是所有答案中最恰当和最合适的。我们需要返身向后,回到问题自身,去追问它的提问方式和提问立场,亦即要学会判断问题本身是否有问题。这也是柏格森在其哲思中经常使用的方法:"(柏格森)并不会给出这些问题的答案,而是在每种情况下表明问题并不存在。换句话说,他并不想在哲学历史上已经取得的众多答案中再加上一条新的回答,而是在问题的陈述中去找寻能让问题消失的混同。"③ 从提问方式看,分立并不一定意味着二元割裂,它也可能带来一元对另一元的超越;从提问立场看,我们要认清问题的出发点,看它是从认识论、本体论,还是价值论的层面被提出。如果问题处于认识论层面,那么,我们不能只为了达到科学认识的清晰性和规律性,而排斥所有倾向的神性之思、自由之思和人文之思;如果问题处于本体论层面,则不能为了追求同一性和统一性而忘记了存在的差异性和多样性;最后,如果问题处于价值论层面(虽然柏格森和康德都没有明显地触及这一层),则不能让意识形态的独断遮蔽和同化掉众多个体的思考。在面向思的过程中,如果只注重功

---

① H. Bergson. Essai sur les données immédiates de la conscience [M/OL]. Chicoutimi:UQAC, 2002:77 [2016–06–28]. http://classiques.uqac.ca/classiques/bergson_henri/essai_conscience_immediate/essai_conscience.pdf.

② H. Bergson. Les deux sources de la morale et de la religion [M/OL]. Chicoutimi:UQAC, 2003:51 [2016–06–28]. http://classiques.uqac.ca/classiques/bergson_henri/deux_sources_morale/deux_sources.pdf.

③ H. Gouhier. Bergson dans l'histoire de la pensée occidentale [M]. Paris:Vrin, 1989:42.

利，只注重规律，只注重同一，只注重权威，那么，学术的意义何在？自由的意义何在？

回到我们的自由与时间。那么，自由到底在时间之内，还是在时间之外？从人文的角度，我们无力回答这个问题，因为它的提出已经从科学的角度将时间和自由预设为空间化的实体，预设为客观存在的事实，并在逻辑上提供了要么内要么外的排中律判断。如果我们换一种提问方式，如时间和自由之间的关系如何？那么，我们的理解便从科学主义来到了人文主义。从科学主义的角度来看，人是没有自由的，他充其量拥有选择的自由，但最终仍要受制于自然规律，不免一死；从人文主义的角度看，精神虽然离不开物质，却可以掌握和超越它，可以在永恒的理念中领会自由，或者说生命本自由，世间万物的创化即自由。如果我们按着这种思路思考下去，主体化的时间怎么可能陷入困境呢？

第三章　生命的登场

意识领域是柏格森哲学的出发点。他的第一部著作即命名为《论意识的直接材料》(*Essai sur les données immédiates de la conscience*)。在这部博士论文中，柏格森以对意识强度的分析迈出了发现绵延的第一步，进而区分两种时间、两种自我。深层自我的"无意识"状态犹如真正的时间一样，彼此融合、相互渗透，其中每一瞬间都预示未来而包含既往。正是在对心理状态的探寻中，柏格森发现了绵延，并将其界定为一种没有空间介入的、纯粹的、连续的、异质的意识存在。这些内在的、性质的、潜在的绵延多样性具有与生命相通的内容：它不是一个完成了的、僵化的、重复的静寂世界，而是一个正在进行的、运动的、变化的、创造的活生生的世界。生命为此成为人的生命、主体的生命。

柏格森的哲学抱负并不仅限于意识内部，他要找寻的是宇宙之客观存在，是世界之为世界的本来面貌。在发现了一个内在的活生生的绵延世界之后，他将如何从意识内部走出来？他将如何突破二元论的传统分野，以融合精神与物质、内在与外在、主观与客观？在《物质与记忆》(*Matière et Mémoire*) 一书中柏格森借用①了几个非常重要的概念来引入记忆理论：物象（image）、物质（matière）、记忆（mémoire）、知觉（perception）。其中，物象是进入柏格森物质绵延世界的钥匙，它不仅为物质概念奠基，也为记忆概念铺垫。通过柏格森绵密的分析可以看到，物质与记忆意味着物质即某种程度上的记忆，它拥有最低程度的精神，是最低程度的意识和绵延。通过记忆，柏格森跨越和融合了心与物的二元对立，将生命扩展到了无机世界。

科学方法的成就有目共睹。柏格森对科学方法的反思也是其思想中最为人诟病的部分。柏氏对科学方法的批判是否站得住脚？如果是，那条件又是什么呢？科学的方法论经过柏格森的反思所暴露的局限性又在哪里？

## 第一节　绵延的发现

绵延是柏格森哲学的核心概念，是打开柏格森哲学大门的钥匙。不能准确理解绵延所富有的丰富内涵，就无法真正走进柏格森哲学的宏伟殿堂。

如同柏格森哲学自身发展着的生命力一样，绵延概念的形成是一个不断发

---

① 此处说到借用是因为柏格森很少创造新的哲学概念，他更多是通过赋予旧概念以新的含义来实现他的哲学革命。这是柏格森言说哲学的一种重要方式，同时也构成了他被曲解和误读的重要原因。

展、不断完善的过程。它诞生于意识领域，又冲破了意识的拘囿；它与时间概念密切相关，又不受制于时间：从《论意识的直接材料》到《物质与记忆》，再到《创演论》，绵延从内在意识走向外在物质，从心理时间迈向整个宇宙世界，构成了柏格森哲学最根本同时也是至高无上的存在。

众所周知，意识领域是柏格森哲学的出发点，他的第一部著作《论意识的直接材料》即是最有力的明证。在这部著作中，柏格森以对强度（l'intensité）概念的分析迈出其绵延之旅至关重要的第一步。

## 一、从强度到多样性

"为什么可以把一种强度当作（数量的）大小看待呢？"① 在距《论意识的直接材料》开篇处不远，柏格森便抛出了这个发现绵延的根基性问题。带着这个疑问，柏氏开始了他风格清晰但仍晦涩难懂的分析。

作为分析语言的强有力反对者，柏格森对语言的空间性、象征性和凝固性提出了种种批判性思考，但他又不得不承认"我们必须得用文字表达自己，并经常在空间中进行思考"②。强度概念的引入和分析正是在这种无法言说却不能不言说的境遇下展开的。西方传统分析法以同质的空间为背景，以理性思考为依据，以拆分解析为手段，进而通过静止化的语言来界定事物。尽管柏氏在此后的学说中对智能的理性分析提出种种怀疑，发出种种诘难，尽管他反对将智能的静止性分析作为形而上学的方法，但他并不否认该方法的工具性和实用性。为了分析和界说的便利，他对原本浑然交织的意识状态进行区分，将带有强度的心理状态分为两种："自足的意识状态"（Etats de conscience qui se suffisant à eux-mêmes）和"代表外因的意识状态"（Etats de conscience représentatifs d'une cause extérieure）。

"自足的意识状态"涉及的是一些没有外在广度性因素牵涉、完全内在的情感事实，如强烈的愿望、欢乐（joie）和悲伤（tristesse）③、审美感、道德

---

① H. Bergson. Essai sur les données immédiates de la conscience [M/OL]. Chicoutimi：UQAC，2002：9 [2016 - 06 - 28]. http://classiques.uqac.ca/classiques/bergson_henri/essai_conscience_immediate/essai_conscience.pdf.

② H. Bergson. Essai sur les données immédiates de la conscience [M/OL]. Chicoutimi：UQAC，2002：7 [2016 - 06 - 28]. http://classiques.uqac.ca/classiques/bergson_henri/essai_conscience_immediate/essai_conscience.pdf.

③ 柏格森严格区分"快乐"（joie）与"快感"（plaisir），"悲伤"（tristesse）与"痛苦"（douleur，或译作"痛感"）。他认为前者属于内在性的情感，其生发与外在环境没有密切联系，因而其强度不太受外因影响；而后者属于表象性情感，其生发与外因有相当的联系，因而其强度可以通过外因进行估计（但不是测量）。

情感等，它们自足存在，一般不受外在环境条件影响。这种情况下，强度多指情感性心理事实所表现出的性质多样性。强烈情感并不需要建立在较弱的情感之上，每一种情感就是一种纯粹的性质，新因素的增加并不是增加了情感的数量，而是改变了情感的性质，使之成为新的情感。因此，这些内在的情感事实虽然彼此交织却又完全独立自足，它们不需要一种从小到大的数量递增。换句话说，自足的意识状态中，强度的增长是一种纯性质的进展，每一种变化着的强度实际上是不同的情感。但在常识看来，快乐起初只占据心灵的一个角落，然后再逐步从一个点到另一个点扩展至心灵的其他部分；或者说，较强的悲伤中一定包含着较弱的悲伤。这样，作为整体的、性质的强度就在空间中被分割、被排列。

事实上，完全不受外因影响的纯粹内在情感极其少见，"几乎没有任何一种热情或愿望、任何一种欢乐与悲伤，不是有物理征兆伴随的。在它们发生的场合，这些征兆对于估计强度多半会起些作用。"① 所以，"代表外因的意识状态"在现实生活中更为常见。它是指那些强度明显受到外部环境影响，从而可以根据外在原因来估计（而不是测量）强度的意识状态，如肌肉的努力感、肉体的快乐感和疼痛、冷热感、重量感、对光的感觉等。这些也是19世纪后期心理学和心理生理学研究的主要对象。不可否认，此时的强度与外因联系密切，但并不能由此断定强度能够依据外因被测量，有联系是一回事，被测量和被决定是另一回事。然而，这一时期大部分心理学家、生理学家以及心理物理学家都将意识状态的强度认定为一种数量，并通过各种实验证明强度可以根据外因大小进行测量。其中最具代表性的实例就是他们对肌肉努力感以及对光觉的测量。

对于肌肉的努力感，柏格森不仅通过个人心理体验，而且还借用威廉·詹姆士（William James，1842—1910）等人在生理学研究领域的成果来证明："我们意识到的并不是力的扩散，而是在用力之后所产生的肌肉动作"，② 也就是说，那些测量肌肉努力感的实验都将身体外在的肌肉动作与内在的感觉性质混淆了。他们将内在的努力感外化，用其带来的外在身体反应来代替努力感本身。对于光感而言，道理也甚为相似：物理学家们在实验室测量到的是外在的

---

① H. Bergson. Essai sur les données immédiates de la conscience [M/OL]. Chicoutimi：UQAC，2002：15 - 16 [2016 - 06 - 28]. http://classiques.uqac.ca/classiques/bergson_henri/essai_conscience_immediate/essai_conscience.pdf.

② H. Bergson. Essai sur les données immédiates de la conscience [M/OL]. Chicoutimi：UQAC，2002：17 [2016 - 06 - 28]. http://classiques.uqac.ca/classiques/bergson_henri/essai_conscience_immediate/essai_conscience.pdf.

物理原因而不是内在的心理效果。从柏氏绵密的分析可以看出，通过实验测量到的，是我们身体所发生的诸多具体反应以及引起这些反应的外因，而不是强度本身。也就是说，强度是内在的、性质的，它不占有空间，没有广度；但引起意识强度的原因以及强度所表现出的身体反应则是外在的、数量的，它占据空间，拥有大小。

为什么可把一种强度当作数量的大小看待呢？通过分析，柏格森得出一个重要结论：强度不可测量，除非引入大小和数量，也就是说，引入空间概念。空间思维的强大分割性和功用性让我们经常把内感官的强度理解为从一个点到另一个点的逐步扩展，把强度看作外因在意识内的等量值，可以随着外在物理原因的改变而呈现出数学关系的变化。因此，无论对于自足的意识状态，还是代表外因的意识状态，常识的错误都在于，把占有空间的、可以测量的广度和不占有空间的、不可测量的强度相互混淆，把它们都当成了数量。换句话说，我们混淆了数量与质量的本质区别。

现实生活中，"自足的意识状态"与"代表外因的意识状态"彼此交织，既是表象性的，也是情感性的，同时包含着一种基本心理事实的多样性，一如柏格森关于强度的著名表述："强度这个观念位于两条河流交汇的地方，其中一条为我们从外面带来广延大小的观念，而另一条则到意识的深处去寻找内在多样性，并把这种多样性带到表层。"① 毫无疑问，从意识领域出发的柏格森哲学关心的显然是后面一条河流，它从意识深处带来了一样东西——内在多样性（multiplicité interne）。

强度是柏格森哲学涉及的第一个流动性概念（concept fluide），是柏格森哲学最富生命力的体现之一，它在根源处标划了柏格森主义所呈现出的性质特征，表明了柏氏思想在其诞生之初便与数量、进而与空间之间的某种对立，暗示了其未来的发展方向。强度首先是一种内在的性质，它不占有空间，因而不可测度；其次，强度表明了意识状态的差异性，意识的每一次变化都会带来新的心理状态，"绵延的不同强度即不同的绵延，而不是同一绵延的不同变化形式。"② 最后，强度与外因之间的关系意味着，内在的、心理的意识状态尽管受外在的、物理的环境影响，但它们之间并没有本质的联系，意识独立存在。这预示了柏格森下一部著作《物质与记忆》的主题。

---

① H. Bergson. Essai sur les données immédiates de la conscience [M/OL]. Chicoutimi：UQAC, 2002：37 [2016-06-28]. http://classiques.uqac.ca/classiques/bergson_henri/essai_conscience_immediate/essai_conscience.pdf.

② F. Worms. Le Vocabulaire de Bergson [M]. Ellipses, 2000：36.

强度分析还为我们引出了柏格森哲学的另一个重要概念"内在多样性",或者称为"性质的多样性""具体的多样性""模糊的多样性"。它拉近了我们同绵延的距离,绵延就在前方不远处。那么,这个"内在多样性"到底是什么?它和绵延又有什么样的关系呢?

## 二、从多样性到绵延

关于多样性,我们最普通的理解是可数性,即数目(量)的一与多。柏格森认为,数目之所以能呈现出多样的特征,除了各个单位必须排除个体差异形成同一性——即同质的单位之外,还在于它们占据了不同的空间位置。柏氏以数羊为例指出,我们之所以能够数出一群羊的数目为 50 只,一方面是因为我们剔除了每只羊的个体差异,只关注它们作为羊的共性,另一方面还在于这些羊占据了我们视觉空间 50 个不同的位置,这些位置彼此分开,并列排置。

然而,对意识状态而言,一方面它没有明确的划分单位,亦即意识状态并不是一种匀质的事物,不可以在同质的前提下进行分割,它呈现出的是性质上的变化;其次,意识状态是内在的,它完全不占有空间,无法借助于空间进行排列。因此,意识不能产生数量,它不拥有普遍意义上数量的多样性。但是,日常生活中,常识却经常会把内在的、连续的心理状态分割成并列排置的数量,一如强度能够拥有大小一般。

纯粹性和直接性是柏格森哲学理论的重要特征。然而,现实经验提供给我们的总是一种混淆,或者说是混合,如数量和质量的混合、广度和强度的混合、时间和空间的混合等。为了恢复意识的本原状态,除去意识领域中那些非直接、非纯粹的东西,从而回到一种原初的实在,柏格森经常面临对混合体进行区分的任务。

(一)两种多样性

柏格森区分两种多样性:数量多样性和性质多样性。对于数量多样性,我们不难理解,它其实就是外在事物的可数性,即事物在同质空间中依据不同的同质单位,不断分割组合,进而呈现出多样的数量变化。故而,从严格意义上讲,数量的多样变化并不能被称之为多样性。那么,什么是真正的多样性呢?它如果不是通过数目,那又如何表现出来呢?柏格森给出这样一个例子:"一种复杂的感觉会包含大量比较简单的成分。但是,只要这些成分尚未清楚地显现出来,我们就不能说它们已经完全实现了。并且,只要意识对它们有了清楚的感知，则由各种成分合成的心理状态就会为此发生变化。"① 因此，深层的意识状态，亦即后文所讲的绵延，并不是完全不可分的，而是不停地在被划分，只是这种划分与以空间为媒介的分割含义不同：空间是一种同质的分割，这种分割带来了测度，带来了数量；而意识划分则意味着异质分割，每一次划分都会带来性质的改变，在这种情况下，我们拥有众多性而没有数量，正如德勒兹所言："（绵延）不改变性质就不能被划分，只要被划分，它的性质就发生改变：因此，它是一种非数目的多样性。"② 为此，在柏格森这里存在两种不同的多样性。当我们谈论物质性的东西时，言外之意是可以看见和触摸到它们，可以把它们安置在空间中。此时，我们不需要付出创造性的努力，只需要在空间中把它们逐个分开，然后再合起来思考就可以了。但是，当我们考察纯情感性的心理状态，或者说那些非视觉和触觉的事物时，情况就不一样了。在这种情况下，各项内容不再呈现于空间内，因此除非我们先天地借助某种象征性表达，否则根本不可能数出它们。也就是说，对于存在于空间中的物体，数目的概念直接适用，这是一种数量的多样性；而内在意识状态的变化属于性质，它要经过一种空间化的象征才能够加以计算。于是，柏氏明确提出："有两种多样性：一种是属于物质的东西，它直接可数；一种属于意识状态，对它如果不借助某种象征性的表达，我们就不可能把它当作可数的，然而这种象征性的表达里面必然已经引入了空间。"③

  德勒兹非常重视柏格森有关两种多样性的划分，他在《柏格森主义》一书中曾独辟一个章节来讨论这个理论。德勒兹认为，柏格森的多样性概念完全不属于传统意义上的词，尤其在指明一种连续性方面，它不是用来和通常被称之为"多"的哲学概念相对应，而是要区分两种不同的多样性。这种区分使得我们免于按照"一和多"的方式来思考问题，④ 亦即，内在多样性的提出不仅展示了一种与传统"一与多"不同的客观存在，而且还帮助我们跳脱了空间思维的传统固定模式。另外，国内研究也高度重视这个概念，有学者指出，柏格森的多样性是一种全新的东西，具有革命性的意义，它不仅是绵延的一个

---

① H. Bergson. Essai sur les données immédiates de la conscience [M/OL]. Chicoutimi：UQAC, 2002：42 [2016-06-28]. http://classiques.uqac.ca/classiques/bergson_henri/essai_conscience_immediate/essai_conscience.pdf.

② Deleuze, Gilles. Le Bergsonisme [M]. Paris：PUF, 1966：36.

③ H. Bergson. Essai sur les données immédiates de la conscience [M/OL]. Chicoutimi：UQAC, 2002：43 [2016-06-28]. http://classiques.uqac.ca/classiques/bergson_henri/essai_conscience_immediate/essai_conscience.pdf.

④ Deleuze, Gilles. Le Bergsonisme [M]. Paris：PUF, 1966：132.

根本特征，而且在哲学史层面为一种"反辩证法"思想奠定了基础。①

德勒兹在《柏格森主义》中对两种多样性做了如下阐释："一种通过空间来表现：这是一种外在性、同时性、并置、顺序、数量差异、程度差异的多样性，是一种数字的、非连续性的和现实的多样性；另一种则在纯粹绵延中呈现：这是一种连续、融合、有机、异质、性质差异或者说本质差异的内在多样性，一种潜在的和连续的、不能还原为数目的多样性。"② 在这里，请留意原文中德勒兹加了着重号的文字，其中有两点需要注意。一是程度差异与性质差异的对立。在德勒兹这里，"程度"与"性质"是两个彼此对立、互不相容的词汇，"程度"表示外在的数量，"性质"表示内在的本质。然而，对柏格森来说，"程度差异"和"性质差异"之间并不截然相反，完全对立的是"强度差异"（即性质差异）与"数量差异"。在柏氏不同的文本中，"程度差异"经常表现出两个相反相成的意义，有时候是数量的相对差别，有时候则是性质的绝对不同。例如，在《创演论》一书中，当论及本能与智能的认知作用时，柏格森认为"这两种认知方式与其说存在着性质上的差别，不如说只是存在程度上的差别"③，同样，在谈到古代物理学与现代物理学之间的不同时，柏格森也认为"两者的差异仍表现在程度上，而非表现在性质上"④。这时候，"程度差别"即为一种数量上的区分，它们与性质差异相对立。但是，在论及物质与记忆、物质与绵延的关系时，柏格森经常将"程度"与"性质""张力""强度""节奏"等词汇混同使用，以表示绵延、记忆、自由或精神的性质，其中最为有名的表达有"最低程度的自由，或者说记忆""纯粹知觉是最低程度的精神"等。二是数字的、非连续性的和现实的多样性与潜在的和连续的、不能还原为数目的多样性。潜在性是柏格森哲学非常重要的特质和概念，它与现实性相对立。现实意味着结束、完成，意味着割裂、僵化，也意味着抽象、重复，即以同质空间为媒介的数量多样性展现出的是一个完成的、僵化的、没有生命力的世界；而潜在性带来的则是多样的可能，是性质的发展，这是一个没有完成、没有重复的异质世界，它不停地运动变化，持续地向前发展，没有隔离，没有中断，只有新事物的不断出现——潜在性带出了柏格森哲学极为重要的另一个特性：创造。

---

① 王理平. 差异与绵延 [M]. 北京：人民出版社，2007：93.
② Deleuze, Gilles. Le Bergsonisme [M]. Paris：PUF, 1966：31.
③ H. Bergson. L'évolution créatrice [M/OL]. Chicoutimi：UQAC, 2003：91 [2016 – 06 – 28]. http://classiques.uqac.ca/classiques/bergson_henri/evolution_creatrice/evolution_creatrice.pdf.
④ H. Bergson. L'évolution créatrice [M/OL]. Chicoutimi：UQAC, 2003：193 [2016 – 06 – 28]. http://classiques.uqac.ca/classiques/bergson_henri/evolution_creatrice/evolution_creatrice.pdf.

柏格森对两种多样性的区分排除了意识领域中那些外在的内容，即空间、数量、大小等，从而得到了纯粹的意识状态。在这个完全排除了空间因素的内心世界，柏格森找到了一种持续着的东西，即绵延。对多样性的区分不仅为柏氏找到了绵延的存在，而且为他接下来的二元分析法（两种时间、两种自我、两种记忆）定下了基本走向。

（二）两种时间

Durée 是法语中动词 durer 过去分词的名词化形式。Durer 的本意为坚持、持续、延续等，经常用来表达一种连续、持续的存在。Durée 原本是法语中一个极其普通的日常词汇，意思是一段时间，具体指某一动作或状态持续发生的间隔，即某一事件连续的、不断变化发展的过程。柏格森将 Durée 引领到哲学领域，赋予它丰富的内涵并使其成为其哲学的核心概念。对绵延的多样阐释构成了柏格森哲学的主要内容。

通过两种多样性的区分，柏格森发现了两种时间：与数量多样性对应的是科学的时间，与性质多样性对应的则是真正的时间。

他如下描述科学的时间："当我们谈论时间的时候，我们一般地想着一个纯一的媒介；而在这个媒介里，我们的意识被并排列置，如同在空间一样，以便构成一个无连续性的众多体。"① 在这里，时间已经被分割、被排置，一个瞬间与另一个瞬间彼此断裂、彼此外在，这是一种同质的纯一时间，它在本质上与我们在时钟上看到的时间没有差别，可以用一串符号或一系列的数字来加以计算和测量。这种时间遵循因果律原则，排除事件中一切偶然因素，认为事物在从前一时刻到后一时刻的发展过程中什么也没有创造，事物中不存在没有结果的原因，一切原因都可以从结果中得知。这样的时间可以预知：科学经常通过同质性的空间折射，剔除时间中一切运动性、时间性、生命性的内容，将时间当成了同质存在，根据因果律进行估算和测量。因此，科学时间如同空间一样可逆：空间是可逆的，我们可以沿着地图上的一条线追溯到某一点，然后再逆转回来；空间化的时间也是可逆的，钟表上的时间可以再回到起点，可以随意在过去、现在、将来之间停留；历史学家可以回望过去；电影可以穿越时空……但这并不是真正的时间，只是一种逻辑或数学的时间，是真正时间在空间内的象征。

---

① H. Bergson. Essai sur les données immédiates de la conscience ［M/OL］. Chicoutimi：UQAC, 2002：44［2016 – 06 – 28］. http://classiques.uqac.ca/classiques/bergson_henri/essai_conscience_immediate/essai_conscience.pdf.

真正的时间是这样的："在峻峭的晶体和冻结的表层下面，有一股连续不断的流，它不能与我们任何时候看到的任何流相比。这是一种连续的状态，其中每一种状态都预示未来而包含过去。确切地说，只有当我经过了它们并且回顾其痕迹时，才能说它们构成了多样的状态。当我正在体验它们之时，其组织是如此的坚实，其共同的生命力是如此旺盛，以至于我不能说它们之中某一状态终于何处，另一状态始于何处。事实上，它们中的任何一个均不存在开始或终结，它们全部彼此相互扩展和延伸。"① 这就是被柏格森称之为绵延的东西，它好似一股绵绵不绝的生命之流，呈现出连续不断、持续进行、整体构成、不可逆转性等特性：作为"连续不断"，绵延的不同部分从来都不是同时形成或同时发生的，它们相继出现，呈现出一种多样性；作为"持续进行"，绵延的每种状态都彼此内在，它们相互区别又不可分割，前一瞬间不停地融入后一瞬间之中。正是通过这种差异性和不可分割性，绵延体现出了一种整体化的构成：它没有始发，没有终点；此外，绵延和意识紧密相连，它由变化的异质瞬间组成，一直向前发展，永不回头，不可逆转——此时此刻，绵延最终得以正式出场，并因其时间性的流动特征而与空间模式中同质构设下的科学时间相对立，与所有形式的时间分解——过去、现在、将来、瞬间等——相对立。也就是说，一切关于现在、过去、将来以及瞬间的划分都是将绵延着的时间转化为同质的空间。

表面看来，柏格森区分的是两种不同的时间，而实际上，他由此区分时间（绵延）和空间，把时间从"时空一体"的模式中分离出来，并把时间放到高于空间的位置之上。空间在柏格森那里更多的是一种纯观念性的东西，一种数学和逻辑意义上的存在；② 时间才是本真存在，我们每个人都可以通过直接经验来感觉时间，感受绵延那不断创造、无限生成的巨大生命力。

值得注意的是，柏格森一方面声称绵延由不同的异质瞬间组成；一方面又认为瞬间是空间性思维的产物，是对绵延的一种背离和异化。在这里，语言上的冲突反映出的并不是思想的矛盾，而是凸显了语言自身表达的有限性。实际上，两种情况下的瞬间内涵并不相同：第一种情况下，瞬间是一种性质上的差

---

① H. Bergson. La Pensée et le Mouvant [M/OL]. Chicoutimi：UQAC, 2003：101 [2016 - 06 - 28]. http://classiques.uqac.ca/classiques/bergson_henri/pensee_mouvant/bergson_pensee_mouvant.pdf.

② 柏格森对空间概念的界定经历了一个发展性的认识过程：在《意识的直接材料》中柏氏还认为空间是一种实在，只不过是一种纯一的、没有性质的实在；到了《物质与记忆》，他则认为空间并不是真正的存在，它不过是一种被设想出来的实体、一种纯观念的图式，它既不是事物的特性也不是我们认知能力的基本条件，它一如 F. Worms 所言："空间是一个同质的纯粹的表象……它通过一个特殊的动作由我们的心灵构造以满足我们行动的需要。"（Le vocabulaire de Bergson：24）

异,它们彼此渗透、相互影响、连续发生、不分你我,其实质即不同的绵延;第二种情况下则是一些同质的、同时的、并列的、分割的瞬间,其实质是不同的数量。常识和语言的空间静止性往往遮蔽了词汇的丰富内涵,把我们带向第二种意义的理解。这一倾向既印证了柏格森对常识语言的批评,也有利于加深我们对柏氏语言观的理解。

(三) 两种自我

通过对强度和内在多样性的分析可以看出,绵延分享这两者的种种特性,它不能通过空间进行量度,无法用数量进行精确,绵延只能被觉悟、被感知。那么,在强大的外界因素(常识、语言、理性等)的干预下,作为主体的自我如何去获得绵延呢?

在柏格森那里,由于受逻辑、抽象以及空间观的长期影响,自我也难免表现出双重混合性。在两种多样性、两种时间的基础上,柏格森提出了两种自我:表层自我和深层自我或具体自我,它们一起构成主体的人。其中表层自我是社会生活的产物,是深层自我通过实践、语言等空间因素被抽象后的象征;深层自我则是排除了外在因素的干扰,自我进入内心深处的状态。

在空间、语言以及抽象思维的帮助下,表层自我明确区分社会生活和内心生活。此时,内在多样性被忽略,真正的自我被遗失,绵延成为可测度时间。而且,受外在客观因素的影响和支配,人之所以为人的自由在社会功利原则的支配和主宰下几乎丧失殆尽:意识被切割成很多部分,它们为着每一个目标而清楚准确、条理分明,但却不属于任何个人。深层自我则是一种纯粹绵延的状态,而"当我们的自我让我们自己活下去的时候,当自我不肯把现有状态跟以往状态隔开的时候,我们意识状态的陆续出现就具有了纯绵延的形式。"① 此时,意识混杂紊乱、变动不停,它持续发生、陆续出现、不可言状,自我完全沉浸在纯绵延的状态之中。梦境是深层自我的绝好展现:"在梦境中我们不再测量绵延,而只感觉绵延;绵延不再是数量而重新变为性质。"② 自我便拥有了最高程度的自由。在柏格森这里,自由既不是符号,也不是象征;既不是选

---

① H. Bergson. Essai sur les données immédiates de la conscience [M/OL]. Chicoutimi:UQAC, 2002:48 [2016-06-28]. http://classiques.uqac.ca/classiques/bergson_henri/essai_conscience_immediate/essai_conscience.pdf.

② H. Bergson. Essai sur les données immédiates de la conscience [M/OL]. Chicoutimi:UQAC, 2002:58 [2016-06-28]. http://classiques.uqac.ca/classiques/bergson_henri/essai_conscience_immediate/essai_conscience.pdf.

择，也不可预测。自由是过程的经历，是绵延着的自我。有且只有在深层自我的带引下，意识才能跳出智能的束缚，跳脱因果律的支配，从而达到自由之境。

此时，绵延不但登场，而且还通过其主体——深层自我达到自由之境。那么，柏格森的哲学抱负此时是否已经完成？

柏格森哲学的基本出发点在于改造传统形而上学，建立新的形而上学，更确切地说是要建立"实证的形而上学"：他要找寻的是宇宙的客观存在，是世界之为世界的本来面貌。但此时绵延仍处于主体意识之内，仍拘泥于时间的框架之中，自由也还随之局限于个体的人的自由，柏格森主义被蒙上了一层浓厚的主体色彩。因此，《论意识的直接材料》并没有实现柏格森超越传统形而上学的抱负，他还没有突破自笛卡尔以来现代哲学中内与外、主与客、精神与物质、不可知与可知的二元分割。那么，在发现了一个内在的活生生的绵延世界之后，柏格森将如何从意识内部走出来？他将如何突破二元论的传统分野，以融合精神与物质、内在与外在、主观与客观？

## 第二节 物质与绵延

物质是否拥有绵延？这是柏格森哲学亟待回答的一个问题。在《论意识的直接材料》一书的最后，柏格森其实已经意识到了问题所在，但答案似乎还无法确定："在我们之外存在着什么样的持续（durée）？只有现在，如果愿意的话，也可以说只有同时性。外部事物无疑在发生着变化，但只有相对于一种对其有记忆的意识来说，它们的时刻才是陆续发生的……因此，不应说外部事物在绵延，而应该说，外部事物中有一种难以表达的原因。由于这种原因，我们在考虑自身绵延先后瞬间的同时也看到了外部事物的变化。"① 此时，柏格森已经觉察到物质时间性的蛛丝马迹，但物质的这种特性却如同谜一样让他难以理解："的确，我们感觉到事物不像我们一样绵延持续，因此，必然存在某个

---

① H. Bergson. Essai sur les données immédiates de la conscience [M/OL]. Chicoutimi：UQAC, 2002：100 [2016-06-28]. http://classiques.uqac.ca/classiques/bergson_henri/essai_conscience_immediate/essai_conscience.pdf.

让人无法理解的原因，它使得现象不是一下子排列开来，而是前后陆续出现。"① 外部事物中这个"难以表达""让人无法理解"的原因到底是什么呢？这是一个心理经验所无法回答的问题，也是《论意识的直接材料》一书悬而未解的问题。

1896 年，柏格森发表《物质与记忆——论身体与精神之间的关系》一书。该书从探讨大脑的机能入手，广泛涉及心理学、生理学、病理学的最新研究成果，进而对知觉、记忆等意识事实进行深入分析，最终将记忆定义为独立于大脑的绵延存在，将物质界定为最低程度的记忆。这样，柏格森在接手传统哲学基本命题（有关身心关系的讨论）的同时，通过记忆理论发现了物质的绵延性，使绵延开始走出意识领域，迈向外部物质世界。柏氏对于西方现代哲学根本性问题的超越一如学者们所言："柏格森对现代主义思想的最根本的背离之一，在于他把心理学绵延的基本特征延伸到了物质。"②

一如生物进化拥有各种不同的事实线路一样，柏格森的物质绵延化之路并非单一，它也呈现出一种多样化的趋势。我们可以通过不同的路径来理解物质的绵延化进程。

## 一、概念重构

柏格森之所以要建立新的形而上学，其根本原因在于旧的形而上学出了问题。自笛卡尔以来，传统形而上学在内心世界和外部世界之间挖开一道本体论的鸿沟，将外部世界统称为物质，将内心世界统称为意识；其中，实在论者（réaliste）将外在世界看作本真存在，试图从物质中探求意识的根源，而理念论者（idéaliste）则相反，他将意识作为世界的本来面目，并试图从精神世界中寻找到物质的根源。在柏氏看来，传统哲学这种界定世界的方式本身就是错误的："思考世界存在于我们思想之内还是思想之外这个问题，是在用一些无法彼此兼容的术语提问，即便我们认为这些术语本身是可以理解的。"③ 用柏格森式的术语来讲，"世界在我们思想之内还是思想之外"本身就是个伪问

---

① H. Bergson. Essai sur les données immédiates de la conscience [M/OL]. Chicoutimi：UQAC, 2002：92 [2016-06-28]. http://classiques.uqac.ca/classiques/bergson_henri/essai_conscience_immediate/essai_conscience.pdf.
② 大卫·雷·格里芬. 超越结构：建设性后现代哲学的奠基者 [M]. 鲍世斌，等，译. 北京：中央编译出版社，2001：189.
③ H. Bergson. Matière et mémoire [M/OL]. Chicoutimi：UQAC, 2003：15 [2016-06-28]. http://classiques.uqac.ca/classiques/bergson_henri/matiere_et_memoire/matiere_et_memoire.pdf.

题，它预先设定了世界是二元的、是分裂的、是彼此独立存在的，犹如将一个活生生的有机体切割为两个彼此外在的部分，然后再绞尽脑汁去寻找弥合它们的锦囊妙计。柏格森承认精神的真实性，也承认物质的真实性，认为这是两个不同的体系，一个属于科学领域，一个属于意识领域。在这两个不同的体系中，思想、存在、世界等术语总是会被解释为截然不同的意义，因此，实在论与理念论并不具备相互讨论的基础，它们所进行的争论也注定是毫无结果的。要想使讨论得以有意义地进行下去，必须要找到彼此意见一致的共同基础。其次，在与外部世界接触的过程中，他发现，作用于我们神经系统的客体总是具体的事物，而不是抽象的概念，传统哲学中构成外部世界基本单位的"物质"并不是具体的现实事物，而是人类智能高度抽象的产物，它并不能展现世界的本来面貌。如果我们抛开智能，抛开功利性的求知，从头脑中排除已有概念和已有理论而只诉诸直觉，那么就会发现，出现在我们身边的只有一个个具体的、可感的 image。此时，对柏格森来讲，重构物质概念已成为必要。

对于语言，尤其是概念，柏格森的态度是双向的，甚至在我们看来是矛盾的：他经常"用精彩而深刻的文笔描述语言是肤浅无用的"[1]。一方面他明确反对用静止的、空间化的象征符号来表达流动的思想，认为"定义还没有事物本身清楚"[2]；另一方面他又不得不借助语言（其中包括概念）进行思想的改造和传承，以完成形而上学的创造。"流动的概念"即柏格森哲学在这种矛盾下的产物，是一种具有浓厚柏氏风格的解决方案，它们"不去指明某些特殊存在所具有的普遍的、固定的和共同的性质，而仅仅用于指明诸多特殊的和不可公度的存在之间由于彼此关联而产生的连续性阶梯或连续性曲线。"[3] image 属于柏格森众多流动概念中的一个，同时也是其哲学中最为人费解的概念之一，它和《论意识直接材料》中的"自由"、《创演论》中"生命冲动"一起被弗雷德克·沃姆（Frédéric Worms）称为柏格森作品中最受争议的概念，也是柏格森曾专门撰文给予解释的概念。

（一）物质和物象

柏格森如此定义物质和 image："我们认为，物质就是 images 的集合（La matière est un ensemble d'《images》）。对于这个 image，我们理解为这样一种存在：它大于理念论者（idéaliste）所指称的表象（représentation），但又小于实

---

[1] 尚杰. 还原实际的精神生活 [J]. 江海学刊，2011（6）：19.

[2] H. Bergson. L'Energie spirituelle [M/OL]. Chicoutimi：UQAC, 2003：5 - 6 [2016 - 06 - 28]. http://classiques.uqac.ca/classiques/bergson_henri/energie_spirituelle/energie_spirituelle.pdf.

[3] F. Worms. Le Vocabulaire de Bergson [M]. Ellipses, 2000：36.

在论者（réaliste）指称的物体（chose）——它是介于"物体"和"表象"之间的存在物。"① 在这里，柏格森赋予 image 与传统完全不同的意义。② 传统上的 image 通常包括以下两个含义：一是对某个存在或事物的某种在视觉上可感的表现或者复制，二是精神上的再现（représentation）。③ 其中第一种情况侧重物理方面，是事物通过某种物理方式在感官上的再现，如事物在各种镜子中的影像、照片等。第二种含义则注重精神，一般指那些先前经历过的感觉或者知觉在精神领域的再现，以及那些经过精神想象而产生的各种图景，如记忆、幻觉，甚至是梦境等。无论是表现还是再现，re-présentation 总是经过了我（主体）的过滤。④ 因此，这两种意义下的 image 都不是第一性的存在，而是要附属于它所反映的事物，是被反映物在视觉上或精神上的复制品，被反映物被认为是更为根本的存在。这种界定一方面反映了人类认识世界的普遍方式，同时也反映了自笛卡尔以来的二元的哲学思维方式——世界存在着内与外、主与次、物与心之间的区分。而柏格森所定义的 image，不再是感官或心灵对外部事物复制出的影像，不再是事物在视觉或精神上的再现，因此，它们不需要依赖于一个所谓的来源物，而是一种自足的存在；同时，image 也不再是完全独立于心灵的外部事物，不再是那个硬邦邦、冷冰冰的"第一性"存在，而是一个刚柔兼备的混合体，是物与心的有机融合。这样，image 在柏格森这里既具有实在论者所主张的物质，又具有了理念论者所主张的精神，是物质与精神的巨大融合。正是在此意义上，我们在之前的行文中一直没有将 image 译成中文，因为在通常译法中，无论是"图片""图像"，还是"形象""影像"⑤，表达的都是一些非自足存在的事物，不能准确再现柏格森所赋予它的特殊含义。而在《差异与绵延》一书中，王理平创造性地将 image 翻译为"物象"，

---

① H. Bergson. Matière et mémoire［M/OL］. Chicoutimi：UQAC，2003：15 ［2016-06-28］. http://classiques.uqac.ca/classiques/bergson_henri/matiere_et_memoire/matiere_et_memoire.pdf.
② 关于 image 概念的演变，请参阅尚新建《重新发现直觉主义——柏格森哲学新探》第 133-138 页中的梳理。
③ 王理平. 差异与绵延［M］. 北京：人民出版社，2007：131.
④ 王礼平. 超越还是内在——论勒维纳斯与柏格森之间根本差异与殊途同归［J］. 浙江学刊，2008（2）：44.
⑤ 关于柏格森的 image 如何翻译在中文中还没有一致的或约定俗成的统一看法，"影像"是相对较为多见的译法，在德勒兹《柏格森主义》的中译本《康德与柏格森解读》、萨特早期著作的《影像论》以及《西方现代哲学十五讲》中，采用的都是这个译法；中译本《材料与记忆》以及研究柏格森思想的专著《重新发现直觉主义——柏格森哲学新探》将 image 译为"形象"；在费迪曼·费尔曼《生命哲学》中译本中采用的是"图像"一词。如果说以上译法在突出了 image 作为"象"的同时并没有完全抛开它物质性的一面，那么，中译本罗素《西方哲学史》（下）把 image 译为"心象"则与柏格森的界定有一定距离。

用"物"来表达它的自足性,用"象"来表达其图像的含义,这样世界的物质性和精神性便融合在"物象"一词中。这也正是本书借用这一译法的缘由所在。

有了物象概念的存在,对柏格森物质的定义便不难理解:"物质就是物象的集合。"此时,物质具有了与传统哲学不同的地位和作用,它既不是唯物论者所认为的构成世界的基本元素,也不是理念论观点下完全虚幻的影子,而是世界的组成部分,或者说就是世界本身:"这种物象的集合,我称之为宇宙。"① 其次,在柏格森哲学中,物质不再是绝对的抽象概念,而是由一个个可见的、有形的、具体的、生动的物象组成。自此,生命赖以存在的世界不再是一个无影无形、不可捉摸的抽象存在,而是一个睁眼可见、伸手可触的实在世界,这样的世界不依赖它物而自足存在:它"可以不被知觉而存在,它可以不被意识反映而在场。"②

柏格森的物质既不从属于心灵,也不与其完全对立。传统哲学中以笛卡尔和贝克莱为代表存在着两种对立的物质观:"物质"一词源自古希腊,在亚里士多德哲学中经常被译为"质料",和"形式"一起构成实在的两个主要成分;笛卡尔将物质称为广延实体,并将它与思维实体的心灵相对应,此时物质几乎等同于空间,具有空间的扩展性、测度性和分割性——在此基础上,数学关系被当成了现象的本质;因而,在柏格森看来,笛卡尔将物质推向了远离我们的方向。③ 贝克莱反对笛卡尔式的物质观,反对物质的客观性存在,认为"存在就是被感知",并证明物质的第二性至少与其第一性同样真实。柏格森认为,贝克莱的物质观一方面意味着哲学的巨大进步,却将物质拉回得太近,他把物质放置于心灵之内,使其从属于精神,"既没有办法解释物理学的成功,也不得不将宇宙中的数学顺序看作是纯粹的偶然"④。因此,为了澄清宇宙的数学秩序,也为了给物理学构建一个坚实的基础,康德的批判显得极为必要,即从限定我们感觉和知性范围和能力的方面看,康德的批判是必要的。但在康德的批判中,精神却不得不为自己划界,不得不限制自己的活动范围。为了给

---

① H. Bergson. Matière et mémoire [M/OL]. Chicoutimi:UQAC,2003:13 [2016-06-28]. http://classiques.uqac.ca/classiques/bergson_henri/matiere_et_memoire/matiere_et_memoire.pdf.
② H. Bergson. Matière et mémoire [M/OL]. Chicoutimi:UQAC,2003:20 [2016-06-28]. http://classiques.uqac.ca/classiques/bergson_henri/matiere_et_memoire/matiere_et_memoire.pdf.
③ H. Bergson. Matière et mémoire [M/OL]. Chicoutimi:UQAC,2003:6 [2016-06-28]. http://classiques.uqac.ca/classiques/bergson_henri/matiere_et_memoire/matiere_et_memoire.pdf.
④ H. Bergson. Matière et mémoire [M/OL]. Chicoutimi:UQAC,2003:6 [2016-06-28]. http://classiques.uqac.ca/classiques/bergson_henri/matiere_et_memoire/matiere_et_memoire.pdf.

心灵，同时也是为了给物质，找回它们本来的存在方式，柏格森在两种传统物质观之间，即在物质被笛卡尔推得太远、又被贝克莱扯回得太近之间，换句话说，在物质位于常识可以看到的地方，来重新思考物质的性质。因为，"至少在这个方向上，人类精神不可能被引导去限制自身的范围，形而上学也不会成为物理学的牺牲品。"①

在柏格森这里，作为"物象集合"的物质具有传统哲学中物质与精神的双重含义，它具有空间的种种特性，但并不等同于空间，一如弗雷德里克·沃姆根据柏格森哲学为物质所下的定义："物质是具有空间扩展性的物体（即占有三维空间的事物）以及它们之间必然关系的整体。"② 其中"空间扩展性"以及"它们之间的必然关系"体现了柏格森物质概念的物质性特征，即物质是占有空间的事物，具有空间性的位置关系；然而，作为一个整体，物质则是不可以被分割的。物质如果依照空间特性被分割，则作为整体意义的性质就会发生变化，成为另一物质。因此，我们说，物质具有空间扩展性，它占据空间，但不等于空间，可以被分割的是空间，而不是具有空间扩展性的物质。此时，物质如同意识和精神一样，拥有时间，拥有绵延，只是它们拥有时间和绵延的程度并不相同，这也正是物质精神性特征之所在。

（二）知觉

柏格森重构概念的工作并未止步于物象和物质，知觉是柏格森融合二元对立的又一重要概念，它同样以物象为基础。

柏格森的宇宙世界是一个物象的世界，身体也不例外。只不过，与其他物象相比，身体表现得有些与众不同。首先，对身体的了解不但需要各种外部的感知，而且还必须通过内在的情感；其次，身体这个物象有着特殊的功能：它不仅是一种客观存在，而且还具有强大的意识和选择功能，可以认识包括自己在内的物象世界，正是通过身体这个物象，世界不仅存在，而且具有了被认识的可能性。这种认识被柏氏表达为知觉："我把物象的集合称作物质，把那些与一个能够行动的特定物象——即我的身体——相关联的物象称之为对物质的知觉。"③ 由此可见，知觉与行动着的身体密切相关，是与身体发生了关联的、被身体所选择的物象。作为身体直接与外部世界交往的中介点，知觉连接了内

---

① H. Bergson. Matière et mémoire [M/OL]. Chicoutimi：UQAC, 2003：6 [2016-06-28]. http://classiques.uqac.ca/classiques/bergson_henri/matiere_et_memoire/matiere_et_memoire.pdf.

② F. Worms. Le Vocabulaire de Bergson [M]. Ellipses, 2000：41.

③ H. Bergson. Matière et mémoire [M/OL]. Chicoutimi：UQAC, 2003：13 [2016-06-28]. http://classiques.uqac.ca/classiques/bergson_henri/matiere_et_memoire/matiere_et_memoire.pdf.

在意识（记忆）与外部世界（物质）。

知觉一方面凸显了物象的物质化特征：知觉是物象，不过是一些与身体相关联的物象，是被身体这个物象所筛选出的那些事物。正是在此种意义下，柏格森说道："我们的知觉，在纯粹状态下，就是事物的一个部分。"① 另一方面，知觉又表现为主观的意识和选择：它从作为对象的物象集合，即物质中删除那些与我的身体无关的物象，只保留与身体有关的内容。通过知觉概念，柏格森又一次将物质与精神、身体与意识彼此链接起来，跳脱传统二元论所设立的鸿沟和难题。或者说，在柏格森那里，物质与精神、灵魂与身体的对立，本就是一个不存在的伪命题，世界就是一个活生生的变化存在。

但是，需要注意的是，知觉作为物质与精神的融合体，并不意味着在知觉中物质与精神拥有着等同的内容和地位。首先，知觉具有浓厚的物质特性。简单来说，知觉就是被身体选择了的物象，因此，知觉源头是在事物和物质当中，它位于身体之外，而不位于身体之内。其次，知觉具有当下性，它只和主体的"我"相关、只和我的当下行动相关。正是在知觉的意义上，柏氏的生命哲学更多地体现为对生活的一种思考。最后，知觉是一种非创造性的意识。知觉具有选择功能，为此拥有意识的特点，但知觉并不等同于意识，或者换用柏格森式的话语来说，意识自身具有程度上的差异，而知觉是一种程度相对较低的意识，它表现为对物象的选择，并且仅仅是一种选择。这种选择的目的仅在于删除那些与我的身体无关的物象。它并没带来任何新的内容，因此知觉不创造任何东西。

（三）记忆

在柏格森哲学的逻辑进程中，记忆承担着非常重要的环节，它不仅关系到绵延在物质领域内的表现，并且事关绵延是否自足存在这一重大问题。在《物质与记忆》一书中，柏格森试图通过对记忆的研究，来确定物质与精神之间的关系，在"最大程度上减少（如果不能消除的话）二元论所引起的理论困难"②，为问题寻找答案。

柏格森如下定义记忆："记忆，就是过去物象的存活"③（la survivance des images passées）。这是柏格森关于记忆概念的基本界定。在这里，记忆首先和

---

① H. Bergson. Matière et mémoire [M/OL]. Chicoutimi：UQAC，2003：37 [2016 - 06 - 28]. http://classiques.uqac.ca/classiques/bergson_henri/matiere_et_memoire/matiere_et_memoire.pdf.

② H. Bergson. Matière et mémoire [M/OL]. Chicoutimi：UQAC，2003：5 [2016 - 06 - 28]. http://classiques.uqac.ca/classiques/bergson_henri/matiere_et_memoire/matiere_et_memoire.pdf.

③ H. Bergson. Matière et mémoire [M/OL]. Chicoutimi：UQAC，2003：38 [2016 - 06 - 28]. http://classiques.uqac.ca/classiques/bergson_henri/matiere_et_memoire/matiere_et_memoire.pdf.

物象、物质、知觉密切相关：物象是构成记忆的材料，知觉是感知物象存在的手段，离开了作为内容的物象，离开了生命的当下感知，记忆便不复可能；其次，记忆中的物象材料不再是一些可视可触的、具有三维空间的具体事物，而是一些已经成为历史和过去的物象：在从现在走向过去的绵延中，这些物象实现了自身的转化，它们抛开空间转向时间，抛开数量转向性质，最终以时间化的性质而非空间化的数量而存在，这种存在被柏格森定义为"存活"（survivance）。在法语中，survivance 表示"过去事物或状态的继续存在"，换句话说，相关的事物或状态曾经存在过，并且还将继续存在下去。只是在柏格森的界定中，曾经存在并将继续存在的不是占有空间的具体事物，而是那已经成为性质的过去的物象，它们更多地表现为精神、绵延，亦即记忆。在中文中，我们将 survivance 译为"存活"表达的正是此意："存"即曾经存在，"活"即继续存活下去，"存活"就是记忆的自我保存和自我持续。

关于记忆，柏格森还有其他的描述和定义："记忆，即过去在现在中的存储和集聚"①；"记忆，总是把过去延伸至现在，这个现在，或者清晰地包含着不断扩大的过去形象，或者更准确地说，它通过连续的性质变化表明，人们随着年龄的增长将背负着越来越沉重的负担"②；或者"记忆将过去的某些东西推入现在。我的心理状态沿着时间之路发展，随着它所积累的绵延不断增长，就像在雪地里的雪球一样越滚越大"③。由此可见，回忆首先表明了一种共存，它总是在过去和现在两个部分的共同作用下形成：在展开的绵延世界中，现在不断地融入过去、成为过去、丰富过去；同时，根据现实的需求或要求，在知觉的召唤下，过去不停地渗入当下，或清晰或模糊地出现在现实之中。其次，记忆是一种变化性的自在存在。过去是记忆中最为重要的组成部分，甚至可以说，纯粹记忆就是不断丰富的过去本身。在柏氏哲学中，过去并不是普通时间当中过去、现在与未来这个划分当中的一个片段或部分，而是一个犹如绵延一般的真实存在和整体存在，它不断增长，自动自我保存："绵延是过去的持续进展，它逐步地吞噬着未来，当它前进时，其自身也在不断膨胀。"④ 与过去相比，柏格森哲学中的现在只是一种理论上的存在，是一个将过去和未来分开的

---

① H. Bergson. L'Energie spirituelle [M/OL]. Chicoutimi：UQAC，2003：9 [2016-06-28]. http://classiques.uqac.ca/classiques/bergson_henri/energie_spirituelle/energie_spirituelle.pdf.
② H. Bergson. La Pensée et le Mouvant [M/OL]. Chicoutimi：UQAC，2003：110 [2016-06-28]. http://classiques.uqac.ca/classiques/bergson_henri/pensee_mouvant/bergson_pensee_mouvant.pdf.
③ H. Bergson. L'évolution créatrice [M/OL]. Chicoutimi：UQAC，2003：13 [2016-06-28]. http://classiques.uqac.ca/classiques/bergson_henri/evolution_creatrice/evolution_creatrice.pdf.
④ H. Bergson. L'évolution créatrice [M/OL]. Chicoutimi：UQAC，2003：14 [2016-06-28]. http://classiques.uqac.ca/classiques/bergson_henri/evolution_creatrice/evolution_creatrice.pdf.

概念。"当我们想到它即将开始时,现在还没有存在;当我们想到它正在存在时,现在已经成为过去"①,因此,"当前在很大程度上就是最近的过去"②。正是在这个意义上,德勒兹认为,在柏格森哲学中,现在虽然活跃和有用,但它不存在,而只是一种曾经存在,过去虽然停止了活动,不再有用,但一直没有中止其存在,因此,过去或者说记忆具有纯本体论的意义。③ 在国内学界,也有学者持相似观点,认为过去才是柏氏哲学的真正本体。④

在关于记忆的不同定义中,我们可以感受到柏格森力图弥合传统哲学物质与精神鸿沟的努力。从物象存活的角度来看,作为物象的记忆是物质的,作为存活的记忆则是精神的,因此,作为"过去物象的存活"整体,记忆既包含物质性也拥有精神性,它拥有最高程度的绵延和最低程度的物质。从过去与现在共存的角度看,记忆既包含不断丰富的过去,又离不开当下知觉的召唤。这其中,过去是纯精神、纯性质的,它停止活动,不再实用,不再活跃,潜在地自足存在;而现在则是物质的、当下的,也是有用的和活跃的,它虽然不停地成为过去,什么也没有保留,但却通过知觉有效地唤醒了过去。没有不包含知觉的记忆,也没有不包含记忆的知觉,记忆与知觉的交叉、过去与现在的共存体现了柏格森对传统二元论的尝试性弥合。

从物象到物质,从知觉到记忆,柏格森的用语似乎并没有脱离西方哲学的概念体系,至少从概念层面而言,它与传统哲学还保持着千丝万缕的联系。这对于要创建新的形而上学的柏格森哲学而言,难道不是一种削弱或障碍吗?关于这一点,有界内学者认为,与20世纪的哲学大家们相比,柏格森没有一套属于自己的哲学用语。他使用的都是当时流行的哲学的、心理学的或生理学的概念。虽然他赋予这些概念以迥然不同的新意,但语言问题仍成为人们准确理解柏格森思想的主要障碍。⑤ 如果我们置身事外,跳脱历史,站在与20世纪其他哲学家如尼采、萨特、海德格尔,以及与后现代的解构主义者们相比的立场来看,学界的论断不无道理。而且,概念晦涩的确带来了对柏格森思想的曲解这一事实,《物质与记忆》一书之所以成为哲学史上最难懂的著作之一,在

---

① H. Bergson. Matière et mémoire [M/OL]. Chicoutimi:UQAC,2003:89 [2016 – 06 – 28]. http://classiques.uqac.ca/classiques/bergson_henri/matiere_et_memoire/matiere_et_memoire.pdf.
② H. Bergson. Matière et mémoire [M/OL]. Chicoutimi:UQAC,2003:89 [2016 – 06 – 28]. http://classiques.uqac.ca/classiques/bergson_henri/matiere_et_memoire/matiere_et_memoire.pdf.
③ Deleuze, Gilles. Le Bergsonisme [M]. Paris:PUF,1966:49 – 50.
④ 吴先伍. 过去永恒真实——论柏格森的过去本体论 [J]. 华东师范大学学报(哲学社会科学版),2002(6):18.
⑤ 尚新建. 重新发现直觉——柏格森哲学新探 [M]. 北京:北京大学出版社,2000:18,144.

一定程度上正是因为 image 一词的使用。① 但是，我们如果转换一个角度，抛开后世赋予的名声地位和价值判断，只从柏格森思想自身出发，从柏格森哲学的出发点出发，就会发现，柏格森这种旧瓶装新酒的做法有其一定的必然性。

  首先，柏格森并不刻意去继承或制造概念，他的概念都来自"直接材料"，是"直接材料"呈现的结果。"直接材料"是柏格森哲学的演绎基点。从学术生涯的起始处，柏氏便要求哲学研究要从"直接材料"出发，回到事实本身，这一点我们从他的第一部著作《论意识的直接材料》这个书名便可以看出。秉着回归"直接材料"的品性，在《物质与记忆》正文开篇第一句，他便告诫："暂借假定，我们对关于物质和精神的理论都一无所知，对于外部世界到底是实在的还是观念的那些种种讨论也一无所知。"② 在哲学世界中，已有的前件太多，只有排除种种已经形成的理论、抛开所有的先见和偏见，才能回到事物的源初状态，回到直接性本身。因此，他并不是从标新立异的角度来使用 image 一词，而是秉承自己的哲学原则，力求回到事实本身。"直觉"概念的诞生也非常典型地体现了柏氏的这一原则。当时"直觉"作为方法已经有其固定的内涵，并且在一定程度上成为反理性与反科学的代名词。柏格森明白这是一个已经拥有太多先见和偏见的词汇，它的使用将非常容易引起误解。从哲学发展的历史来看，他的担心果真成为现实：直觉不仅为他带来各种"非理性""反理性""反科学"的标签，更有罗素那带有人身攻击的恶毒嘲讽。但必须看到的是，柏格森对于直觉一词的选择并不是突然的或预先设定的，它不仅经历了对传统哲学方法的充分认识和思考，而且还通过了对绵延的种种体认和阐释，他曾经说道："正是有关绵延的种种思考使我们一点一点地把直觉树立为哲学的方法。"③ 并且，在他看来，哲学要想成为"活的永恒"，达到活生生的实在本身，就必须排除一切人为的构造，尤其是抽象的符号和概念，排除所有通过智能所搭建起来的抽象事物，而完全地、直接地抵达实在。因此，虽然有种种不幸的可能在等待着他，柏格森依然"选择"直觉来表达他对哲学的思考。也许，更准确地说，柏格森不是"选择地"而是"直觉地"使用了直觉一词。因为，依据他的观点，"选择"往往是人类智能在事后的一种回溯性思考，是与直觉相对立的一种静止化的分析，而直觉则伴随着实在不停地创造和运动。直觉的产生不是选择的产物，而是活生生的直接材料的要

---

① 王理平. 差异与绵延 [M]. 北京：人民出版社，2007：132.
② H. Bergson. Matière et mémoire [M/OL]. Chicoutimi：UQAC, 2003：10 [2016-06-28]. http://classiques.uqac.ca/classiques/bergson_henri/matiere_et_memoire/matiere_et_memoire.pdf.
③ H. Bergson. La Pensée et le Mouvant [M/OL]. Chicoutimi：UQAC, 2003：18 [2016-06-28]. http://classiques.uqac.ca/classiques/bergson_henri/pensee_mouvant/bergson_pensee_mouvant.pdf.

求。

其次，通过前文对记忆和知觉概念的分析，我们可以发现，记忆在柏格森哲学中有着至关重要的、甚至是本体论意义上的地位。记忆作为过去物象的存活，作为永恒的潜在性存在，它并不是结束和僵死的过去，而是一种变化着的差异存在，和现在、未来共同构成不可分割的绵延运动。在时间的绵延流动中，记忆只能越来越丰富、越来越沉重，而不可能消失，不可能被取代。在知觉的召唤下，它总会以某种或清晰或含糊的方式出现在当下，参与到当下。记忆的本体地位决定了柏格森在批判传统哲学的过程中不可能采取完全打倒的极端方式，不可能与过去做彻底的切割，因此，他不会像尼采那样敌视传统，试图"重估一切价值"；也不像后现代的思想家们一样，视传统为前行的包袱，不惜将其拆解为废墟。这是一位背负着过去、担待着历史、有着强烈社会责任感的人文式学者，部分意义上去承接传统并不是柏格森有意识的纯主观选择，而是由他的思想本质内在地决定的。从这一视角出发，我们便不难理解他为什么没有刻意构建自己的哲学概念，没有创造一套属于他自己的哲学用语。

## 二、实验论证

自笛卡尔以来，理性主义的过分彰显使得人类社会日益工具和功利、日益外在和物质，社会与个体的丰富性和多样性被忽略和否定。柏格森直言反对这种纯理性的超验思辨，尝试构建实证基础上的形而上学。因此，概念化的纯逻辑理论体系不仅有悖于其哲学的精神，也有悖于他的哲学意图。"实证"构成了柏格森哲学与传统哲学在构建方法上的最大不同。值得注意的是，柏格森的实证有着与一般实证主义不同的内涵。实证主义以孔德为代表，其基本观点在于"哲学应当以实证和科学为根据，以可以观察和实验的事实及关于事实的知识为内容，摒弃神学和思辨形而上学所研究的那些所谓绝对的、终极的，然而却无法证明的抽象本质。一句话，就是以实证的知识来代替神学和形而上学的思辨概念。"[①] 在孔德那里，实证已经演化为一种科学化的哲学精神，它排斥和反对传统思辨，进而否定形而上学，否定哲学中对本体论问题进行研究的意义。而对柏格森来讲，实证仅仅是建构形而上学诸方法中的一种，这种方法并不排斥玄冥和思辨，也不截然反对想象和虚构。"直接材料"是柏格森哲学进行思辨的实证基础，《论意识的直接材料》正是建立在大量有关"直接材料"上的思辨论证，到了《物质与记忆》一书，"直接材料"更多地表现为对"事

---

① 刘放桐. 法国哲学的现代转型 [J]. 甘肃社会科学, 2013 (1): 48.

实"的强调：在这部著作中，柏格森不厌其烦地多次声明，一定要"求助于事实"（demander aux faits）、"立足于事实"（se baser sur le terrain des faits）、"有赖于事实"（se rattacher à des faits réels）、"回应事实"（répondre aux faits）、"要符合事实"（être conforme aux faits）、"要通过事实检验"（être vérifié par les faits）等。柏格森的实证以"直接材料"为基石，立足于个体经验和具体案例，再通过直觉的"绵延之思"回到"经验的转折点"，进而恢复现实的真正面目，揭示出与科学规律不一样的实在。具体来说，柏格森的实证方法主要表现在个体化经验和具体案例分析两个方面。

（一）经验实证

物质具有最低程度的绵延。然而，就我们的经验而论，在无机世界中一切死气沉沉，毫无生机可言。如果说事物发生了某种变化，这往往表现为外力所带来的某些位置移动，或者是我们人为地将其分割为更小的部分。而且，这种变化往往具有可逆性，它总可以通过外力返回到原来的状态。因此，在无机物中，我们感知不到事物自身的发展和变化。换句话说，无机物似乎并不具有绵延的运动性和变化性，更不具有绵延的创造特质。这样，我们如何能将它与柏氏笔下生机勃勃、活力充沛的绵延存在联系起来呢？

实际上，即使在物质世界里，变化是一个不容置疑的事实。之所以会产生以上看法和疑问，这和我们的常识不无关系。由于惰性的强大存在，物质在时间中发生着极其微量的变化。通常，这些变化或者不被我们的肉体所感知，或者需要很长一段时间才能被体察到。因此，出于功利的目的，常识往往会有意无意地忽视这些变化，只去关注分割的孤立对象，只考察变化过程中已经静态化的两端，而忽略变化着的过程本身，进而抹杀物质的时间特性。常识经常会暗示我们，从可感的角度来看，时间似乎对物质不会产生影响，物质不会衰老，它们不拥有时间性。然而，对无机物来讲，尽管不被感知，尽管极其缓慢，但变化并不会消失，它们依然存在。

为了能够在可视可感的经验范围内来体会物质的绵延性，柏格森给出这样一个例子："假如我要调制一杯糖水，不管我如何急不可耐，我必须等待糖块融化。"① 此时，糖块溶解的时间已经不再是作为位移参照物的数学时间，而是糖块在不断变化的过程中自身所拥有的时间；它不再是被思考的抽象之物，而是经历着生命的具体绵延；它不再像往常物质化的时间那样一下子展现在空

---

① H. Bergson. L'évolution créatrice [M/OL]. Chicoutimi: UQAC, 2003: 17 [2016-06-28]. http://classiques.uqac.ca/classiques/bergson_henri/evolution_creatrice/evolution_creatrice.pdf.

间之中，而必须跟随溶解的过程一点儿一点儿铺展开来。总之，此时此刻的时间不再是一种关系而是一种绝对存在：糖块占据着时间，在其中不断地发生着变化。在这个过程中，它不仅和它物表现出性质上的差异，而且更为重要的是，每时每刻它都表现出与前一时刻不同的性质，这些性质彼此不可分割、不可测量。正是在这个意义上，柏格森说道："（糖块溶解）这一事实虽然不起眼，但却意义重大。"① 通过糖块溶解这一事例，柏格森将物质绵延拉入了我们可视可感的范围之内：在有限的时间内（溶解的过程），每个人都可以切实体会物质（糖块）所发生的持续变化。

个体化的经验，尤其是个体化的心理经验是柏格森哲学的出发点，这是我们在《论意识的直接材料》中已经明了的事实。到《物质与记忆》一书中，柏格森沿着经验的道路继续前进。其中最有名是他关于两种记忆的经验论证。

柏格森从日常经验出发区分了两种记忆：我们学习一篇课文，为了将其熟记于心，首先要逐字逐句地阅读，然后再重复几遍。而每次重复都会有新的进步，词与词之间的联系会越来越紧密，最后课文里的词语会形成一个连续的整体。此时，课文便了然于心，成了回忆，印在了记忆中。② 从这样一个普通的日常生活经验出发，柏氏分析出"针对课文"以及"针对阅读过程"两种不同的记忆。其中，第一种记忆被其称之为"习惯—记忆"（souvenir-habitude），这是一种针对课文，即针对目的和结果的记忆。出于快速达到目的的需要，这种记忆会把整个动作分解，然后再把分解后的动作重新组合为整体。任何一个经历过有目的背诵的人都会有这样的经验：我们总是将课文拆开，先一句一句地重复，直至熟练，然后再把它们连贯起来，至此便达到了背诵的能力。这种记忆往往在目的的支配下，忘掉了真正的时间，忽略了一切过程：随着目的性的加强，它会变得越来越非个人化，越来越和我们过去的生活不相关联。第二种记忆被称之为"物象—记忆"（souvenir-image），这是一种针对阅读过程的回忆，其中每一次阅读都不同于习惯性的重复，它们在时间中发生，每一个细节都被刻印在记忆之中，构成了其他后续阅读的回忆。这种记忆的本质在于它带有时间的规定性，不可能再度发生。因此，对于这种记忆而言，尽管每次阅读的都是同样的内容，但是每一次的经历却都是一次崭新的、与众不同的阅读。为此，柏格森认为，此时此景下的阅读完全是自足的、完全以发生时的面貌存

---

① H. Bergson. L'évolution créatrice ［M/OL］. Chicoutimi：UQAC, 2003：17 ［2016 – 06 – 28］. http://classiques.uqac.ca/classiques/bergson_henri/evolution_creatrice/evolution_creatrice.pdf.
② H. Bergson. Matière et mémoire ［M/OL］. Chicoutimi：UQAC, 2003：47 ［2016 – 06 – 28］. http://classiques.uqac.ca/classiques/bergson_henri/matiere_et_memoire/matiere_et_memoire.pdf.

在，它同其共存的知觉一起构成了一个不可缩减的历史瞬间。① 换句话说，物象—记忆，即对过程的记忆，记录着生活中发生着的一切事件，它保存着一切，不进行任何的选择，不忽略任何的细节，让每一个事实、每一个动作都拥有自身的位置和时间。

通过柏格森的区分可以看出，这是两种性质不同的记忆。其中习惯—记忆是一种机械性的记忆，是生理学、心理学等学科研究的对象。在明确目的的支配下，它不断重复已有动作，形成一个封闭的运动机制，排挤和驱除真正的时间。此时的记忆总体上倾向于目的，倾向于行动，倾向于社会生活，呈现出较明显的物质特性，它"不再向我们表现我们的过去，它表演着我们的过去。"② 记忆之所以被称之为记忆，并不是因为它保留和储存了物象和过去，而是因为它将物象与过去的使用效果延伸到了当前之中。换句话说，习惯—记忆并不自足存在，它要依赖我们的身体和大脑，以形成机械的系统和机制，去遵循法则和规律，进而通过重复被转化为具体的社会行动。在此意义上，柏氏写道："心理学家们通常所研究的记忆，是被记忆所解释的习惯，而并非记忆本身。"③ 物象—记忆则是一种真正的记忆，它记录我们日常生活中各个时间发生的全部事件，保留每个事件、每个动作的时间和地点。并且，它不考虑实用性和实际用途，只处于自身性质的必然而把过去保存起来。因此，物象—记忆发生在纯绵延的时间之中，指向鲜活的过程本身，这是一种"纯思"的状态，既没有规律可循，也无法被预测和重复。在柏氏看来，这才是哲学家们所研究的记忆，它远离功用和目的，远离生活和社会行动，在时间的流逝中自发产生，自足存在，并不依赖于外在的身体和大脑。此时的记忆完全是一种精神性的自发，它并不储存于大脑之中。

柏格森的经验例证一方面是个体性的，因为它只有通过个人化的经验才能体悟到；另一方面，它们又具有共性，是每一个具有一定生活经历的个人都可以感受到的。因此，柏格森的经验实证就其过程而论是个人的和主观的，但就其结果来看却具有普遍性和客观性。

---

① H. Bergson. Matière et mémoire [M/OL]. Chicoutimi：UQAC, 2003：48 [2016 – 06 – 28]. http://classiques.uqac.ca/classiques/bergson_henri/matiere_et_memoire/matiere_et_memoire.pdf.
② H. Bergson. Matière et mémoire [M/OL]. Chicoutimi：UQAC, 2003：48 [2016 – 06 – 28]. http://classiques.uqac.ca/classiques/bergson_henri/matiere_et_memoire/matiere_et_memoire.pdf.
③ H. Bergson. Matière et mémoire [M/OL]. Chicoutimi：UQAC, 2003：49 [2016 – 06 – 28]. http://classiques.uqac.ca/classiques/bergson_henri/matiere_et_memoire/matiere_et_memoire.pdf.

## (二) 案例实证

在柏格森的时代，失语症（aphasie）研究横跨心理学、生理学、解剖学等多门学科，是当时被研究的最广泛、最深入的病症之一。按照当时流行的理论，记忆储存于大脑之中，大脑是记忆的仓库，人之所以会失去记忆，是因为大脑受到了损伤：容器遭到破坏，其内容自然会流失。然而，大量的病例研究使柏格森确信，"撇开其似真性（plausibility），这种理论是没有依据的。它依据的是一种简单化的记忆观和一种人为的大脑功能观。"① 大脑与记忆之间并非一种容器（contenant）与内容（contenu）的关系，记忆并不存储于大脑之中。

例如，在一些病例中，病人脑部受到严重损伤，有关词语的回忆为此受到很大影响。但是，不经意之间，总会有一些或强或弱的刺激（如某一种情绪）突然唤醒病人似乎永远失去的回忆。② 此时，如果说记忆储存在大脑之中，那么，作为容器的大脑受到了严重破坏，相关记忆应该会永远消失，这种情况也就不可能发生。

又如，对另一些失语症患者而言，单词记忆的丧失并不是突然发生的，而是一天一天在加重；并且，单词按着一定的次序被遗忘。里博规律（la loi de Ribot）已经指明了这一次序：首先是专有名词，然后是普通名词，最后是动词。③ 如果说记忆储存于大脑，那么当储存单词记忆的脑层受到损伤，所有类型词汇的丧失应该是同时发生，或者至少不会出现如此规律的状况。针对这种现象，柏格森分析道，专有名词之所以比普通名词、普通名词之所以比动词先消失，那是因为它们一个比一个更加远离身体、远离可以模仿和表演的动作，因此也就越难回忆起来。脑组织在出现损伤后出现规律性的词汇遗忘，最后只能保留对动词的回忆这件事情不但不让人吃惊，反而证明了如下一个结论："在大脑活动中只存在着精神活动的被模仿部分，大脑不是精神活动的对等物"④。

精神性失明症（la cécité psychique）的相关病例也被柏格森广泛使用和研

---

① 大卫·雷·格里芬. 超越结构：建设性后现代哲学的奠基者 [M]. 鲍世斌，等，译. 北京：中央编译出版社，2001：192.
② H. Bergson. L'Energie spirituelle [M/OL]. Chicoutimi：UQAC, 2003：32 [2016 - 06 - 28]. http://classiques.uqac.ca/classiques/bergson_henri/energie_spirituelle/energie_spirituelle.pdf.
③ H. Bergson. Matière et mémoire [M/OL]. Chicoutimi：UQAC, 2003：72 [2016 - 06 - 28]. http://classiques.uqac.ca/classiques/bergson_henri/matiere_et_memoire/matiere_et_memoire.pdf.
④ H. Bergson. L'Energie spirituelle [M/OL]. Chicoutimi：UQAC, 2003：34 [2016 - 06 - 28]. http://classiques.uqac.ca/classiques/bergson_henri/energie_spirituelle/energie_spirituelle.pdf.

究，这是一种由大脑损伤而引起的视觉记忆丧失的疾病，而非纯视力方面的疾病。按照当时的通识，这种病症的产生一定源自视觉记忆的消失，因为记忆储存于大脑中，相关大脑部位遭到损伤，记忆必然不存在。柏格森反对这样的观点，并举例进行说明。例如，有一位患精神性失明的女性，她闭着眼睛能准确无误地描述自己居住的小镇，还可以在想象中穿过小镇的街道，但是当她真正来到那个地方，却完全像个陌生人，什么都认不出来，最后还迷了路。①临床病例说明，患者关于过去的记忆并没有丧失，是大脑的损伤破坏了她的认知机制，无法使记忆顺利地运用到当下的视觉上。

关于这样的病例在《物质与记忆》和柏格森其他相关著作中有很多，我们无须、也无法一一罗列。"记忆不存在于大脑"，无论是通过经验，还是通过案例，柏格森告知了我们这样一个命题。那么，记忆到底储存在哪里？

## 三、思辨论证

记忆到底储存在哪里？这是柏格森哲学到此为止必须面临的一个问题。但由于个体生命的有限性特征，经验和病例研究都无力回答这个问题。如前所述，实证只是柏格森构建形而上学的一种手段和方法，而绝不是目的。形而上学在有了具体经验和案例作为论证基础之后，还必须经过一个思辨的上升过程——柏格森需要重回思辨。个体的切身经验与大量的现实病例使得柏格森的思辨不再是传统意义上纯逻辑化的概念推理，而是与鲜活体验相融合的逻辑论证。在思辨中，柏格森发现了物质的运动性，找到了记忆与大脑关系的合适表达。思辨在这里具体体现为逻辑推论和隐喻论证两种方式。

### （一）逻辑推论

结合柏格森的记忆理论，我们会发现"记忆储存于大脑之中"这个传统命题隐藏了两种预设：一是大脑是一个可以承载世界存在的容器，二是记忆能够作为内容被装载于容器之中。在《物质与记忆》一书中，柏格森通过解读容器（contenant）与内容（contenu）的关系本质来阐释这一命题的荒谬，进而解读大脑与精神的关系。

首先，大脑到底是不是一个容器？它能否装载整个宇宙？从前文的概念分析中我们得知，柏格森的世界是一个物象的世界。在这里，一切事物均以物象

---

① H. Bergson. Matière et mémoire [M/OL]. Chicoutimi：UQAC，2003：55 [2016 – 06 – 28]. http://classiques.uqac.ca/classiques/bergson_henri/matiere_et_memoire/matiere_et_memoire.pdf.

的面貌出现，其中包括我们的身体和大脑。① 尽管从行动的角度来看，身体和大脑的确独立于其他物象，表现出与其不同的特性。但就其作为物象而言，大脑与身体和其他物象之间并没有区分，它们共同构成世界物质性的多样存在。因此，对柏格森而言，大脑和身体并不是物质与精神的分界线，也不是世界"内与外"的交接点，更不是"我思"的主体，而是一个普普通通的物象，是整体物象世界的一个组成部分。从记忆的角度，尤其从直接记忆的角度来看，如果说当下只是我们的最近过去，那么，此时身体便不是别的，而是记忆中众多过去存活物象中的一个，它构成了记忆的一个组成部分。其次，在柏格森看来，容器与内容的关系产生于空间思维，适合于空间化的事物，它必须遵循"在……中"这样的位置关系。例如，大脑存在于身体中，身体存在于周围的空气中等。此时，部分存在于整体中，或者说体积小的事物存在于体积大的事物当中。但是，依照空间关系，我们不能说整体包容在部分中，也不能说单个物象包含着物象整体——即世界或记忆不可能存在于大脑中，或者说，大脑不可能包含整个世界、整个记忆。

那么，记忆能够作为内容存在于容器之中吗？根据日常经验，当我们谈论某物的存在时，常常会不由自主地发问：它存在于哪里？因此，在涉及记忆这个问题之初，我们也会很自然地发问：记忆储存在哪里？然而，正是日常经验的当下和功用导致了我们对于记忆的误解，也为此带来了对心脑关系的误读：在实践巨大利益驱使下，我们往往习惯于逆反事物的真实次序，从空间而不是时间的角度来思考问题。"记忆究竟储存在哪里"，这个问题正是我们空间思维萦绕下的产物，它意味着思维对空间的开放和对绵延的拒绝："我们总是在自己面前打开一个空间，也总在自己身后关闭绵延——只有在这种必然性下，容器与内容的关系才能表现出其清晰性和普遍性。"② 因此，容器与内容的关系是空间概念下的产物，只适用于空间性的事物，而不适用于记忆。作为"过去物象的存活"，记忆虽然也是物象，却是已经成为过去的物象，它不再具有空间的三维特性，而是一种绵延化的性质，是一种精神性的东西，它在本质上同占据空间的物质是不同的。因此，"哪里"这个问题如果对于广延性的物质

---

① 在柏格森哲学中，大脑与身体是两个可以相互替换的词语：一方面，大脑和身体都是物象，大脑作为身体生理机能的最重要部分，不可能脱离身体而存在；另一方面，大脑和身体都具有意识功能（或者说正是因为大脑的存在，身体才具有了较强的意识功能），都可以进行接收和选择——身体从宇宙物象中选择其感兴趣的事物，大脑从记忆中选择有用的回忆——它们共同构成了我们行动的中心。

② H. Bergson. Matière et mémoire [M/OL]. Chicoutimi；UQAC, 2003：89 [2016-06-28]. http://classiques.uqac.ca/classiques/bergson_henri/matiere_et_memoire/matiere_et_memoire.pdf.

来讲是必不可少的话,那么它对于精神性的记忆来讲就非常不适用——用"哪里"来追问不占空间的记忆,这个问题一开始就是一个伪问题。或者,如果我们可以退而求其次,如果坚持一定要为记忆寻找一个可容身之地,那么在完全隐喻化的意义上,柏格森说道:"记忆存在于心灵之中。"①

(二) 隐喻论证

纯概念构成的是一个给定的、静止的、圆满的、永恒的,但同时也是冷冰冰、硬生生的理念世界,是一个包括人类在内的所有生物都无法企及的世界,因此也是一个远离生命与创造的世界:在这里,既没有人类,也没有其他生物;既没有绵延着的时间,也没有持续着的变化。这是与柏氏哲学思想截然相悖的一种逻辑存在、一种数学的或者说几何学意义上的存在。正是这样一种存在构成了柏格森反对传统形而上学、力图构建新型形而上学的根本原因。柏格森的思辨则是鲜活和生动的,他虽然重构了概念,却并不局限于概念,而是在纯概念的世界之外又创造出了另一域活生生的思辨世界,它便是柏格森隐喻化的论证方式。

"记忆不储存于大脑之中"是柏格森论证身心关系的一个重要命题,但并不是唯一的命题。在柏格森看来,精神生活具有不同的音调(tons),根据对生命不同的关注程度,心灵有时会接近行动,走近身体和大脑,有时又会远离它们。② 因此,大脑与精神之间并不是一种持续不变的简单的关系,而是呈现出一定的多样性和变化性。结合概念与实证,柏格森借助诸多形象的隐喻来阐述大脑与精神之间的复杂关系,我们以其中的两组为例进行论证。

**1. 衣服与挂钩**

大脑和身体尽管不是记忆的储存地,但作为感知存在的"中心",它们在记忆的现实化过程中起着至关重要的作用。如果没有身体和大脑的介入,没有它们有目的的选择,记忆中的所有物象要么会永远成为一种潜在,要么会同时涌现给意识。无论哪一种情况发生,我们都无法做出任何动作,记忆也将失去其实际功用,无法走向现实化。柏格森一方面充分肯定记忆与大脑之间的密切关系,强调大脑作为选择器官、作为行动中心的重要性,但同时他又坚决反对过分夸大这种关系,夸大大脑的地位和作用,力图维护记忆的自足存在。他曾借用衣服与挂钩来比喻记忆与大脑之间的关系:"毫无疑问,意识状态与大脑

---

① H. Bergson. L'Energie spirituelle [M/OL]. Chicoutimi:UQAC, 2003:34 [2016 – 06 – 28]. http://classiques.uqac.ca/classiques/bergson_henri/energie_spirituelle/energie_spirituelle.pdf.
② H. Bergson. Matière et mémoire [M/OL]. Chicoutimi:UQAC, 2003:8 [2016 – 06 – 28]. http://classiques.uqac.ca/classiques/bergson_henri/matiere_et_memoire/matiere_et_memoire.pdf.

之间存在密切的关联，正如一件衣服和悬挂衣服的钉子之间也存在密切联系：如果拔去钉子，衣服就会掉在地上。难道，我们就此就能够说钉子的形状规定了衣服的形状，或者说钉子的形状无论如何都预测了衣服的形状吗？"①

通过这个隐喻可以看出，作为钉子的大脑仅仅是作为衣服的记忆的一种表现途径：如果大脑发生异常，记忆就会部分地或全部地受到影响；而且，如果大脑受损严重，记忆的现实化过程甚至可能会全部消失。我们拔掉钉子，衣服自然会掉落在地，但我们不能就此说衣服消失不存在了：大脑受损，记忆依然存在，只是没有展现出来。同时，该隐喻也暗示我们，钉子存在与否并不能决定衣服的形式和存在，它们并不是同样的事物，也不具有相同的功能，一如大脑和记忆的关系一样：大脑不能决定记忆，记忆独立于大脑而存在。这一点在柏格森的另一段文字中表现得更为完备："衣服与挂衣服的钉子之间具有一致性和关联性：如果我们拔掉钉子，衣服就会掉下来；如果钉子松动，衣服就会摇晃；如果钉子过于尖锐，衣服就会穿洞撕破。但并不能就此证明钉子的每一个细节都与衣服的每一个细节相对应，也不能证明钉子就是衣服的对等物，更不能说钉子和衣服就是同一物。"② 因此，衣服与挂钩的隐喻表明，记忆的确与大脑密切相关，没有大脑的中介与输送，记忆就不可能得到较为完整、清晰、准确的表现。但同时，我们也不能就此认为，大脑是记忆的等同物，或者说大脑是记忆的储存器，更不能说大脑规定了记忆的存在，记忆就是大脑的功能之一。

因此，在柏格森那里，"大脑是一个类似于电话中心交换站的器官"③，其功能首先在于唤醒和选择记忆，让记忆中的物象信号通过或延迟通过；其次，大脑"既非思想的器官，也不是情感和意识的器官"，但是它"能够使意识、情感、思想在真正的生命之上铺展开来"④，进而转化为行动。可以说，大脑虽不储存记忆，不存储思想、情感和意识，但却一直关注记忆，关注思想，关注情感和意识，这是"一个关注生命的器官"⑤。

---

① H. Bergson. Matière et mémoire［M/OL］. Chicoutimi：UQAC，2003：7［2016 - 06 - 28］. http://classiques.uqac.ca/classiques/bergson_henri/matiere_et_memoire/matiere_et_memoire.pdf.
② H. Bergson. L'Energie spirituelle［M/OL］. Chicoutimi：UQAC，2003：25［2016 - 06 - 28］. http://classiques.uqac.ca/classiques/bergson_henri/energie_spirituelle/energie_spirituelle.pdf.
③ H. Bergson. Matière et mémoire［M/OL］. Chicoutimi：UQAC，2003：17［2016 - 06 - 28］. http://classiques.uqac.ca/classiques/bergson_henri/matiere_et_memoire/matiere_et_memoire.pdf.
④ H. Bergson. L'Energie spirituelle［M/OL］. Chicoutimi：UQAC，2003：30［2016 - 06 - 28］. http://classiques.uqac.ca/classiques/bergson_henri/energie_spirituelle/energie_spirituelle.pdf.
⑤ H. Bergson. L'Energie spirituelle［M/OL］. Chicoutimi：UQAC，2003：30［2016 - 06 - 28］. http://classiques.uqac.ca/classiques/bergson_henri/energie_spirituelle/energie_spirituelle.pdf.

## 2. 哑剧与精喜剧

通过知觉概念的分析，我们已经得知，精神状态往往比大脑状态要广阔得多：大脑通过行动展现的仅仅是精神这个巨大仓库中的极小部分，即被知觉唤醒的能够将自身外化为行动的那个部分，而其他绝大部分的精神状态则以纯粹记忆的方式静静地潜藏着，等待身体与大脑的可能选择。因此，在柏格森那里，试图通过研究大脑的结构来全面把握精神状态是不大可能的。通过大脑，我们了解到的只是意识在当下的情况，仅仅是动作刚刚开始时或在完成过程中所包含的精神内容，至于意识内发展着的其他思想和其他情感，大脑则无法向我们告知，通过大脑来了解精神状态就好像我们"试图通过舞台上演员们来来往往的行动来了解一部戏剧一样"①。不可否认，在戏剧表演当中，演员们的一举一动都有着必要的意义，但它们是否就意味着一幕剧的全部？当然不是，戏剧中还蕴含很多其他的内容，如台词、对白等。相对这些内容而言，单单通过动作能表现出的剧情可以说是微乎其微。换句话说，大脑反映一定的记忆，但无法储存和预知全部记忆。在柏格森看来，随着科学与心理学的日臻完善，在某种确定的心灵状态下，我们可以预测脑部所发生的状况；但是，我们不太可能依据大脑来预测精神状况，因为对于同一个大脑状态而言，存在许多不同的但是同样合适的心理状态，就好像"我们了解了台词，就可以事先预知一点他（演员）的动作，但反过来就不一定，对动作的了解并不能带来对剧情的预知"②。

不过，大脑对记忆的反映并不是一成不变的，一如柏格森所说："根据正在演出的戏剧种类，演员们的动作会或多或少地透露出一些剧情。如果是一部哑剧，我们便能够掌握几乎全部的情节；但如果是一部精致的喜剧，我们所了解到的内容就非常有限。"③也就是说，在心脑关系中，大脑对精神的反映会根据不同情况呈现出一定的变化，它有时可以精准地反映精神，一如在哑剧表演中，我们可以通过演员的动作了解到绝大部分的剧情；但有时并不能完全展现精神状态，就好像在精致的喜剧中，即使我们把舞台上演员的动作看得一清二楚，熟知他们的来来往往和一举一动，但对我们对剧情的了解仍微乎其微：因为对喜剧而言，演员的动作固然重要，但台词等其他内容对了解剧情更加必不

---

① H. Bergson. Matière et mémoire [M/OL]. Chicoutimi：UQAC, 2003：8 [2016 – 06 – 28]. http://classiques.uqac.ca/classiques/bergson_henri/matiere_et_memoire/matiere_et_memoire.pdf.
② H. Bergson. L'Energie spirituelle [M/OL]. Chicoutimi：UQAC, 2003：28 [2016 – 06 – 28]. http://classiques.uqac.ca/classiques/bergson_henri/energie_spirituelle/energie_spirituelle.pdf.
③ H. Bergson. Matière et mémoire [M/OL]. Chicoutimi：UQAC, 2003：8 [2016 – 06 – 28]. http://classiques.uqac.ca/classiques/bergson_henri/matiere_et_memoire/matiere_et_memoire.pdf.

可少。因此，可以说，大脑状态的确或多或少地包含着我们的精神状态，而至于多或者少，则要取决于我们对于生命的关注程度：如果心理生活受现实生活支配，距行动较近，那么，大脑反映的就多是精神的当下状态，这时所能掌握的精神状态就好像精致戏剧中通过演员动作所了解到的剧情那样极其有限；如果心理生活能跳脱现实、跳脱功用、远离行动，内化为纯粹的认知，使当下完全融入记忆之中，与记忆一起组成不可分割的整体，那么，如同一个观看哑剧的观众通过演员的动作了解到整个剧情一样，我们通过大脑得到了几乎全部的精神。

从概念到实证再到思辨，柏格森无论从逻辑上还是在经验内，都成功地将内在的、主观的、个人的、心理学意义上的绵延延伸到了物质领域，完成了物质的绵延化道路，实现了对传统二元论的突破。对于柏格森物质与记忆理论，国内外学者虽然观点不尽相同，但都基本认可他对于二元论的跳脱，其中以《超越结构——建设性后现代哲学的奠基者》一书中的观点最为中肯，笔者借以作为本节的结语："柏格森在《物质与记忆》中的理论（他在所有后来的著作中仍坚持这一理论）并不认为心和身构成了一种明显的二元论，而只是一种二元性甚或两极性。它们在观念上是可以区分的，但实际上却总是混合在一起的。如果我们试图把它们当作一个东西，那并不是因为它们是同一的，而是因为它们是作为一个东西在起作用的。"①

## 第三节　对科学方法论的反思

绵延的发现意味着人类对自然实在的探索有了一种不同于科学的理解。这种理解诞生在对科学方法论反思的基础之上。在柏格森看来，科学方法有其自身的局限性，它从外在的观察点出发来观察事物：首先，观察点不同，对事物的表述方式（符号）也不同；其次，这是一种静止化的拆分法，其内在机理在于先对事物进行分解，以截取瞬间状态来研究，最后将静态瞬间串联起来，如同电影放映机一样构成连续和运动。因此，这种由符号和静止表达出来的知

---

① 大卫·雷·格里芬. 超越结构：建设性后现代哲学的奠基者[M]. 鲍世斌，等，译. 北京：中央编译出版社，2001：195.

识只是一种相对知识，它使人类的认识处于相对的领域。

需要指出的是，柏格森对科学方法的批判是一种反思，而不是一种反对。自然科学取得的成绩有目共睹，而且柏格森有着深厚的科学素养，其数学天赋以及著作中对心理学、生物学、物理学和数学知识的广泛涉猎都是明证。既然如此，柏氏对科学的批判是否成立呢？

先看科学的相对性。科学的相对性是一个事实，任何科学定律都是相对的，其成立有特定的前提条件。以物理学为例，牛顿力学只是宏观物理世界的数学表达，而微观层次的物理世界则要遵循量子力学原理；又如数学中的欧几里得几何学，其中的定理在非欧几里得几何中则不成立。从逻辑角度看，科学是基于实验而进行的一种归纳推理，归纳推理注定科学原理并非完美，其在实践应用中完全有可能遇到反例。因此，科学研究应该是发展和开放的。在波普尔看来，科学研究就是一种猜想与反驳、证成与证否的交替，而在库恩看来，科学研究就是研究范式的革命。所以，柏格森在《形而上学导论》中提出的这个观点，并非完全没有道理。

再看科学研究的静止性。采取截留瞬间的手法是科学研究中的一种基本策略。科学通过设定大量的静态瞬间来分解运动和固化运动，以便探寻一种变化的规律。不过，此规律是一种数量上的变化，是数量变化之间的一种恒定关系。例如，物理学中的阿基米德定律表达了物体体积、该物体所处液体的密度以及该物体所承受的浮力这三个量之间的恒常关系；又如牛顿力学中力的大小与物体的质量以及加速度之间的关系等。科学实验证明，上述定律确实把握了物体与物体之间以及物体与运动之间的恒定关系。对此，柏氏所持的态度是肯定的。他指出，以这种瞬间的不连续来研究连续，以瞬间的稳定来研究运动，以确定变化和倾向方向的固定点来研究变化过程中的倾向是不可少的，对于实证科学来说也是必要的。[1] 因为人类的科学研究根本上是为了行动的方便，它们重在实用价值，重在扩大人类对自然的影响力。

这里，我们需要批判地对待柏格森的一个观点，即科学只有使用价值而没有真理价值。科学当然也具备真理价值，只不过使用价值与真理价值相比较而言，科学更重前者。一如柏格森认为，人们可以给予科学所希望得到的长期信任贷款，但无论期限多长，科学总是会以其实际用途并在付诸行动的方面来偿还。[2] 不过，正是实用性这个概念构成了我们理解柏氏"真理价值"的一把钥

---

[1] H. Bergson. La Pensée et le Mouvant [M/OL]. Chicoutimi：UQAC, 2003：11 [2016 – 06 – 28]. http://classiques.uqac.ca/classiques/bergson_henri/pensee_mouvant/bergson_pensee_mouvant.pdf.

[2] H. Bergson. L'évolution créatrice [M/OL]. Chicoutimi：UQAC, 2003：192 [2016 – 06 – 28]. http://classiques.uqac.ca/classiques/bergson_henri/evolution_creatrice/evolution_creatrice.pdf.

匙。真理价值是一种有关实在的形而上学知识，它所处理的问题与人类实践行动无关，因此可以摆脱实用和功利的质问。虽然其在实用效果上会丧失精确性，但在深度上可以将事物以本原面貌展示，而非仅仅揭示其能被人类加以利用的一面。柏氏运用实用价值与真理价值对科学方法的价值取向进行了批判，反对将科学方法的效用价值带至形上领域，因为科学方法功利尺度与人文研究的非功利尺度是冲突的。

当然，我们不能以柏格森对科学方法的价值判断来代替学理判断，这样做就有回避问题之虞。回到学理层面，我们可以看到，柏格森对科学研究的对象和形而上学的研究对象做了厘清。首先，我们会碰到更多似乎表明柏格森反科学的比喻，它们暗示了科学不能触及实在。科学和旧的形而上学在柏格森看来都没有抵达实在，前者是在实在之上建了一座横跨的桥梁，后者是在实在之下挖了一条贯穿性的地道，均与实在擦肩而过。它们用符号间接地、外在地研究实在，最后用符号将静态的瞬间串联起来给予人为的连续性。这种连续性犹如珍珠项链，其表面由曲线连接，但实际上却是单个单个珍珠机械地串联在一起。那么，我们自然会问，科学难道没有掌握自然实在吗？科学的确掌握了实在，不过此实在非柏格森的彼实在。

要实现对两个实在的区分，就要厘清科学研究对象与柏格森形而上学研究对象的不同。科学研究的对象是物质世界，或者说是与物质相关联的世界，它是客观而真实的存在。而柏氏形而上学的研究对象是精神，精神与生命是一体，是主观而真实的存在。在物质的领地上，"事物被剥除了一切质的独特性，被还原化、简为数学符号"[①]；在生命的领地上，实在就是在时间中流动的我们自己的人格，也就是绵延的自我，即时时刻刻都在发生变化的一系列精神状态。自我的当前状态与过去彼此连续、彼此渗透，呈现为一种记忆化的连续生命。对于这种生命，我们只能以质的方法去进行内在体验，而不能以外在的方式量度和测定。我们可以说物质是精神的必要条件，但不能说物质与精神相等、精神要服从物质的规律等。这正如柏格森指出的，机器少不了螺丝钉，但机器不等同于螺丝钉。

当研究对象的性质发生变化，当对象由物质变成了精神，科学方法的局限性自然也就暴露出来。客观性是科学研究的基石，但自我不可能跳到自我之外再对自我采取不同的观察点，自我也不可能对自我自身进行一种快照，即不可能用静止的电影放映机机制来研究。如果对自我这种飞掠而过的内在精神现象采取快照式的思维，那就如同孩童伸出自己的手天真地想抓住烟雾一样，完全

---

① 吴国盛. 生命的飘逝 [J]. 读书, 1997 (8): 49.

是不可能的。心理学如果像其他学科一样采取分析手段来研究自我,那自我的内在精神状态便会被拆分为感受、感觉、观念等静止的独立要素——流动的精神便会由种种既定的状态来取代。变化的真实被静止的要素割断了彼此间渗透的联系,这些要素也随之不再是实在的一部分。这正如中医和西医理解人体,前者视人体为生命,五脏六腑相互关联,相生相克;后者视人体为无机物质,用理化原理来研究。

在柏格森看来,生命的奥秘从来也不会出现在显微镜下或实验室中。实证科学研究的本质理路是分析,也就是拆解和还原。最常见的是外形比较,这种比较建立在各种器官和解剖学的要素上。在细胞生物学这个微观层面,虽然它揭示了蛋白质的构造,虽然它在遗传分子水平上建立了谱系并破译了遗传密码,却无法揭示生命自然发展过程中的秘密。当然,有人会说当代生物技术可以克隆生命。随着科技发展,人的生命密码可以被发现,因为生命也可以被复制、被克隆。我们并不否认这种物质性生命,它作为肉体可以被无限复制,但那蕴含在生命体中的精神能否被复制呢?克隆技术"不过就是将曾经在物理科学中行之有效、成果颇丰的还原论和控制论用来对待生命"① 罢了。它的确可以依据理化原理来实现,那么,精神将依据什么定理来实现克隆呢?如果精神也可以用同一模子浇铸,那人与机械产品的区别又在哪里?

柏格森对科学方法论的批判还不止于此,他还批判了科学方法的僭越。这种僭越使得科学方法在形而上学领域占据了支配地位,给形而上学研究带来很多伪问题,出现了很多不可调和的矛盾。在这些冲突中最突出的便是来自经验主义与唯理主义的纷争。

柏格森认为,经验主义视域下的心理学是一种分析工作,旨在在自我的精神状态中标明确定的瞬间,再将分割的瞬间重新组装成自我,这种研究理路是一种混合物:他们采用研究物质的科学方法来研究形而上学的对象,即精神。他们采取分割法,在自我的精神状态中不断插入间隔点,不断设定瞬间状态,并将之并列。因此,自我就受到不断变窄的间隔的压缩,随着分析一步一步向前推进,而趋向于零。②

在柏格森看来,唯理主义致力的是在自我分离的众多片段中寻求自我的统一性。正如实证科学在众多实验中寻求共性的规律一般,唯理主义不相信精神的特质在于个性而坚持自我的统一性。问题在于,自我的统一性又如何能在逻

---

① 吴国盛. 生命的飘逝 [J]. 读书, 1997 (8): 52.
② H. Bergson. La Pensée et le Mouvant [M/OL]. Chicoutimi: UQAC, 2003: 108 [2016 - 06 - 28]. http://classiques.uqac.ca/classiques/bergson_henri/pensee_mouvant/bergson_pensee_mouvant.pdf.

辑上包含自我瞬间的种种特性呢？唯一的办法便是将实在的内容清空，以求得一个空洞的形式自我。这种空洞的、形式上的自我统一性就像实证科学中的规律一样，要求普遍性的解释力。这样，它自身便会无限扩大。因此，柏格森认为，在唯理性这里，自我不会像在经验主义那里一样消失在零之中，而是会消解于无限之中。①

综上所述，柏格森对科学方法的反思主要集中在价值取向、研究对象、研究方法与对象的匹配、方法的范围四个方面。其中价值取向是其批判的出发点，因为实证科学研究的本质在于为生存实践提供可能和便利。由此，理性必须寻找确定性以便作为行动的坚实落脚点，不定性自然不是理性活动中的应有之意。而物质世界的规律性天生契合理智的行动本性，它们彼此吻合。但如果换成精神，换成自我这种不定的绵延，则方法的确定性与对象的不定性便立刻冲突起来。柏格森认为，要想消解冲突，就必须调整研究态度，即从外部观察对象的功利立场改换成从内部体验对象的立场。唯有超脱利害关系，人类才能用精神的听诊法在非功利的境域下获取一种实在。这种实在便是与确定性相反的不定性。前者是物质实在的本性，后者是精神实在的本性。

柏格森厘清了科学与形而上学在研究对象上的区分，指出了两种研究的价值取向。但当下学界似乎未能冷静理解这种划分的意义。从历史角度看，学界对柏氏思想的研究不外乎两种，一是将柏氏哲学视为神秘主义，二是将之归为科学哲学。这两种见解中前者是主流观点，后者似乎是对前者的一种改进，是给柏氏这种看似不接地气的研究给予科学的依据和科学的基础。但这两种观点在本质上却是一样的，它们都以科学的标准作为尺度来判定柏氏思想，进行哲学研究。

将柏格森的思想看作神秘主义的观点认为，在方法论层面，直觉方法如果按柏氏所主张的，要通过一种意识的努力而违背日常思维的习惯方向，那这种认识便是与常理相左，并且超出了现实的认识范围。而在本体论层面，以绵延为本体的哲学与以物质为本体的哲学之间的区别，正是唯心主义与唯物主义之间的区别。前者经由直觉体验到的绵延是一种不定性的实在，后者由理智分析得到的物质是一种确定性的实在。由此，在价值层面，不具确定性的实在不能带来任何行动的利益，由直觉认识到的无规律性不能指导人类的具体行动。而后者则相反，它在人的物质性生存上能实际地为人类造福。因此，柏氏的思想

---

① H. Bergson. La Pensée et le Mouvant [M/OL]. Chicoutimi：UQAC, 2003：108 [2016-06-28]. http://classiques.uqac.ca/classiques/bergson_henri/pensee_mouvant/bergson_pensee_mouvant.pdf.

只是一种神秘的境界，与上帝和神融为一体。同时，这也是一种虚幻不实的境界，是无用的境界。所以，将柏氏思想界定为神秘主义依据的是一种价值标准，这个标准的核心便是有用与无用。

将柏氏思想定性为科学哲学的观点则是出于对科学的热恋和对哲学玄谈的一种哀怨。此观点有一种信念，即在现实世界中，真实力量统治一切。这种力量来自知识，来自科学。哲学并不直接解决生产实践问题，它不能给人类征服自然的活动予以强大的推动力，因此，"在科学的城堡里，它反而成为被嘲笑的对象，成为无根基的天花乱坠的玄谈。哲学在一定程度上说已经成为科学之城里的流浪汉。"① 由此，哲学需要变成科学的哲学。哲学变成科学的秘密在于哲学需要找一个可靠的基础，而非成为一门具体的科学。建立在这个可靠基础上的哲学便可称之为"科学的"。②

上述主张的问题有二：一是在价值层面只重视可见有形的力量，而遗漏了不可见的无形力量；二是在学理层面出现了本末倒置的理解。从价值层面看，科技可以带来现实的力量，但是如果没有精神作为后盾，这种力量要么会被滥用，要么会归于零。例如，清朝末年的中国军队虽然拥有西方进口的先进武器，却屡战屡败。虽然，精神力量没有物质力量那么有形，虽然它的作用是间接的，却是决定性的。精神会决定行动的方向，因为它会为行动设定价值标准。从学理层面看，该主张没有注意到柏格森是站在经验领域指出经验之外的东西。站在经验的立场上是手段，指出经验之外的东西是目的。其实，该研究没有考虑作为思想结晶的哲学与作为行动指南的科学之间的区别，没有胆识去追求思想研究的独立性，相反却把科学作为哲学的基础。需要指出，哲学研究的出发点（研究基础）不能作为对该哲学的定性标准，只有该思想的价值取向（目的）才能体现其特有内质。出发点是具体事实，价值取向则是观念。观念统摄事实，决定事实的解释向度。

上述观念与事实的关系在柏格森思想中可得到明证。柏氏从心理事实出发找到绵延，通过生物学和心理学案例证明记忆（精神）是独立于身体（物质）的。也就是说，柏氏基于科学的材料，基于可靠的东西，推出一个"非科学"的存在。如果按该研究的标准，那柏格森这种有可靠基础的哲学是否就具有待在科学城堡里的资格而不成为流浪汉呢？如果坚持该研究的主张，那柏氏思想就会被两个选项所窒息，一是非理性主义，二是科学主义。即使坚持科学的标

---

① 王理平. 差异与绵延 [M]. 北京：人民出版社，2007：65.
② 王理平. 差异与绵延 [M]. 北京：人民出版社，2007：66-67.

准，我们也只能说，柏氏思想是具有科学精神的哲学，而非作为科学的哲学。总之，在科学与哲学的关系上，我们有必要厘清哲学研究与科学研究在价值取向和研究对象上的区分。且更为重要的是，在研究柏格森的过程中我们是否真的有勇气接受和坚持他的基本精神和主张。

第四章　**生命的超越**

在柏格森思想中，理解生命概念有两条线索：一条明线，一条暗线。从其言说的方式看，我们会发现，诸如意识、绵延、自我、物象、知觉、记忆等紧扣生命特征的概念群，它们的依次登场，渐次勾勒出一条明线。该线所展示的显性逻辑论证链是先对科学的空间思维进行批判，通过意识发现绵延，寻到深层自我，确立生命的时间和自由特性。以时间和自由而不是以空间和同一来界定主体，为生命走出意识，走出自我提供可能。随后，在物象概念的串联下，绵延开始入渗到物质领域，生命由此实现对有形机体的超越。记忆的自足存在使得精神在柏格森哲学中拥有了一块物质所无法染指的净土，宇宙被喻为一个巨大的记忆体，它自足存在，自我绵延。这样，从自我到物象，再到记忆，生命实现了明线上的超越。

在绵延从有形生命走向无限宇宙的过程中，隐喻在遮蔽处连接了明线在表达和逻辑上的断裂，是柏格森表达其哲学思想的重要方式。隐喻在这里一方面是文学化的，一方面是哲学化的。从文学角度分析，诗意的隐喻语言为柏格森哲学穿上华丽的外装，为读者留下了关于生命的种种感性形象。从哲学的角度考虑，不仅柏格森的生命概念是隐喻化的——它既指向流动的意识、记忆和冲动，又指向生生不息的宇宙存在；柏格森的思维和认识方式也是隐喻化的——通过隐喻化的直觉，柏格森链接了绵延从有限的主体走向无限的宇宙时在逻辑论证处的思想断裂。因此，柏氏的隐喻并不是为了追求表达的华美，而是出于抵达实在的要求，是出于哲学作为"活的永恒"的外在回应，只有借助隐喻这种表达方式和思维方式，主体才能最大限度地带领直觉去把握流动的宇宙存在。

## 第一节　对生命概念的梳理

当柏格森经由意识领域发现绵延，当思想通过深层自我、意识、绵延、记忆等极富主体色彩的概念群被言说时，其哲学思想便紧紧地与生命哲学捆绑在一起。国内外学界一致认为，柏格森是生命哲学阵营里的一个杰出代表。但值得注意的是，在将柏格森划归生命哲学的众多学者中，每个人对生命概念的内涵都有不同的理解，生命概念在他们的阐释中呈现出不同的面目。那么，梳理柏格森思想中的生命概念的内涵便成为正确理解其生命概念的前提。

学界的主流观点倾向于将柏格森的思想定位在生命哲学的范畴内，但这一通识并不意味着他们对柏氏的生命概念有着相同的理解。国内学界对生命概念的解读主要有以下两种观点：一是人是柏氏思想的核心，生命概念指人这个生成物的存在[①]；二是将其理解为与物质相对的"生命"（la vie）和"生命体"（êtres vivants）[②]。而国外学界则认为，柏氏思想中的生命概念指向一种自我经验，自我经验是其生命哲学需要处理的核心问题。[③]

## 一、生命的核心：人

先看国内学界对生命概念的解读的第一种观点。把柏格森的哲学视为人学或人本主义的主张源自一种对比研究视角，即将柏氏哲学与西方近代人本主义哲学进行比较后产生的一种理解。此种理解将柏格森哲学放到它所处的时代背景中、放在与其他思想的关系中进行研究，并由此把握其整体思想和局部概念。

以近代西方思想的发展作为阐释柏氏哲学的参照系，便不难理解为何柏氏哲学的核心被理解为人的生成。从整体上看，西方哲学自身具有浓厚的人本色彩和追求本质的思维特征。人本色彩来自西方近代哲学对中世纪神学的抗争，它带来了神的坍塌和人的站立，彰显了人的价值和尊严。而这一切都建基于理性，理性的全面获胜使其自身成为一种普适性的思维方式。这种思维方式因其对事物本质的追求而被称为本质主义，它是西方哲学的主流思维模式。本质主义认为世界上的生灭变化是虚幻的，其背后有一个不变的东西构成诸变化的本质，它曾被定义为数、理念、形式等精神性存在。中世纪神学认为上帝是万物的本质。理性使得神学与宗教形成差异，后者是纯粹的信仰，前者还兼有思辨。

神学中的理性用于论证神的存在，哲学中的理性则求证自然的本性。人既然作为自然的一员，因此其本性也在理性求证的论域之内。于是，在本质的航标下，理性开始了探索之路。这种思想的探险有两个旨趣，一是认识人的本性，二是认识自然的本性。前者的任务落在哲学上，后者的任务落在科学上。在哲学上，理性主义者认为，人的本质在于"思"，我思故我在，"思"成了主体存在的根据。经验主义者认为，人的本质在于人的需要、感情、社会性、观念、判断、意志以及行动的原则。然而，在近代哲学论域内，这种关于人的

---

[①] 李文阁，王金宝. 生命冲动：重读柏格森 [M]. 成都：四川人民出版社，1998：3.
[②] 王理平. 差异与绵延 [M]. 北京：人民出版社，2007：354.
[③] 费迪南·费尔曼. 生命哲学 [M]. 李健鸣，译. 天津：华夏出版社，2000：10.

感性分析最终未能战胜理性。在黑格尔哲学中，感性最终向理性屈服，人作为有限主体是没有自由的，他屈服于绝对理念或者说一种无人身的绝对主体。"我们以为我们是推动者，实际上我们是被推倒的，我们是一种更高力量的工具，它按照我们自愿屈从的它的目标与命令指引我们。"①

在本质主义视域下，人的观念被一些抽象的规定所刻画，成为符号性的静止物。逻辑在先的"人"之抽象的规定使得变化过程显得无足轻重——变化不过是本质的简单展开。当然，本质主义思维方式并不仅在于判定本质和变化的孰轻孰重，而在于它消解了自由。本质相对于过程的逻辑在先已经注定，人作为过程的承担者是命定的。这种命定不仅仅是肉身注定要死亡，而且精神也注定只有一个向度。那么，精神既然单调，那又何以指望人生会变得丰富？单一的精神意味着人类自由思考的终结。

受自然科学的影响，本质主义对人的固化理解在近代进一步加强。较早发展起来的，也是普适性最高而且最完备的科学便是物理学。牛顿以伽利略发现的惯性定律、落体定量为经典力学的基础，综合开普勒的行星运动三定律，开创性地总结出力学运动三大定律和万有引力定律。物理规律的普适性使其自身成为最权威的概念。这种追求本质、追求规律的思维成为普适性的标准思维。本质主义在物理世界的成功使得人们相信，本质主义的思维方式在精神世界内的探索具有同样的力量。因为，人是自然的一部分，那人也一定遵循规律。何况，科学已经证明，人的肉身可以由物理化学规律来研究。沿着这并不复杂的逻辑递归下去，人的精神一定遵循规律。

在古代哲学发展的进程中，生命固然没有得到应有的重视，但它那或隐或现的迹象却一直没有消失。然而，随着科学的发展，在哲学中原本就处于边缘的生命法则进一步被剔除。自然法则，或者说物理法则不仅被应用于自然界，也试图向精神和生命领域扩张。毫无疑问，作为自然中的一员，人固然在某些方面会符合很多物理生化原则。但一个完整的人绝不是无机物简单拼凑和组合的结果。在活生生的人之中，差异具有和规律一样的普适性，尤其是对精神层面而言。因此，本质思维对人的观察是一种抽象的求同，它使活生生的有机生命体沦为毫无生气的无机物。它抹杀的是精神层面的丰富性，呈现的是物质层面的单调性，其结果必然带来人与自然的同化，在人和物理规律之间画上等号。

西方思想史上所呈现出的有关人的异化现象，使得柏氏哲学具有抗争的意蕴："柏氏所反对的恰恰是对人的蔑视。他的哲学正是把人从自然中解救出来，

---

① 恩斯特·卡西尔. 人文科学的逻辑 [M]. 北京：中国人民大学出版社, 1991: 14.

赋予人以自主地位和独特价值。"① 按照此观点，柏格森的全部著作所要解决的问题便是人和人的存在问题："人，人的存在是柏氏哲学的核心。"②

其中，人存在的实质便是行动。活动性在柏格森思想中分为物质性活动和精神性活动两种。物质性活动的论断来自对动植物的区别以及人自身的生理特性。人与植物的区别可以说明人的活动性本质。因为，植物有能力直接从空气、水和土壤中吸取矿物质来摄取生命中必需的元素。这种方式使得植物逐渐形成固守一处的习性活动。与之相反，动物不能直接从空气、水和土壤中吸取养分，而是从植物中间接吸收养料。活动性不仅起到划分动植物的作用，而且活动性在动物界还呈逐渐上升的趋势。人作为脊椎动物中最软弱的一种，凭借自己最强的活动性，使自己从动物界脱颖而出占据了支配地位。上述主张的依据来自柏格森对人生理构造的分析。在柏氏看来，神经系统是活动的控制和指挥中心，神经系统愈发达，可选择的活动便越多，灵活性也越高。人的神经系统是人的各种心理系统的中心，其他如消化系统、循环系统以及内分泌系统都是为了修复和保护感觉运动系统，都是为了给神经系统和受神经系统控制的运动系统输送能量。其典型证据在于，在饿死的动物那里，脑髓的损害不大，而其他器官的重量则或多或少地减轻了。活动性在这里成了身体内各系统运作的目的。

活动性是人的存在实质，这一论断不仅能从动植物的区分和人体自身的生理构造获得物质性支撑，也能从精神层面得到实证性支撑。这种支撑来自一个明显的事实，那就是人的心理过程和意识活动。人的心理过程是一个连续体，它借助记忆的作用与过去融为一体，并凭借不断涌现的当下切入未来。人格自身的强大凝聚力使过去、当下、未来呈现出一种连续的流，现在不断蚕食未来，过去一直参与现在——心理状态没有任何一刻的重复。意识的这种活动性表明，人本来就是一种生成，处于永恒的运动中，时时在变，刻刻在动。这运动的每一瞬间都是一种创造，没有停止，没有间断。人的物质活动性与精神生成性便构成了柏格森对人的规定。这些规定性使得柏氏哲学中"人"的概念与本质主义中"人"的概念从根本上区分开来。前者是生成和非预知性的，后者是既成的和可预知的；前者使人从自然中得以超拔而拥有自由，后者使人在自然中沉沦而绳之以必然。因此，柏氏哲学对如何理解人的自由问题提供了一种思路。有鉴于此，该研究认为柏氏哲学本质上是一种人学，是西方生命哲学中最具代表性的一员。在这个主张下，人的生成性存在自然成为柏氏生命概

---

① 李文阁，王金宝. 生命冲动：重读柏格森 [M]. 成都：四川人民出版社，1998：99.
② 李文阁，王金宝. 生命冲动：重读柏格森 [M]. 成都：四川人民出版社，1998：98.

念的内涵。

上述分析是在把柏格森哲学放在与其他西方哲学相比较而得出的理解。如果我们换一个角度，暂且搁置柏氏思想与其他西方哲学思想的关联，仅从其思想内部的有机性来看生命概念，则会出现对生命概念理解的第二种观点。这种观点没有囿于人，而是站在物质概念的对立面，用"有机的存在"来解释柏氏的生命概念。此种理解的确切含义是什么？其依据又是什么？

## 二、生命的本质：意识

国内学界对生命概念的解读的第二种观点认为，存在某种东西使得"有机存在"成为一种"活的存在"，这种东西就是意识。

该研究借助于数理等式做出如下推理："我们发现生命＝注意，而注意＝意识，那么，显然，生命＝意识。"① 生命何以等于意识呢？该研究引用了一些柏格森有关"生命"与"注意力"关系的表述，如"我越来越相信生命从头到尾就是一种注意力现象"②，"这个注意力在整个生命中延伸，在我看来，它就是生命的本质"③。也就是说，在柏格森看来，生命的本质就是注意力。因此，生命＝注意。为了论证"注意"与"意识"之间关系，研究者回到柏格森《物质与记忆》一书，重温精神生活的双重运动，并指出，意识实际上指当前正在活动的东西，即当前的知觉状态或行动。对沉睡的记忆和外在物象而言，只要它不断地被唤醒或被吞噬，简言之，只要它被知觉，那么都会经过当前的知觉点进入意识状态。而这个当前的知觉点就是"注意"，是时间维度中的现在，它一边唤醒记忆，一边吞噬未来，构成了活生生的意识运动。因此，该研究用黑体字强调道："这个'注意'本身就是一种意识、一种'当前'之活生生的运动状态。"④ 这样，注意＝意识。既然生命＝注意，而注意＝意识，那么生命＝意识。这便意味着，生命作为那个使"生命体"成其为"生命体"的奥秘就是生命体所拥有的意识。

这个奥秘似乎具有强大的解释力，它几乎适用于世间一切生命体，不仅包括所有的动物，还包括所有的植物。那我们自然会问，植物之生命在本质上也是有意识的吗？论者并没有直接回答这个问题，而是借用柏格森关于动植物意识的论述进行引证。在柏格森看来，无意识和有意识并非两个可以随便拿来贴

---

① 王理平. 差异与绵延 [M]. 北京：人民出版社，2007：360.
② H. Bergson. Mélanges [M]. Paris：PUF，1972：581.
③ H. Bergson. Mélanges [M]. Paris：PUF，1972：588.
④ 王理平. 差异与绵延 [M]. 北京：人民出版社，2007：360.

的标签——无意识属于植物,有意识属于动物。因为有的动物自身带有叶绿素,能进行光合作用,不用四处移动寻找食物,它便朝向"不动"的方向退化,逐渐失去意识;而有的植物,如捕蝇草,则具有动物捕食的意识特征。也就是说,以意识为标准,动植物之间的界限并不明显。该研究接受柏格森的观点,认为无论是植物还是动物,在原则上都拥有意识,也接受了柏格森用"沉睡的意识"(la conscience endormie)来界定植物的做法,沉睡的意识从根本上讲仍意味着有意识。① 但需要注意的是,在柏格森这里,承认植物有意识,承认所有有机体都具有意识,并不等于承认生命就是意识。同时,该研究又提供了第二条论证思路。依据《物质与记忆》,植物是一种物象。因此,由物象这个媒介使得植物与绵延(意识)产生关联。

与植物相比,动物意识作为生命的标准就没有那么周折。意识的当下性恰如其分地解释了动物的生活。但动物只能对当前刺激做出反应,只能体现意识当下的运动状态。当下性使得这种生命与过去、未来在一定程度上失去联系。因此,动物的意识还不能承担起生命的重任。能够担当此任的只有人的意识,因为除了本能之外,人还拥有能反思的智能。在人类与世界打交道的过程中,人的意识犹如一座座桥梁,紧密连接过去、现在与未来。

至此,生命等于意识的命题已经得到论证,不过,研究者的论证推演还没有结束。在题为《意识与生命》的演讲中,柏格森曾指出,意识首先意味着记忆。而记忆又是柏格森绵延理论的典型体现,拥有绵延的所有特性。于是,论者得出:人之生命=意识=记忆。又因为记忆=绵延,所以,人之生命=意识=记忆=绵延。推论还在继续。按柏格森的观点,人的绵延就是我们自身的存在,就是的自我。此时,等式最终成型为,人之生命=意识=记忆=绵延=存在=自我。② 以这个等式为依据,生命就是意识这个结论得到解释。

## 三、生命思想的标准:主体性与自我经验

国外学界主要以主体性和自我经验两个标准作为生命哲学的主导性话题,认为,生命哲学的价值在于,这种思考有益于人的生活,其思维方式没有形式逻辑的思维方式那么单调、呆滞,且更富灵活性,更接近活生生的现实本身。③ 基于以上两个核心话题以及其价值与思维特征,柏格森的思想便被划归

---

① 王理平. 差异与绵延 [M]. 北京:人民出版社,2007:362.
② 王理平. 差异与绵延 [M]. 北京:人民出版社,2007:360-361.
③ 费迪南·费尔曼. 生命哲学 [M]. 李健鸣,译. 天津:华夏出版社,2000:2.

为生命哲学阵营。

该观点认为，主体性是柏格森思想的一个核心。只有在 19 世纪自然科学发展的大背景下，这种主体性才能够得到更为全面的理解。柏氏思想有一个根本性的学理目标，那就是要打破机械论的世界观。在他看来，机械论的世界观将世界的变化发展僵化成已经完成了的东西。这种通过数学与自然科学带来的固化不能揭示流动的、活动的生命特性。生命只能用性质来理解，而不能用量来计算。柏氏用来取代量化认识形式的是直觉，它是本能与智能的配合。

从量化到质化的认识进路转向不仅仅使直觉与活生生的现实连接起来，而且使认识从客体转向主体。在西方传统哲学中，认识论的客体路向是直接套用科学研究方法所导致的结果。这种路向不仅使哲学思考丧失了自身的独立性，而且其合法性也受到了质疑。主体性路向使哲学研究对外免于沦为科学的附庸，对内则实现了本体的转化。传统哲学认为世界的本质在于抽象的静止，变化不过是虚幻。而主体性思考则与此相反，认为变化才是世界的本质，变化不是抽象的，而是具体的，它们能够被主体直觉到。与传统哲学相比，这种以变化为世界本质的形而上学更接近主体。认识方法的转变不仅导致客体转向主体，而且使得柏氏哲学经由主体性而与主体经验自然连接到一起。借助直觉、记忆、物象等主体性概念，柏格森用这种每个人都有的自我经验对外部世界进行认知。

自我经验这个概念的内涵集中体现在柏格森的物象理论与记忆理论中。物象理论缝合了概念性认知与自我经验之间的断裂。近代哲学在认识世界的进路上遵循主客二分的路线，主体表现为意识，客体表现为物质，物质作用于主体，主体产生反应。此种认知方式追求的是同一性，它滤掉了差异，去掉了经验。而柏氏认为，作用于我们神经系统的客体总是一个具体的事物，这个事物是以物象的方式呈现在我们面前。"我们把世界称之为物象的集合。"物象通过感觉运动模式而被接受的机制基础就是人的自我运动。自我运动以身体为中心展开，所有经验到的物象均与身体有关。

物象通过身体的知觉进而沉淀为记忆。知觉主要是为了行动，它要运用记忆性的物象来理解被知觉的对象。于是，外部的世界被身体运动、物象和记忆统一，这种统一就是柏格森的物质理论。物质世界对认知主体来说就是物象的集合。值得注意的是，知觉与记忆的关系背后还有一个更为深刻的问题，即自由。知觉与运动的关系虽然重要，但它与实用和功利紧密相连，与人的当下生存直接相关。正是这种功利化的实践性使其自身与自由还有距离，"传统的自由概念是把行为理解为一个新的开始，是中断一连串的决定。"[①] 换句话说，

---

① 费迪南·费尔曼. 生命哲学 [M]. 李健鸣，译. 北京：华夏出版社，2000：70.

在传统哲学那里,"开始一个新的行为"以及"中断一连串的决定"就意味着自由。但柏氏认为中断是一种截取、一种静止、一种固化,而自由永远是一种运动、一种持续、一种活的状态,真正的自由只存在于人的内在精神中,只存在于人的意识层面。

人的意识层面也就是人的精神自我,或者说是人的深层自我。精神层面的自我与绵延是合二为一的。因此,它取决于时间的深度,也就是纯粹的记忆。要理解时间的深度与纯粹的记忆之间的融合关系,就必须从内外两个路径入手。从外部看,时间的深度似乎要依赖对过去时间所进行的一种想象性回溯,这种回溯是外在的,也是非本质的。从内部体验来看,自我经验告诉我们,在做出决定或行为时,纯粹的记忆并不需要有意识地进行想象性的回溯,过去的经验似乎和现在已经融为一体,它从未中断性地静止化为一个包袱,从而让我们有意识地从这里摸索出有用的东西。对于纯粹记忆与行动的关系,柏格森用比喻形象地谈到"对过去的全部回忆随时都可能'猛踢一脚',以打开感觉运动行为的大门"[1]。两者关系的瞬间性还不如说是两者的一体性——自由来自一体性。对这个一体性,我们不能从外部进行割裂式的想象理解,而要退回到自我体验之内。过去的所有状态的总结就是时间深度,就是纯粹记忆。行动越与自我一致,也就越能体会自由,越是退回到深层自我,也越能获得自由。同时,通过对自由的经验,人越发能领会和感悟精神自我。自由是一种充满活力的持续。随着时间的流逝,这种持续逐渐演化为一种动力,不仅促使个体不断创化,而且成为宇宙的生命动力。

在该种观点看来,柏格森以自我经验为基础,用形象的论证处理了用形式逻辑难以驾驭的问题,并以生命哲学的方式对物质世界、绵延以及精神自我进行定义,谱写了自己的生命思想。

不过,如果柏氏生命思想的基点和归宿都是以自我为原点的思考,那又该如何解释其思想中绵延对物质的渗透,以及绵延与宇宙的融合呢?如果对柏格森生命概念的理解仅囿于主体性和自我经验,那便遮蔽了柏格森在物质以及宇宙论层面对生命概念的提升。

国外学界还有一种观点,认为本能和直觉在人性进化中占关键性地位,而且本能是一种普遍化的生物学无意识。[2] 该观点将柏氏思想视为一种哲学的人类学,开始突破单一主体性和狭隘自我经验,将理解视域扩展到人与一切生物

---

[1] 费迪南·费尔曼. 生命哲学 [M]. 李健鸣,译. 北京:华夏出版社,2000:68.
[2] 大卫·雷·格里芬. 超越结构:建设性后现代哲学的奠基者 [M]. 鲍世斌,等,译. 北京:中央编译出版社,2001:198-200.

相联系的关系中。它虽然也将柏氏思想定性为生命哲学，但在理解上已突破主体性和自我经验这两个阈限，开始向宇宙的论域迈出。这一步着实踏在生物学领域上，认为柏氏不仅对自然科学方法的僭越展开批判，并对生物学中机械论的观点进行驳斥。他的绵延之思打破了理论生物学只关注暂时的等级、样式的形式等静止性研究范式而使时间成为生物学进展中的核心问题；人的本能"是一种普遍的生物学无意识"表明，人类在生命之流中并非孤立的，只要愿意对一种原始的本能的亲缘感进行反思性认识，则我们会感到和一切生物的一种亲缘关系。①

## 第二节 对生命概念的疑虑

纵观国内外学者对柏格森思想的理解，生命概念呈现出不同的内涵：一是人的生成性存在，二是主体性意识，三是主体性和个人经验，四是生物间普遍的亲缘性。上述四种含义有一个交集，那就是都以"人"为核心。由此，柏氏哲学很自然地被认为是一种主体哲学，直觉即为其方法。本体论和方法论层面的强烈主体性色彩表明，柏氏思想似乎过分重视人的生物性感觉，其生命冲力的主张也似乎构成了对理性的反动。简言之，柏氏的生命概念站在了理智的对岸。

柏氏思想的非理性特征与当下重实证与重功利性的社会注定有碰撞。但问题不仅于此，如果我们搁置价值层面的争议，就从人本主义的思路、标准以及柏氏思想自身的内在关联来看，生命概念并不单一指向人或者主体性的意识，且前三种观点背后的理据也值得商榷。

### 一、生命：人的泛化

在《创演论》的首页，柏格森明确指出："我们最有把握、最了然于心的存在就是我们自己的存在……而对我们自身的看法却是内在的和深刻的。那

---

① 大卫·雷·格里芬. 超越结构：建设性后现代哲学的奠基者[M]. 鲍世斌，等，译. 北京：中央编译出版社，2001：200.

么，我们对自己有什么看法呢？在这种受优待的情况下，'存在'一词的含义又是什么呢？"正是依据这一事实，《生命冲动：重读柏格森》的作者认为，柏格森开宗明义地点出自己哲学及全部著作所要解决的就是人和人的存在问题，并将"我们自身的存在"与"存在"作为其思想的出发点和归宿。①

笔者认为，把"我们自身的存在"与"存在"看作柏格森思想的出发点有一定道理，但把它也看作归宿就值得商榷。首先，我们需要厘清出发点的确切含义：这个"出发点"到底是柏氏整体思想的出发点还是其思想中认识论的出发点？显然，后者更可靠，因为柏氏认为，与其他事物相比，对自身的认识是深刻的。因此，这个出发点不能越过认识论层面而成为其整体思想的终点，成为整体思想的核心。相对认识论层面而言，柏氏的整体思想含有更为丰富的内容。因此，在理解的起始处，该研究便误失了出发点的逻辑内涵。并且，在理解过程中，该研究也过分拘泥于人的内在共性，对绵延做了狭隘的理解，认为时间乃人的存在之域。② 首先，研究肯定，作为存在之域的时间与科学的时间并不相同。科学意义上的时间外在于事物，是一种数目，一种量，仅作为参照系来确定事物的空间位置变化。由于其外在性，它可以根据测量主体的要求而任意缩放，因此它对日常生活的指导也是外在的，只呈现为数目的变化。例如，时钟永远指向当下，没有过去，也没有未来。而人作为时间性存在，不仅有记忆联系着过去，也有意识期望着将来。作为人的存在之域的时间是一种真正的时间，是一股连续不断的流，它既联系过去，经过当下，也指向未来。这样的时间不能被空间分割，不能归结为钟表计时盘上的点。它是一个过程，它存在于人的体验之中，在体验中成为绵延之流。对人来说，记忆将保留这绵延的过去。人自身的每一瞬间都凝聚着过去之流。因此，绵延便是一边不断积累过去，一边不停向前涌进。过去与当下的相互渗透意味着未来不能全部地决定现在，现在是一种变化。对人而言，未来在任何意义上都是不能预测的，人是自由的。真正的时间内在于人，它对人起着决定性意义。真正的时间全程参与人的成长，不可随意缩短，缩短便意味着质的改变，意味着效应的改变。例如，对问题的思考、对论文的写作等，时间的变化对效果将产生决定性影响。所以，若从真正的时间中减去任何一瞬间，那么，那些绵延着的事实就不可能不改变性质。因此，对人而言，绵延显示出自己特有的意义，它在根基处构成了人的生存之域。

其实，绵延又何止是人的生存之域，纵观世间的有生命之物，又有谁能独

---

① 李文阁，王金宝. 生命冲动：重读柏格森 [M]. 成都：四川人民出版社，1998：97.
② 李文阁，王金宝. 生命冲动：重读柏格森 [M]. 成都：四川人民出版社，1998：50.

立于绵延之外！不仅如此，无生命之物的自然演化又何尝不是融于绵延，绵延似乎应该说是万物存在之域更为合适。遗憾的是，以人的生成为核心的生命概念限制了柏氏的思想，认为"绵延是一个意识或心理过程"①，阻碍了其宇宙论走向。该研究将绵延视为心理过程的理由如下："对于物质性的东西或实体而言，他们只有空间的并列关系，而无时间的继起关系。"② 依据排中律，研究得出，"物质性的东西没有绵延说明绵延不是一个物质过程，那么它只能被归于意识，柏格森得出的正是这一结论。"③ 问题没有止步于此，这个结论继续被强化，"柏格森认为，不仅意识是绵延，而且绵延也只存在于意识中。"④ 换句话说，物质性的东西只有空间的并列关系，只有彼此外在而无继起关系。但如果我们问，物质内部存不存在继起关系呢？若答案是否定的，那就是认定物质自身是铁板一块，不会发生变化，但这与事实相悖，世间万物均在运动变化，没有不发生变化的不朽物质。简言之，物质也分有绵延，物质的变化有快慢之分，再缓慢的变化也要经历绵延，物质具有最低程度的绵延。

当绵延归属于人之后，该研究的思考起点"我们的存在是种什么样的存在？"这一问题便得到了回答："存在只是行动……我们活着是为了行动"⑤。不过在这里，该研究的思路和柏氏哲学的根本精神发生了深刻的矛盾。因为在行动中，我们只对结果感兴趣，因为智能出于行动的便利只关注静态的东西，只会在绵延之流中截下一块静止的切面，从而过滤掉质化时间之内的运动与变化，从运动中去掉运动性。

上述冲突的原因在于，以人的生成性存在为核心来理解柏氏生命概念，从根本上讲是一种人类中心主义。此观点认为，人在生物界占据着特权地位，⑥人与环境的关系不是适应，而是利用。⑦ 这种人类中心主义与其说是关注生命，还不如说是关注行动。我们活着仅仅是为了行动这个论断实质上是将知性从认识论层面提升到本体论层面，将认识论的功利价值当成柏格森整体思想的价值，这是对柏格森整体非功利思想的一种曲解。

把人的生成性存在当成生命概念核心内涵的这种理解，改变了柏氏思想中绵延的客观性，并代之以人的主观性。这种置换使得柏氏哲学必须面对一个虚

---

① 李文阁，王金宝. 生命冲动：重读柏格森 [M]. 成都：四川人民出版社，1998：84.
② 李文阁，王金宝. 生命冲动：重读柏格森 [M]. 成都：四川人民出版社，1998：85.
③ 李文阁，王金宝. 生命冲动：重读柏格森 [M]. 成都：四川人民出版社，1998：85.
④ 李文阁，王金宝. 生命冲动：重读柏格森 [M]. 成都：四川人民出版社，1998：85.
⑤ 李文阁，王金宝. 生命冲动：重读柏格森 [M]. 成都：四川人民出版社，1998：98，102.
⑥ 李文阁，王金宝. 生命冲动：重读柏格森 [M]. 成都：四川人民出版社，1998：98.
⑦ 李文阁，王金宝. 生命冲动：重读柏格森 [M]. 成都：四川人民出版社，1998：118.

假的选择问题,并在两项选择中选一项:一是将时间视为整个宇宙的本质,使意识泛化,进而使宇宙意识化;二是将时间归为人的本质要素。①实际上,宇宙万物的变化都离不开时间,宇宙万物皆分有绵延,这是一个客观事实,根本无须意识的泛化。如果非要将绵延的客观普适性限定为人的主体属性,这恰恰是人类中心主义的一种泛化。

## 二、生命的意识羁绊

应该说,将生命视为意识的观点比将生命视为人的生成性存在更接近柏格森的生命概念。因为前者依据的是柏格森与其他思想体系的一种比照,采用的是外部参照系。而后者是依据思想自身的论述,采用的是内部理路。而且,前者的价值判断色彩浓厚,后者的学理判断意蕴厚重。把意识视为生命的本质透露出论者或多或少的唯物气息,透露出他拉近柏氏与科学间距离的试图。表面看来,这种观点似乎也最能反映柏格森建立"实证形而上学"的夙愿。

从总体上看,该观点是一种从上而下的理解路向。在这一进路中,生命概念一直在寻求一个有形的承担者。因此,研究中对生命概念的探讨便悄然转化为对具体的"作为存在的生命体"的探寻:"作为存在的生命体到底是什么呢?它同'物质'的关系到底是什么?"② 这种探寻区分"生命"(la vie)和"生命体"(le vivant 或 les êtres vivants),它认为前者是"存活"现象之整体的总称,而后者指"存活"特征的个体;两者的关系在于,前者是一种内在的共性,是使后者成为一个具有"生命"的东西。也就是说,前者内含于后者,或者说后者是前者的具体承担物。③ 此种对生命的形下理解似乎拒斥对不可见的生命性与可见生命体的辨析,而更愿意做一个统观:"显然,我们不能把二者混淆起来。但吊诡的是我们却又不能把二者分割开来。没有不是'生命体'的抽象生命存在,也绝对没有哪个'生命体'不具有生命。因此我们在论述生命的时候,必须要时刻牢记这两者之间的关系。"④ 而牢记这两者之间的关系便意味着生命概念被牢牢地捆绑在生命体上。

这一捆绑性的缠绕不仅使生命概念不能超拔,而且还会碰上一个矛盾。那就是,生命概念的具象化与柏格森的形上愿望截然相反。正如该研究指出的,"什么是生命这样的问题,无疑对柏格森具有极大诱惑力。而且对这个问题的

---

① 李文阁,王金宝. 生命冲动:重读柏格森 [M]. 成都:四川人民出版社,1998:88-89.
② 王理平. 差异与绵延 [M]. 北京:人民出版社,2007:354.
③ 王理平. 差异与绵延 [M]. 北京:人民出版社,2007:354-355.
④ 王理平. 差异与绵延 [M]. 北京:人民出版社,2007:355.

追问本身就透露出一种形而上学的企图。"① 不同于生物学等科学的实证性和具象性，形而上学主要呈现为一种抽象、一种思辨，它主要面对的是心灵和精神。形而上学与科学的不同正是绵延之思与空间之思的区分所在。把意识作为生命的核心这种理解，本质就是一种空间思维。例如，在世界的存在问题上，该研究同意柏格森的观点，即世界的存在不是传统意义上"一"与"多"的关系，而是整体与差异之间的关系，认为"那些各具形态的不同存在不过是世界存在整体差异之形式而已。"② 笔者认为，论者的结论是没有问题的，问题在于他的理解方式。他对整体与差异关系所做的阐释透露出一种隐秘的空间化理解方式。理由在于，柏格森的整体与差异是纯性质的，而非该研究所述"各具形态的存在"与"形式上的差异"。形态与形式概念都指向空间之思，而这恰恰是柏格森所极力反对的。

这种空间化思维所带来的具象性理解也使得自身与柏格森绵延的生命概念发生矛盾，这具体体现在对柏氏物质概念的理解上。该理解认为，有生命的存在就是指"有机的存在"或"有机体"，因此柏氏的生命界定必然离不开物质，如柏格森曾说过"生命首当其冲指一种作用于迟钝物质之上的行动倾向"③，也说过"生命意味着穿过物质而被激发的意识"④。针对这两个界定，该理解提出了一个质疑："似乎生命存在同'物质'是两种截然不同的存在"⑤。在《物质与记忆》中，我们的大脑和身体都是物质，却都是有生命的东西，但到了《创演论》，物质则指惰性物质。柏格森在两本著作中对物质的界定出现了矛盾。

对于这个问题，该研究提出了两个解释。第一种解释认为，我们在研究柏格森时，必须牢记他的一句话："我写每一本书的时候都忘掉了我写过的其他的书……我的书与书之间并非总是始终同一的。"⑥ 所以，两本书中物质的概念便不是矛盾。然而，这种解释并没有解决问题，只是将其回避。第二种解释认为，从绵延的角度看，物质中有机体和无机物都是一种绵延，前者的绵延程度最高，后者的绵延程度最低。物质本身因此也是一种绵延。绵延程度低的无

---

① 王理平. 差异与绵延 [M]. 北京：人民出版社, 2007：352.
② 王理平. 差异与绵延 [M]. 北京：人民出版社, 2007：354.
③ H. Bergson. L'évolution créatrice [M/OL]. Chicoutimi：UQAC, 2003：64 [2016 - 06 - 28]. http://classiques.uqac.ca/classiques/bergson_henri/evolution_creatrice/evolution_creatrice.pdf
④ H. Bergson. L'évolution créatrice [M/OL]. Chicoutimi：UQAC, 2003：111 [2016 - 06 - 28]. http://classiques.uqac.ca/classiques/bergson_henri/evolution_creatrice/evolution_creatrice.pdf
⑤ 王理平. 差异与绵延 [M]. 北京：人民出版社, 2007：355.
⑥ 王理平. 差异与绵延 [M]. 北京：人民出版社, 2007：355.

机物表现为一种"惰性",或者说一种重复性,它受必然律支配;而绵延程度高的有机体则表现为一种冲动,一种创造,它体现为创造律。因此,有机体和无机物从绵延的角度看只是一个运动的两种倾向,它们都统一于一个运动中。本来第二种解释已经抓住了柏格森物质和生命概念的要义,但遗憾的是,由于受空间性思维的支配,论者对物质的理解又落在了具体的物质存在上,他没有就此打住:"因此,生命之存在在柏格森的整个世界存在背景中,确切地说,指称那些有生命的'物质'或者说'有机物'"。①

其实,如果以绵延的眼光来理解物质,我们会发现,两本书中物质的概念不矛盾,这个矛盾只在对生命的具象性理解中才存在。因为,对生命具象性的理解不能摆脱具体事物,更不能进入抽象层面的思考,所以,对"生命"与"生命体"的纠缠成了该理解中一个打不开的死结。它将柏氏生命之存在扎扎实实地归结在那些有生命的物体之上。这恰恰反映出该理解对绵延之思的拒斥。

应该指出,该理解中也有对绵延之思的探讨。论者在讨论中曾指出:柏氏的生命首先是指一种作用于物质之上的行动倾向;生命意味着穿过物质而被激发的意识;生命冲动的本质是创造,生命的运动与物质的运动相反,前者的特性是非确定,后者的特性是必然;生命实质上是自由插入必然性并使这个必然性转为利于自己。讨论认定"毫无疑问,生命本身在我们这里列举的四个界定中都指称一种运动——穿过、创造、引入、插入等。因此,生命本身从根本上说就是一种运动:一种自由和创造的运动。"② 如果论述在此止住,则柏氏生命概念的真正内涵便已揭示。但论者在具象理解思维的引导下,似乎不愿看到一个无载体、无承担者的生命。所以,讨论继续指出:"这种运动就像一个发动机,在"生命体"之内扮演着关键的角色"。③ 很明显,作为一种运动,生命总是同物质相关。这正是该研究的结论:"物质与生命只有相互依存才能存在。"④ 生命依旧被牢牢地禁锢在物质上。

正如本章第一节"生命的本质:意识"中所指,"生命是意识"的观点依据的是柏格森相关生命的一些表述。在这些表述的基础上,论者将柏氏思想的一些核心词汇通过演绎的方式归等,最后得出"人之生命＝意识＝记忆＝绵延＝存在＝自我"这样一个定式。不过,这种等式化推理的效力在人文研究中是值得疑虑的。当然,该研究也特别申明,等式无意于完全敉平等式中的所有

---

① 王理平. 差异与绵延 [M]. 北京:人民出版社,2007:357.
② 王理平. 差异与绵延 [M]. 北京:人民出版社,2007:363.
③ 王理平. 差异与绵延 [M]. 北京:人民出版社,2007:363.
④ 王理平. 差异与绵延 [M]. 北京:人民出版社,2007:366.

单项，等式不具有数学意义上的相等，其真实含义是"相通"。① 虽然此种解释对推理有所修正，但实际上是回避了问题而未解决问题。

上述等式性的推理未能考虑等式单项的内涵，即从质的角度考虑问题。例如，等式中的一个单项"绵延"，此概念的内涵最广，它真正指涉存在，是柏氏思想的核心。通过自我经由意识可以发现绵延，但自我和意识只具有绵延的性质，而非绵延本身。绵延与意识以及自我的关系是包含和被包含的关系。虽然用单项之间的相通也能解释，但相通却遮蔽了全体和部分之间的关系。如果说"全体与部分的关系"这样的表达尚有空间思维之嫌，那我们也可以说，它遮蔽的是单项之间的蕴涵关系。如果坚持等式的推理，存在和绵延就是自我，那么柏氏思想的格局便被大大缩小了。

格局缩减具体体现在两个方面，一是意识的当下性，二是自我的有限性。该研究指出的，意识本质上就是当下活生生的状态，这样就不可避免地带来时间之维中意识和绵延之间的冲突。因为绵延不但指当下的意识状态，而且更多地表现为过去的记忆。当然，柏格森并不严格区分现在、过去和将来，也没有将记忆与当下意识割裂，过去以记忆的形式潜存于当下。但无论如何，"绵延=意识"不成立，绵延因为承载了过去而拥有比意识更丰富的内容。而且，就人的有限生命而言，绵延也起着比当下意识更为根本的支持作用，自我的成长历程决定着自我的厚度，当下的所有决定都是过去经历和经验的凝结。也就是说，意识和绵延是两个不同层面的概念，不能混为一谈，不能用等式来解释二者之间的关系。如果把存在、自我乃至生命只定义为意识这个当下，那便是对历史、对记忆的遗弃。

当存在和绵延被等同于自我时，自我虽然能以生命的物质承担者的形式直观地站在世界上，并通过意识来确证自己，但是自我这个物质承担者是有限的、脆弱的。自我身体的消亡也决定着生物学意义上生命的消解与意识的消散。如果按该研究的观点，绵延是否也随之消散？存在是否也消散？其实，生物意义上的意识承载不了存在的形上之重。而且，将生命的本质视为意识的见解彰显的是生命的当下性，而遮蔽了生命的绵延性，削减了生命的厚度。

还需要指出的是，意识是一种精神层面的东西，表面看来，将生命本质化为意识似乎并不是对生命概念的具象理解。但这一观点的基础是生物体的物质性特征。正是这种物质性特征构成了论者对柏格森生命概念理解的羁绊。

---

① 王理平. 差异与绵延 [M]. 北京：人民出版社，2007：361.

## 三、对生命哲学划分标准的分析

西方生命哲学以主体性和自我经验为标准,来判定柏氏思想的生命属性[1]。对此,我们有必要仔细审视这个标准。其中,自我经验是主体性的具体化,或者说是对主体性的聚焦。以自我经验为对象的研究,其主要认识方式是体验而不是实验,是具象而非抽象,生命哲学由此与自然科学明显区分开来。

自我经验作为生命哲学的核心概念,有别于科学范式下心理学中的自我经验。在生命哲学的理路中,有一个中介概念,那就是生活经验。[2] 它最为接近自我经验,而且生活经验这种形式对我们来说并不陌生。理解生活经验最常见的参照物便是科学实验。对前者的研究没有定论,对后者的研究在一定条件下则有确定的结论。生活经验一般都是一次性的,不能重合,无规律可循。而科学实验可能在纷繁的现象中呈现出规律的确定性。对经验的研究会带来态度的主观性变化,而对后者的研究则会导致态度的客观性同一。上述特点又可导出另一个特点,那就是生活经验不能在正误的层面上做出判断,因为每个人对生活有不同的态度和经历。

生活经验的特征适用于自我经验,但自我经验与生活经验有一点不同,自我经验还要面对自己内心的态度,这种态度超越了感受,是一种立场。[3] 这种立场不仅不允许正误判断意义上的检验,还需要一种阐释。这种阐释有比形式逻辑更灵活的逻辑和表现形式。自我经验的阐释不是以数理形式来表达规律性的必然,而是要面向生活中很多没有预料到的东西。对自我经验的阐释不是旨在揭示客观事物之间的关系,而是旨在揭示表明生命性的体验。因此,阐释使得作为自我经验模式的生活经验成为一种具有独立性意义的形式。[4]

基于学理和价值双重理由,西方生命哲学将柏格森思想纳入自己的阵营。从价值理由看,生命哲学主张"哲学的思考只有服从于生活才有价值"[5],其出发点在于让"思考和行动组成不可分割的统一体……(让)思考进入生活"[6]。柏格森思想确有其行动性的一面,但这种行动性与服从日常生活的功利行动不同,它更侧重于非功利的形而上学之意。关于这一点,我们将在第五

---

[1] 费迪南·费尔曼. 生命哲学 [M]. 李健鸣,译. 北京:华夏出版社,2000:2.
[2] 费迪南·费尔曼. 生命哲学 [M]. 李健鸣,译. 北京:华夏出版社,2000:9.
[3] 费迪南·费尔曼. 生命哲学 [M]. 李健鸣,译. 北京:华夏出版社,2000:9-10.
[4] 费迪南·费尔曼. 生命哲学 [M]. 李健鸣,译. 北京:华夏出版社,2000:13-14.
[5] 费迪南·费尔曼. 生命哲学 [M]. 李健鸣,译. 北京:华夏出版社,2000:2.
[6] 费迪南·费尔曼. 生命哲学 [M]. 李健鸣,译. 北京:华夏出版社,2000:62.

章中深入探讨。其次,生命哲学认为,"生命哲学的主体性使柏格森有可能批判他的时代用数学这一自然科学来构成概念和理论。"① 也就是说,从方法论的层面看,柏氏是反对科学的,他不同意用数学的空间思维方式,不同意以定量系统等抽象符号来认识实在。方法论上的认同感使柏格森与生命哲学站在了同一条战线上,也是其被定性为生命哲学的重要学理依据。

但这个学理依据仍值得推敲。首先来看认识对象。在柏格森这里,科学不能认识的实在是绵延,是生命。"但什么是生命?……事实上,在显微镜下面,博物学家从来,也永远不可能发现生命的本质:他看到的只是表面现象。"② 量化的科学方法无论采用多么精密的仪器也无法真正了解变化着的生命实在。但是,我们并不能据此就断定柏格森反科学,他完全承认科学在物质领域的有效性,认同科学对物质的准确认识和把握。因此,从认识对象看,与其说他反科学,倒不如说他指出了科学的局限性所在。

再看方法本身。面对生命这个认识对象,柏格森的确对科学图像化的纯智能方法进行了批判,认为智能的量化计算和静止性分析无法了解生命运动,能够了解生命运动的是本能。但遗憾的是,本能是一种无意识,往往受制于有机体本身,自身缺乏一种定向的能动。因此,只有当"现实的直接关系与概念的清晰性结合"③,才能克服自身的有限性,形成一种新的认识能力——直觉。从表面看,"同现实的直接关系"一词,似乎正表明了柏氏哲学与生命哲学在方法上的相通之处,既体现了柏格森直觉方法的要义,也表明了生命哲学的自我体验。但是,我们拨开字面幕障,就会发现,生命哲学的自我体验是一个比直觉更为宽泛的概念,它因为试图把不尽相同的哲学思想统归到生命的旗帜之下,所以更具包容性,也更拘泥于主体。并且,通过《生命哲学》列举出的代表人物来看,它所理解的直觉思维更接近于尼采和叔本华的意志,似乎更类似于无意识的本能。而柏格森的直觉具有个体的精确性,是智能与本能的一种结合。另外,柏格森的直觉方法倡导回到事实本身,回归直接材料。这其中蕴含正反两层含义:一是直觉以直接材料为出发点,是主体对于直接材料的本能之感与智能之思的完美结合;二是直觉在认识实在后还要回归材料,接受事实的检验。这样的一种追求使得直觉方法隐含了科学的实证精神,它直接把握事实、把握材料,突破了自然科学凭借抽象符号带来的间接性,将认识具体落实在经验和事实上。

---

① 费迪南·费尔曼. 生命哲学 [M]. 李健鸣, 译. 北京: 华夏出版社, 2000: 64.
② H. Bergson. Cours Ⅱ [M]. Paris: PUF, 1992: 30.
③ 费迪南·费尔曼. 生命哲学 [M]. 李健鸣, 译. 北京: 华夏出版社, 2000: 64.

从阐释依据看，柏氏对生命的论述与生命哲学的阐释存在一定差异。生命哲学主要通过主体化的自我体验来理解和阐发生命，柏格森的论述虽然也是从自我意识出发，但最终跳脱出了主体和意识，达到绵延客观存在。在此过程中，他依据了很多实证科学的最新成果。即便是其常用的隐喻手法，也内含丰富的科学原理。例如，关于生命的炸弹喻：生命冲力是向上的，它需要不断克服物质的阻力。这里不难看到牛顿力学的影子。当时，物理学中的物质概念被能量概念所取代，物质守恒定律被能量守恒定律所取代，柏氏及时地吸取了物理学的成果。① 在《创演论》一书中，将生命比拟为一种不受外在形式约束的能。而且，基于量子力学所揭示出的微观粒子行为的不确定性和随机性，柏氏认为，生命的功能就是在物质体系中嵌入不确定性，插入自由。

从认识对象、认识方法以及阐释依据这三个角度看，柏氏的思想与生命哲学在学理层面仍存在相当的差距。这种差距也在本体论层面显现。生命哲学认为，"柏格森使用生命动力这个概念不是要引进新的原因、形式，更多的是要让大家看到一个形而上学的原则，这一原则可以同叔本华的意志相比。"② 该观点认为，柏格森生命动力概念的引入是出于形而上学本体论的需要。在柏氏那里，宇宙本体不是静止的理念，而是运动、生成与创造。这种"变"在形而上学层面可以抽象成生命动力原则。不过，作为形而上学的原则，将柏氏的生命动力和叔本华的意志进行比附到底有没有成立的基础值得商榷。

叔本华对意志的探讨是沿着康德哲学继续向前走。在康德看来，本体论层面的东西超出了理性的认识范围，它作为物自体被设定。叔本华认为这个物自体就意志。意志既是个别事物，也是整体大全的本质。"意志不是精神，意志是非精神的原始的生命力。"③ 或者说无穷尽地实现自己的一种努力。需要注意的是，这个"原始的生命力"与柏氏的"生命冲力"则不同。如果说柏氏是借用经典物理学的力、物质和能量概念以及生物学知识而使得生命冲力具有一种客观性的力量的话，那么叔本华对原始的生命力则是以人的感性体验作为其唯一的基础，从而使得这原始的生命力充满了一种欲望的感性力量。

叔本华将本体层面的物质规定为意志，其凭借的是将人的本质进行外推和扩充。④ 叔本华的认识方法是直观，在人的身体活动中，他发现了人的本质即是意志。"身体的活动不是别的，只是客体化了的，亦进入直观的意志活

---

① 詹宇国. 柏格森的科学哲学思想 [J]. 哲学研究, 1998 (5): 74.
② 费迪南·费尔曼. 生命哲学 [M]. 李健鸣, 译. 北京: 华夏出版社, 2000: 63.
③ 张汝伦. 现代西方哲学十五讲 [M]. 北京: 北京大学出版社, 2013: 28.
④ 张汝伦. 现代西方哲学十五讲 [M]. 北京: 北京大学出版社, 2013: 28.

动。"① 身体的活动无非就是意志的活动，人可以直接在自己的存在中直观到自己的本质。在此基础上，叔本华以类推的方法对人的意志本质进行外扩，"每个人自己就是这全世界，就是小宇宙，并看到这世界的两个方面都完整无遗地皆备于我。而每个人这样认作自己固有的本质的东西，这东西就囊括了整个世界的大宇宙的本质。"② 这种源于身体的意志是一种盲目的贪欲和冲动，它是"饥饿意志"，一个欲望接一个欲望，如此循环，形成一个不可遏止的盲目冲动。欲望的无止境，欲望的不满足，便是痛苦。意志作为世界的本体，同时也是痛苦的根源。意志与欲望的循环滚动意味着世界和人生的归属便是痛苦。

因此，叔本华的意志或者说"原初的生命冲动"与柏格森的"生命冲力"如果作为形而上学的原则，则会给生命哲学带来两种截然相反的效果。该研究指出，对柏氏而言，"这里表现的乐观主义使法国的生命哲学同德国十九世纪悲怆的基本气氛根本不同。柏格森本人一生都保留了这种乐观主义……"③ 其实，该研究指出的这种乐观主义和悲观主义之间的反差，基于的是价值理据。这种价值判断依赖生命哲学对哲学本身的价值设定，即生命哲学认为"哲学的思考只有服务于生命才有价值。"④ 这个价值设定固然发掘了柏氏思想积极的一面，或者说有用的一面；但它似乎也回避了柏氏思想非功利的一面，即以一种审美的态度来理解柏氏的生命概念。而且，两者之间的比较只能在主体的层面展开。柏氏学说已经突破了狭隘的人的意识，其生命概念已经走出意识，走向物质，并延伸到了宇宙，成为无所不在的绵延。柏氏的绵延已经不是生命哲学论域内的自我经验。柏氏思想与生命哲学从学理上讲是对立的，这种对立的根本就是客观性与主观性之间的对立。

## 第三节  生命的超越

如果将柏格森的生命概念理解为人的生成性存在，理解为意识，理解为自我主体性，那么，生命便与人紧紧地捆绑在一起，无法跳脱生物学的藩篱。柏

---

① 叔本华. 作为意志和表象［M］. 石冲白，译. 北京：商务印书馆，1982：151.
② 叔本华. 作为意志和表象［M］. 石冲白，译. 北京：商务印书馆，1982：233.
③ 费迪南·费尔曼. 生命哲学［M］. 李健鸣，译. 北京：华夏出版社，2000：62.
④ 费迪南·费尔曼. 生命哲学［M］. 李健鸣，译. 北京：华夏出版社，2000：2.

氏那具有浓郁形上气息的生命概念为此不得不简化为一种具象的生命，有限的具象生命进而也剥夺了生命在形上层面的自由之韵。虽然生命哲学从主体性和自我经验出发对柏格森思想做了积极的形上阐释，但生命哲学的实用主义视角很难使它完全从非功利的角度来理解柏格森。不可否认，柏氏思想的确有形下的一面，但它的行动概念不同于人类征服自然的实践行动，而更多地带有形而上的指导意义。自由是柏氏生命概念最终的价值归宿，与人捆绑在一起的生命理解从根本上讲不可能走向自由。

柏格森对生命的超拔沿明暗两条线进行：绵延、物象、记忆理论的依次登场，勾勒出生命概念从意识经由物质走向宇宙存在的超越明线；并且，在生命冲力的支撑下，这些理论自身也蕴含着超越的力量。但同时，明线的超拔带来了无形生命在言说方面的困难，于是，本着创造的精神，柏氏借助直觉化的绵延之思以及形象的隐喻来展示滚滚流动的生命，这便是生命超拔的暗线。

## 一、超越的条件

只有从非功利性的角度才能理解对柏格森生命概念的超拔性，但这种理解会遭遇学理和价值两重障碍。学理障碍在于，在理解柏氏思想时，不愿意割舍其与生存实际的联系。柏格森哲学"从一方面看是非常的形而上学，但又有非常明显的形而下的实用的一面。这两个方面其实并不矛盾，而是一个硬币的两面。"[①] 也就是说，记忆是非功利的，但知觉的功利性却与它联系甚密，记忆和知觉只是理论上的区分，而实际上它们是合二为一的。所以，"记忆的本源是非功利性的，但它的使用却不能不是功利的。柏格森哲学的实用主义可见一斑"。[②] 然而，需要注意的是记忆的本源是一种理论，而记忆的功用是一种事实，我们不能用事实的功利性来否证理论的非功利性。价值障碍在于，如果功利性地用"人"作为标准来评判柏氏哲学，便会出现两种极端的观点：一是将人的生成性存在当作柏氏哲学的核心，使得生命概念一直拘泥于主体，而不可能实现超拔；二是柏格森哲学有着严重的缺陷——"以存在的观点看来，柏格森的思想有一种奇特的缺陷，好像他永远无法把握住中心问题——人——而总是在它附近打转。"[③] 正是受人本主义的局限，这两种观点均未能把握柏氏思想的核心。不可否认，从"我思"的主体角度来看，柏格森是笛卡尔精神

---

① 张汝伦. 现代西方哲学十五讲 [M]. 北京：北京大学出版社，2013：74.
② 张汝伦. 现代西方哲学十五讲 [M]. 北京：北京大学出版社，2013：74.
③ 威廉·白瑞德. 非理性的人 [M]. 彭镜禧，译. 梅晓璈，校. 哈尔滨：黑龙江教育出版社，1988：13.

最为优秀的传承者，但柏格森并不止于主体，他还有超越，正如拉·科拉柯夫斯基指出"一方面柏格森是从我思的思想着手其研究的笛卡尔哲学的信徒……另一方面，柏格森是一个宇宙论者……"① 也就是说，柏氏思想有超越人本走向普遍宇宙的形而上学趋向。

需要肯定的是，主体构成了柏格森生命超越的基础。无论是绵延理论、物象理论还是记忆理论，它们富含浓郁的主体色彩，都和主体有着割舍不断的联系：不通过意识，不通过深层自我，便无法发现绵延；没有身体的运动，便无法说清楚物象；没有人，便无法阐释记忆。上述理论与人的关系正如物质与精神的关系，物质是精神的基础，精神是对物质的超拔。理论就是一种思辨，一种精神，它必然拥有超拔的可能。

然而，超拔需要条件，需要我们不拘泥于文字表相，去真正领会柏氏的精神实质。可以发现，无论是绵延、物象还是记忆理论，其诞生都源于柏格森对世界的创化理解，源于柏氏骨子里的创造精神；这些理论不仅源自创造，而且自身之中也都蕴涵着一股超越自身的创造力量。如果不局限于实证的理路，我们又会发现，柏氏实际上是在经验的立场指出了超验的内容。这些超验既是绵延之思的结果，同时又带来了思的自由。要想真正领会柏氏思想中生命的超越，需要两个前提：一是坚持柏格森所倡导的方法，即用绵延性的思维去悟，而非用空间性的思维去看；二是站在人文研究而非科学研究的立场来非功利性地解读柏格森。

## 二、主体性的明弃

理解柏格森生命的超越从其思想的自然发展来探索比较方便，这是一条明线。柏格森的第一本著作《时间与自由意识》便阐述了绵延理论。柏氏从心理学入手，通过心理事实发掘了两种多样性和两种时间，进而找到深层自我，发现绵延。心理学是研究方法，心理事实是研究对象，深层自我和绵延是研究的最终结果。那么深层自我与绵延之间到底是什么关系？

对于这一关系，柏格森做了形象而又精确的描述："当我们的自我让我们自己活下去的时候，当自我不肯把现有状态跟以往状态隔开的时候，我们意识状态的陆续出现就具有了纯绵延的形式。"② 这表明，深层自我具有纯绵延的

---

① 拉·科拉柯夫斯基. 柏格森［M］. 牟斌，译. 北京：中国社会科学出版社，1991：139 - 140.
② H. Bergson. Essai sur les données immédiates de la conscience ［M/OL］. Chicoutimi：UQAC，2002：48［2016 - 06 - 28］. http://classiques.uqac.ca/classiques/bergson_henri/essai_conscience_immediate/essai_conscience.pdf.

特性，在意识领域表达和呈现了绵延。可以说，自我就是绵延在意识范围内的另一种表达方式。这是一股无法断开的意识之流，其中各个瞬间彼此交融，相互侵占，构成一种非数目的多样性——变动与融合成为深层自我的最明显特征。正是这种非确定、非清晰的混杂紊乱和变动不居构成了柏格森自我与传统主体的区分，带来了绵延走出意识、实现超越的可能。

在传统哲学那里，为了确保对客体的准确认识，为了给哲学设定一个稳定的出发点，自我总被抽象为一个永恒的实体。在这个实体中，没有运动，没有变化，更没有绵延着的时间，一切个体性的存在均被删除和抹杀，主体就是一个单调的、僵化的、大写的人，此外别无其他。其次，传统主体在智能的支配下出于功利而行动，其目的就在于认识和把握客体，使客体成为依附主体的存在。可以说，主体的行动性加强而不是拉近了主客之间的鸿沟。

柏格森的自我是绵延，是变化，是差异，是融合，是各种不同心理状态的浑然一体。这是一个单一的性质多样体，它不能被静止，不能被分割，也不能被语言完全地表达。此外，自我是行动的存在，行动是它的基本特征之一。但此处的行动完全不同于智能支配下的功利行动，而是发自深层自我的自由行动，它指向了绵延的终极追求——自由。有研究曾指出，柏格森的"自我"绝对不是主体，尤其不是传统意义上的主体。[①] 这样的论断有它的合理性所在，但显得过于武断。鉴于自我的流动性和行动性，笔者认为，柏格森的自我的确不同于传统意义上主客二分的认知主体，但它并没有脱离主体，而表现为一个以非功利行动为特征的行动主体。这样的主体不断变化，不断创造，不断积蓄和孕育力量，时刻准备着跳脱意识的约束。

对于什么是绵延，柏氏没有给出明确的定义，他只是在描述，描述绵延的不同状态，描述具有绵延性的深层自我。非定义性的描述使得绵延状态避免了作为科学概念在空间框架的静止中被定量，而是作为人文概念在时间之域的流动化中被定性。正是这种"流动概念"使绵延避免了空间的固化，避免了智能的拷问，为直觉之思留下空间——超越成为可能。

物象曾被界定为柏格森哲学中最令人费解的概念之一，在《物质与记忆》面世十多年以后的 1910 年，柏格森在其第七版的作者前言中专门解释了这个概念，以澄清误解和争议："对于物象，我们理解为这样一种存在：它大于理念论者所指称的表象，但又小于实在论者指称的物体，——它是介于'物体'和'表象'之间的存在物。"[②] 这样，物象不再是传统意义上心灵对外部事物

---

[①] 王理平. 差异与绵延 [M]. 北京：人民出版社，2007：110.

[②] H. Bergson. Matière et mémoire [M/OL]. Chicoutimi：UQAC，2003：5-6 [2016-06-28]. http://classiques.uqac.ca/classiques/bergson_henri/matiere_et_memoire/matiere_et_memoire.pdf.

的复制，也不是事物在视觉和精神上的再现，它们自足存在，不需要一个来源物。更重要的是，它不再是完全独立于心灵的外部事物，而是内外兼备的统一体，既有理念论者所主张的精神，又有实在论者所主张的物质，是心与物的巨大融合。

柏格森的物象概念在其哲学构建中有着重要的意义，正如弗雷德里克·沃姆（Frédéric Worms）在《柏格森词汇》中所言，"柏格森之所以把事物称之为物象，就是为了表明我们'我们所观察到的物体，不管它如何别致、如何生动，它都是一个物象，一个自足存在的物象。'因此，把事物称之为物象并不是将世界转化成了再现，而是相反，它把我们所有的再现、把我们意识的所有特征都归入到了物质世界。"①

"物质就是物象的集合……这种物象的集合，我称之为宇宙。"② 有了物象的融合性做铺垫，物质不再是绝对的抽象概念，而是由一个个可见的、有形的、具体的、生动的物象组成；它也不再外在与精神，而如同意识一样，拥有时间，拥有绵延。只是，它们拥有的程度并不相同，物质是最低程度的绵延。

知觉是柏格森物象理论的另一重要概念："我把物象的集合称作物质，把那些与一个能够行动的特定物象——即我的身体——相关联的物象称之为对物质的知觉。"③。这是一个带着记忆厚度的双向活动：通过知觉，物象被继续储存积累到记忆中；同时，在知觉的召唤下，有些记忆被知觉唤醒，参与到当前的运动中。从某种意义上来说，知觉既拥有物质的外在性和延展性，又分有记忆的内在性和时间性。物象、知觉和记忆组成了一个巨大的融合，它们之间没有绝对的区分界限，不能截然分开。所有知觉都是渗透着记忆的知觉。

通过物象、物质和知觉，绵延由意识渗入物质，生命由此实现了对有机体的超越，并试图向宇宙和无限进发。

表面看来，记忆是一个主观意味浓厚的概念。把记忆视为主体性产物的误解来自科学常识，它作为一种前理解经常成为人们认识事物的前提。科学告诉我们，记忆是头脑的产物，或者说大脑储存记忆。记忆就这样被大脑收编，从而使精神隶属于物质。科学通过把握大脑进而来把握精神。与此相反，柏格森认为大脑不是记忆的储存器，大脑的运作与精神无关，它只对运动产生反映，是对运动的一种选择。即大脑只是运动的一种选择器官，不产生记忆，记忆是

---

① F. Worms. Le Vocabulaire de Bergson [M]. Ellipses, 2000: 30.
② H. Bergson. Matière et mémoire [M/OL]. Chicoutimi: UQAC, 2003: 13 [2016 – 06 – 28]. http://classiques.uqac.ca/classiques/bergson_henri/matiere_et_memoire/matiere_et_memoire.pdf.
③ H. Bergson. Matière et mémoire [M/OL]. Chicoutimi: UQAC, 2003: 13 [2016 – 06 – 28]. http://classiques.uqac.ca/classiques/bergson_henri/matiere_et_memoire/matiere_et_memoire.pdf.

独立于身体的自足自存。

面对这两种截然相反的学说,我们何以辨别真伪?在科学的巨大影响面前,柏格森的逆流前行可否构成他反科学、反理性的确证?他关于记忆的界定又有着怎样的奥秘?

柏格森时代的科学认为,记忆随着大脑的运动而印刻在某一些分子之上,并存在于大脑中,这种情况好比底片上的影像和唱片上的歌曲。如果某些记忆消失,那是因为它们所寄居的相关分子出现了变动或损伤。科学通过失语症的分析有力地维护了自己的观点。对此,柏格森有不同的意见,他认为作为非物质性的记忆并不需要一个有形的大脑作为容器,大脑与记忆之间只是如同衣服和挂钩之间的关系,钉子没了,衣服自然会掉在地上,但不能说衣服也消失了——大脑受损,记忆没有表现出来,但它仍然存在。并且,柏格森也通过大量的失语病案例证实了自己的看法。在周密的逻辑论证和确凿的案例面前,我们当然不能冒然说柏格森是反科学和反理性的。他是用科学和理性的方法证伪了科学的观点。为了找寻答案,我们只能回到柏氏的思想本身,回到他对形而上学的构建上。可以说,到物象理论为止,柏格森已经成功融合了自笛卡尔以来的二元分裂,世界又重新回到了一个统一体。但是,物质的静止性、当下性和功利性还随时扯拉和羁绊着生命,生命并没有因为二元的融合而获得真正的自由。柏氏形而上学的最终目标还是没有实现。将记忆设定为自足说明,柏氏已经不满足于二元弥合这样一种存在,他要为精神单独划出一块领地,划出一块让物质完全无法触及的神圣之地,犹如康德将物自体从现象界分离出来一样。这样,柏格森便将记忆从心物融合的物象世界中拯救出来,完全避免了物质对心灵、对自由、对生命的染指,从而也为他神秘主义的形上归宿铺路搭桥。

至此,我们似乎看到一个吊诡,追求科学的身心平行论更多的是将记忆归属于主体,但结果却使精神物质化而趋向机械因果律,呈现出与生命截然相反的路向。而柏氏将记忆独立于主体,精神随之绵延化并趋向自由,呈现出与生命相符的路向。"悖谬乃哲学的姿态"①,一种研究在空间上无限贴近生命体不一定就能真正揭示它,而在时间上超越它不一定就是远离生命,或许正好相反。

## 三、文字背后的领会

从自我绵延到物象再到记忆,生命实现了明线上的超越,实现了对有形的

---

① 尚杰. 悖谬乃哲学的姿态——对柏格森的重新解读 [J]. 哲学动态, 2009 (2): 36.

扬弃，进入无形之域。超越后的生命给言说带来了一定的困难。要领会这种无形的生命，我们有两条途径：一是隐喻，二是绵延之思。

隐喻对柏格森和读者来说呈现出两种不同的关系。对柏氏来讲，隐喻是一种认知的修辞；而对读者来讲，隐喻则是一种修辞的认知。在对自己的认知进行阐述时，柏格森大量地运用隐喻手法。柏氏的文采是公认的。在他的笔下，生命时而像蒸汽，时而像炸弹，时而如流动的河水，时而如滚动的雪球。没有枯燥干瘪的概念，没有佶屈聱牙的定义，在其诗意化的语言中，我们体悟到了生命无尽的冲力和无穷的可能，但这些隐喻不能仅仅视为其文学才华的表现，对柏格森来讲，隐喻在根本上是为认知服务的。

作为认知对象的生命，即使在有形阶段，也呈现出不断的流动和变化。而语言，尤其是智能指导下的分析语言，作为认知工具，只能表达静止不动的实在。何况生命在实现超越后便趋于无形，经常以能或冲动的形式展现出来，甚至说"能"和"冲动"也不过是一种比拟的手法。此时，柏氏的认知受到其认知对象的制约，这种无形生命的特点在于无休止的流动和创造，简言之，是一种不定性。因此，为了把握这种不定，就只能从确定的概念定性而转向隐喻化的象征。这也解释了柏氏为什么不采用定义而采用描述的手法来说明认识对象。

既然对象具有不定性特征，那柏格森这种认知的修辞是否具有"真实值"呢？回答此问题之前，首先要界定"真实值"的确切含义。对逻辑主义论者而言，真实值的要义在于概念与现实客体的精确对应。此时，现实客体一定是静止和固定的，否则，概念的精确性会与客体的流动性相冲突。但柏氏的认知对象恰恰具有流动性，因此，这个有关真实值的标准并不适用。如果用概念去捕捉流动性的对象，就好像人去追逐地平线一样，每次似乎都能抵达，但每次在即将抵达的时候，地平线又跑远了，终难企及。当然，人类曾成功地把握了运动，如科学对空间物体运动的研究。不过，这种运动是静止的量化运动，它可以用理性通过空间来截取和固化。而柏氏面对的是生命，是变化，是生成，是一种质的运动。因此，笔者认为，"真实值"对柏氏而言应别有内涵。首先，客体一词应改为存在，因为客体多暗指实物，暗指有形体，而存在不仅可以指有形之物，而且也包含无形之物。柏氏的隐喻多指涉无形之物，但这些无形之物都能通过直觉感知，是一种真实的存在。其次，隐喻虽不等于真实值，却表达了真实。

再来看隐喻的第二种关系，即隐喻与读者的关系，那就是修辞的认知。隐喻作为修辞的认知，其关键在于要跳出文字相，不拘泥于字面之意。用语言学的术语讲，就是要从能指中领会到所指。从能指到所指，就是对文字这个有形之物的一种超越。唯如此，我们才能理解柏氏的一句话"生命冲动就其本身而言，没有任何价值。"① 也就是说，能指只是符号、象征、引子、导向，重要的是其背后的所指。"得意"就要"忘形"。有形不等于无形，两者之间的差异就是喻体与本体之间的差异，差异越大，也就越体现隐喻的张力。而张力越大，也就越发使我们认识到，对柏格森的隐喻之思要重于其隐喻之赏。也就是说，柏氏的隐喻不能单单放在文学层面说事，而要放在理性层面上推敲。在理性的推敲下，他的很多重要隐喻会把我们引向生命概念的内涵。

在有关生命的比喻中，蒸汽的比喻是著名的一个。在此，巨大的生命如水蒸气从高压蒸汽容器中喷出，上冲的运动是生命，降落的运动是物质。透过这个具象能指，我们很容易便能体会到生命的运动性。"生命的本质就在于传递生命的运动中。"② 这种运动性是对物质性的逆反过程，它如同"一种为了把下落的重物托起的力"③。借用物理学中的力，柏格森指称了生命从运动中体现出的能动和创造。柏格森认为，所有生命，从根本上讲都在为完成不同工作而储存能量，这工作便是穿透物质，实现从力到能的转换，正是这种转化使柏氏实现了从有形之体到无形之能的过渡，超越了生命体的局限。"生命并不尽然凝聚和限定在一般所说的有机体上。其他某种形体也能吸收能量并储存之。其他某种形体的生命也可以设想（虽然难以想象）为具有储备和以各种方式发散能量的功能，生命的本质仍然保存着，因为逐渐积存和突然发散的作用仍在。"④ 由此，柏氏将生命的标准定在了具有储备和以各种方式发散能量的功能之上。基于此，柏氏大胆猜想，⑤ 地球生物依靠储备太阳能来分离碳和氢原子，但如果其他星球代之其他化学元素，只要同样也具备使用能量的功能，那就可能存在着其他形式的生物。

如果运动、力和能这些物理影像能证明柏格森的生命是对具象生命的超越的话，那么从上述三个物理影像中引出的性质也能从另一角度证实柏氏的生命即是绵延，也就是宇宙的生命。从运动和能的概念中，我们可以发现生命的性质在于一种倾向，这种倾向随着绵延向宇宙扩散。而物质自身也是一种倾向，一种惰性倾向，它少变化，多重复，所以被机械因果律所支配。不过，按照绵

---

① H. Bergson. Mélanges [M]. Paris：PUF, 1972：1526.
② H. Bergson. L'évolution créatrice [M/OL]. Chicoutimi：UQAC, 2003：82 [2016-06-28]. http://classiques. uqac. ca/classiques/bergson_henri/evolution_creatrice/evolution_creatrice. pdf.
③ H. Bergson. L'évolution créatrice [M/OL]. Chicoutimi：UQAC, 2003：147 [2016-06-28]. http://classiques. uqac. ca/classiques/bergson_henri/evolution_creatrice/evolution_creatrice. pdf.
④ H. Bergson. L'évolution créatrice [M/OL]. Chicoutimi：UQAC, 2003：152 [2016-06-28]. http://classiques. uqac. ca/classiques/bergson_henri/evolution_creatrice/evolution_creatrice. pdf.
⑤ H. Bergson. L'évolution créatrice [M/OL]. Chicoutimi：UQAC, 2003：152 [2016-06-28]. http://classiques. uqac. ca/classiques/bergson_henri/evolution_creatrice/evolution_creatrice. pdf.

延学说，物质拥有最低程度的绵延，它在运动，只是极其缓慢，所经历的时间跨度大，不易被知觉识别。这样，物质与生命统一于绵延，而绵延是一个质的联系和变化。如果物质成为一种运动，成为一种倾向，那么在绵延之中，宇宙就是生命。因为，宇宙自身就是运动，就是倾向，就是创造，宇宙在绵延。

当逻辑的方法失效，言说的力量消失，有形思维开始褪去，它呼唤着无形思维的登场。领悟了柏格森的绵延之思，直觉方法不期而至。这种顿悟式、体验式的方法拒绝逻辑因果链的追问，要求认知主体深入对象内部，通过同情来直接把握对象。宇宙是一个不断运动的连续体。不同于科学中的运动，柏格森视野中的宇宙更多地表现为一种无定形的流动。它不可以借助确定的轨迹去量度，而必须依靠意识与记忆去描述，依靠直觉去体悟：宇宙就是一个生命体，它如同绵延化的冲动、意识和记忆一样，不停地运动，不断地创造，直指自由之境。当直觉探测到生命与宇宙在性质上的相似时，绵延就跳脱出了主体流入宇宙的客观存在。此时，文学化的比喻言说也就刹那间转化为哲理化的隐喻述说，生命由此实现超越。

由此可见，华美的隐喻语言只是柏格森表达哲思的工具和手段，与文学家相比，他侧重的是哲学域内的思辨，是对生命的形上思考。以时间思维而不是空间思维，以直觉方法而不是纯理性方法来看待生命，体现了他重变化、轻静止，重多样、轻同一，重精神、轻功用的思想实质。而正是这一非功利之下的语言与思想为他最终带来了世界级的巨大荣耀——诺贝尔文学奖。"文学非文学""文学反文学""文学化文学"，① 可以说，柏格森哲学所具有的文学特性恰当而又真实地体现了文学界近年的这些研究方向。在此思路下，笔者尝试跳脱传统文学的拘泥和框架，从非文学角度来理解和阐释柏格森的隐喻，从哲学的非功利层面追问文学理论背后的成因，从而探究柏格森思想自身的文学性。《创演论》之所以获奖绝不仅由于其华丽的文采，更在于其思想的非功利性。非功利性就是一种审美，也是文学研究方法论的一个先决条件。"化感通变""通和致化""化之有化"②，柏格森思想向我们展示的正是这样一个大文学的宽敞视域。

宇宙即是生命是柏氏生命理论的最高命题，它可以解释生命的自由与不朽。生命的自由在于不可预测性，在于创造；而生命的不朽在于它是力，是能，它不会因为物质生命体的消解而走向必然的灭亡，而是会实现能的转化。从生到死，从死到生，都是能的转化，生生不灭，即为不朽。

---

① 栾栋. 文学他化论——关于文学的三悖论考察［J］. 学术研究，2008（6）：5.
② 栾栋. 文学通化论［J］. 文学评论，2011（4）：208 – 212.

第五章　生命的张力

柏格森哲学所展示的是一种不同于科学范式的人文研究范式，是一种不同于空间思维的时间思维，是一种扭转传统思维之向的创新。这种创新所揭示的是一种具有质的多样性的绵延世界，是对量的空间多样性的一种补充。质的多样性世界为人文研究的多元性与不定性提供了本体论上的依据。承认时间思维中质的多样性与空间思维中量的多元性都是一种客观实在，这便意味着主观与客观、非理性与理性、自由与必然之间张力的一种舒缓，也意味着人文与科学之间矛盾的缓和成为可能。

从《辟文学通解》[①]到《辟文学别裁》[②]，到《辟文化简说》[③]，栾栋教授为我们展示了一个辟学、辟文、辟思、辟创的"辟人文世界"。一个"辟"字，尽显人文之相生相克、相涵相化之深意——"辟"不仅包含善恶是非、正反内外、自在他在、自律他律等悖论思想，而且本身也是这些悖论的化解之法。从"黑白""阴阳""启蔽""隐秀""行藏""橐括"这些用词中，不难读出"辟"字的通与悖、会与解。说到底，"辟"是对中国传统文化中独具特色的辩证思想的高度提炼和熔铸。表述中国传统文化，"辩证"一词用来总觉未尽其意，且有几分别扭——恐有模仿抄袭西方哲学之嫌。"辟"字则为我们找到了属于自身文化的表述，它不但兼有辩证之意，并且还多了西方哲学未曾有过的祥瑞与和合。

本章将在辟精神的指引下，探寻柏格森生命概念所呈现出的张力以及这些张力所带来的人文思索。自由与必然、有维与去维、形上与形下、个性与共性构成了柏格森生命概念下的四对主要张力：生命的自由与必然呈现的是人文与科学的纠葛；思维的有维与去维再现的是有形空间与无形时间的争夺；生命的形上与形下给出的是有用之无用与无用之大用之间的悖反，生命的美学观照论证的是艺术共性与个性的相得益彰。

## 第一节　必然铁律与自由意志

传统理念哲学的逻辑论证与实证科学的经验研究刻画出的世界是一种规律

---

[①] 栾栋. 辟文学通解——兼论文学非文学 [J]. 文学评论，2008（3）：23.
[②] 栾栋. 辟文学别裁 [J]. 文学评论，2010（4）：186.
[③] 栾栋. 辟文化简说 [J]. 中国文化研究，2011 年（秋之卷）：164.

性的静止图片，是各种基本要素和元素按顺序有机组合的整体。客观性、因果律、必然律是它们最高的价值尺度，宇宙万物被统摄在理念和规律之下，传统哲学给出了逻辑的回答，科学给出了实证的回答：宇宙是有序的，无序并不存在，无序只意味着没有找到和没有发现，而并不意味着理念和规律不存在。当然，随着社会的进步，科学也在研究随机或然性，但科学的或然从本质上讲仍是数学意义上一种概率化的确定性。它依然依附于必然性，或者说是必然性的一种弱化。因此，在理念哲学和科学的范式下，宇宙万物都受因果律支配，都可以用必然性这个绝对之尺去度量、去计算、去谋划。生命也不例外，它也毫无悬念地成了一种必然。

柏格森生命概念的确立则与上述必然之尺形成悖反。柏格森的生命意味着一种或然、一种不定、一种创造、一种自由。它来自事物本身内在的冲力，而不是物理学中由因果式追问和数学方法所锁定的可量度之力，它只是一种倾向、一种性质、一种流动。这种倾向、性质和流动只有内在或然性的分化，而没有外在条件性的变化。前者是自由之向度，后者是必然之尺度。自由之向度可以描述，但不能测量；可以体任，但不能功用；它只能靠意识和记忆去直觉，去触摸，去体悟，而不能靠智能去拆解，去分析，去抽象。

## 一、生命与自由

自由是思想家们追求的一个终极目标，此目标对柏格森来说也不例外。柏氏思想中对自由的探讨从个体的人开始。在《论意识的直接材料》中，柏氏认为意识状态的组织即是一种自由。在《物质与记忆》有关身体与精神的关系分析中，精神（记忆）因独立于身体（大脑）而自足地拥有自由。在《创演论》中，自由突破个体的阈限，走向宇宙，生命此时已不再是生物学意义上的生命，而是一种形而上学意义上的存在，它更多地表现为一种力，一种倾向。这种活泼的冲动本质上就是一种自由，它自身携带非确定性，试图将它注入物质以打碎物质的重复，使之走向创造。最后，在《道德与宗教的两个来源》中，自由也是一个中心价值。这种价值的具体代表便是具有开放灵魂的圣人、英雄和神秘主义者。综而观之，自由在柏氏这里似乎有着某种层次上的递进，从个人的自由到人类的自由再到宇宙的自由。其中，精神似乎更像从人的自由到宇宙的自由之间的桥梁。

问题在于，当下学界对柏氏自由概念的理解主要集中在与人相关联的自由之上，尤其是在个体的人与人类自由问题上做了一个以人为中心的理解。这种理解的支点便是人与物质的关系。但仔细琢磨柏格森对自由的阐释便会发现，在个体层面探讨自由时，柏氏面向的是心理事实；在分析物质与精神时，他面对的则是记忆。也就是说，柏氏在谈自由时所取的基点并非人与物质的关系，而是人与精神的关系。当然，在《创演论》中，柏氏也谈到了生命冲力与物质的关系。不过，生命冲力与物质在这里所呈现的是一种张力而不是一种功用关系。而且，此处的物质也不同于自然物质，它相对于生命冲力而言是一种倾向，它不是既成之物，而是生成之物。因此，在人与物质的关系下谈自由和在人与精神的关系下谈自由是两回事。

在人与物质的关系下谈自由，最大的弊端在于会将生命物质化。当生命物质化后再谈自由无异于缘木求鱼，自由必然陷入规律的窠臼，而且人与物质的关系会转化成征服者与被征服者之间的关系。在与自然的斗争中，植物因其"沉睡的意识"离开地面就无法活动生长，而有意识的动物则能游走于地表，人借助发达的意识则可以制造和利用工具，进而畅游天地之间。所以，柏格森说动物只是将套在身上的锁链拉长了，但人则用意识砸断了铁链。与其他动物相比，在与物质世界的斗争中，人达到了最高阶段。在生命进化中，其他动物纷纷败下阵来，只有人克服了自然的障碍。因此，以人类的形式记录下的正是这种自由。不过这并不是意识的自由，而是征服行动的自由。此种自由是基于智能的一种物质自由，而非基于直觉的精神自由。

柏格森指出①，借助科学，借助理性，人类犹如一支浩荡的军队，骑跨于植物界和动物界，在扫荡冲锋中，击溃一切负隅顽抗，跨越一切障碍，甚至可能战胜死亡。而智能下的行动自由、物质自由，只能带给人类一次次暂时性的满足。但是，人类的饥饿意志又将人类导向新的欲望。物质生命要求生活越来越便利，要求克服一切痛苦、疾病以及死亡，最后人将与神同在，与神同在也就意味着和自由一体。不过，神似乎更多的是无形之物，人的物质生命似乎也难以企及这种状态，除非肉身的消解，而这是一个矛盾。

也有研究指出，"我们生命的欢乐和自由就是要创造，要带着物质或者说踩在物质之上向前创造，而不是绑在物质之上尽情享乐，最终在物质的沉迷中遗忘掉生命最本源的意义。"② 此话颇有道理，但"生命本源的意义"是否指涉的是一种精神层面的东西，如果是，按柏氏的理解，精神是自足的，自足的精神（生命）又何必踩在物质之上呢？踩在物质之上的创造是智能的创造，而摆脱物质的创造才是直觉的创造，是精神的创造。智能创造得到的是物质性

---

① H. Bergson. L'évolution créatrice [M/OL]. Chicoutimi：UQAC, 2003：160 [2016-06-28]. http：//classiques.uqac.ca/classiques/bergson_henri/evolution_creatrice/evolution_creatrice.pdf.

② 王理平. 差异与绵延 [M]. 北京：人民出版社, 2007：441.

自由，而直觉创造得到的才是体验性自由。

从人与物质的关系上理解自由，则自由始终摆脱不了物质，自由也只是物质层面的自由。物质层面的自由是一种有形的自由，是必然性之域内有限的自由，它逃不出有限，逃不出生死。然而，生命的真谛在于永恒的流动、永恒的创造，死亡仅仅是肉身的消解。"在肉体灭亡之后，那个生命本身将汇入洪大的宇宙之流，并不断延续，直到永远。"① 此种对生死的辩证理解实际上已经脱离了物质生命而走向精神生命，因为肉身的消亡只意味着生命体的消解，而生命并没有消亡，它借助能的转化在不断延续。因此，自由不局限于人与物质的关系，它也可以上升到人与精神的关系上讨论。

在人与精神的关系上讨论自由，我们必须回到柏格森思想的起点，即个体的人与自由意志。在个体的人的层面上，柏氏认为具体自我与其所做动作之间的关系便是一种自由。这种自由基于一种相互连续、彼此差异、互相渗透和不可分割的心理状态。这是一种内在自我，它与外在自我，即处于现实生活中可见自我，互为表里。物质性的行动自由即以外在自我为出发点，是理性经过权衡利害关系之后的行动，是一种选择。但柏氏认为，真正的自由行动从根本上说不是一种选择。选择不是一种自由，它不是深层自我瓜熟蒂落的行动。它加入了一个理性的反思，是理性在表层自我的行动与深层自我的意识之间判断和思考的结果。在柏氏看来，真正的自由行动应当是，当自我的行动源自自我的整个人格，当这行动将整个人格整体表现出来时，便是一种自由。也就是说，当个体的人越接近深层自我，他也就越拥有自由。对人来说，要想获得自由，就必须去掉功利性。只有在非功利的条件下，个体才能悬置理性反思，才能自然地将内在自我与外在自我合二为一。这种自由行动不同于功利条件下的行动，功利的行动依据外因，由外在的利害关系决定，并通过语言来界定。而自由则完全依赖于深层自我，并由于流动性、相互渗透性以及不可分析性而无法得到解释，"这种关系之所以不可解释，那恰恰因为我们是自由的。"② 解释便意味着固定和静止，便意味着一定的因果关系。然而，深层自我是不可通约简化为因果必然律的。

通过分析可以得出，个体自由的基础就在于深层自我是自由的。深层自我是一种心理状态，是一种精神。这种精神并不囿于个体之内，它是一种绵延，并以绵延的方式扩展至宇宙。当绵延不再作为主体的心理状态而被看成经由主

---

① 王理平. 差异与绵延 [M]. 北京：人民出版社，2007：442.
② H. Bergson. Essai sur les données immédiates de la conscience [M/OL]. Chicoutimi：UQAC，2002：96 [2016 - 06 - 28]. http://classiques.uqac.ca/classiques/bergson_henri/essai_conscience_immediate/essai_conscience.pdf.

体直觉发现的一种实在时,主体就进入一种绵延之思。用绵延的眼光看世界,物质便摆脱了空间思维中的固化,也具有一定程度的绵延,即最低程度的绵延。由此,整个宇宙便转化为一种不断的流、不断的运动、不断的倾向:宇宙处于绵延之中、空间之外,处于创化之中、规律之外——宇宙是不定的,因此也是自由的,它不受因果律支配。

## 二、因果律的疆界

因果律是客观世界普遍联系的一种基本方式,具有正反两个方向的可推导性:在此链条下,只要前提正确,推理步骤清晰完备,便可以由因寻果,也可以以果溯因。经由科学打磨,因果关系逐渐成为人类认识自然的利器,自然万物的关系最终往往被归整为因果联系。这是一种不以人的意志为转移的自然铁律,在其导向下,科学不仅能回溯和解释历史,也可以预测和展望未来。对于因果律的认识和把握不仅增强了人类认识和改造自然的能力,也成就了科学的辉煌。

在自然科学耀眼的光芒下,诸多人文学科也纷纷效颦,期望其学说与因果律合体,以成就自己的真理之身。然而,问题在于因果律遵循的是必然性原则,必然步步推进,自由便步步丧失。自由如若不再,何言创造?何来人文?

在自然科学的框架下,因果律的存在是不容争辩的事实,它所带来的巨大成就也有目共睹。人文研究尊重和承认这种存在是一回事,接受它又是一回事。纵观人文研究史,对因果律的接受至少有以下三种:一是全盘接受,二是辩证接受,三是批判接受。全盘接受的典型是哲学上的机械论思想,辩证接受的代表是唯物史观,批判接受的代言人则是柏格森。在这三者中,机械论思想是对科学方法的直接套用,相对比较简单,后两者则在学理上对因果律都有一定的批判。不过,唯物史观某种程度上是对因果律的勾兑,其理论骨架从实质上讲还是一种因果说,只是兼顾了突发要素的存在。而且,兼顾突发要素,并不等于承认该要素的非因果性:"偶然背后是必然",偶然仍有其自身的因果性。因此,与其说唯物史观以及其深层的辩证唯物论是对因果律的批判,不如说是对因果律统治疆域的进一步扩张。柏格森的学说则真正批判性地指出了理性的有限性,或者说指出了因果律的疆界。

(一)因果律的科学演变

从历时角度看,原因与结果是哲学中最早的范畴之一。希腊米利都学派的泰勒斯(Thales,盛年约在公元前585)曾提出"水是万物的始基","始基"

一词在古希腊语中便有"原则、原因"的含义，该命题主张水既是万物变化的原因，又是它们的归宿。这种因果联系在亚里士多德那里获得了明确界定，形成了因果范畴。

在经典力学占统治地位的时代，机械因果律获得了数学化的方程形式，成为人类认识活动中的金科玉律。这种以量为基础的因果运算可以在长程推理中不失其准确性，进而突破经验的藩篱去理性地认知自然，宇宙此时对人类似乎也越来越透明："我们应该把宇宙的目前状态看作宇宙过去状态的结果，同时又把它看作今后接着发生的事件的原因。设想有这样一个'智神'（intelligence）。他不仅知道给定时刻的支配宇宙运动的全部力以及组成宇宙的全部物质情况，而且在此基础上还具有能够对这些资料进行分析的巨大能力。那么无论是最大的天体运动或最小的原子运动，都将能包括在同一公式里。对这样的智神来讲，没有任何不确定的事物，未来的事物和过去的事物一样清清楚楚地呈现在他的眼前。"① 这便是建立在机械因果律基础上的牛顿—拉普拉斯决定论。

然而，在研究分子运动和热处理的过程中，科学家们发现，分子的运动并不总是规律和可掌控的，总有一些随机性的运动出现，使定量计算失效。"无论人们怎样表述自然规律，结果总将不可避免地依赖一些实质上独立的偶然因素……适用任一特定范围的因果律，即使是用来对只发生于这一范围内的事情做理想的预测，也是不够的。"② 那么，因果律是不是随着科学研究领域的扩大而抵达了自己的疆界呢？

物理学与数学的发展为人们处理随机事件提供了思考模型。研究表明，对于大量事件所构成的样本空间而言，单个个体事件虽然是不定的，但其总体结果却总趋于某种概率，相对确定。例如，抛钱币和掷骰子，虽然每次的结果不定，但假定每次抛掷的条件相同，即钱币、骰子的材料均匀，用力大小一致，则每一面出现的次数会越来越接近一定的比率。对微观层面的偶然性进行总括演算，即统计。"统计定律是大量客体或事件的集合中的机遇性涨落相互抵消而引起的一种规律性。"③ 这种规律性所依据的因果关系是对大量偶然事件进行统计平均的结果。其结果的准确性依赖被考察事物的数量，数量越多，整个统计规律就越接近必然性的因果联系。

统计因果关系是对机械因果关系的一种超越。它能克服单一因果的局限性

---

① 汤川秀树. 经典物理学Ⅱ [M]. 北京：科学出版社，1986：344-345.
② D. 玻姆. 现代物理学中的因果性和机遇 [M]. 秦克成，洪定国，译. 北京：商务印书馆，1965：183.
③ D. 玻姆. 现代物理学中的因果性和机遇 [M]. 秦克成，洪定国，译. 北京：商务印书馆，1965：39.

而处理因果关系复杂的事物，能够在最大限度内对偶发事件进行把握和预测，在梳理推演形式上将偶发事件的不定性转化为必然的确定性。统计因果关系的出现是因果律自身的一大发展，不仅在科学研究中得到大范围应用，同时被唯物辩证法所吸收，因果律在哲学研究中的统治地位进一步得到加强。

（二）因果律的哲学进程

因果律在思想中起源，由米利都的泰勒斯开启，在亚里士多德那里正式诞生，后因科学进步而得到巨大发展。

由于哲学的理性传统以及科学的推动，因果律也成为近代人类认识进程中的宠儿。因果律推导的有效性使得自然在人类面前呈现出确定的图画，哲学的前景似乎也可以一望即知："因果性原理以一种基本形式出现在几乎所有哲学家的著作里，他们认为科学假定如果已知任何一类事件A，那就永远有某种其他一类事件B，使得每一个A都是一个B所'引起'的结果；另外每一个事件都属于这样的类"。① 罗素笔下"每一个A都是一个B所引起的结果"可以说是形而上学决定论的典型表述。然而，随着哲学思考的深入，因果律虽然在科学理论上取得了显赫的成就，但在实践中人们却不得不面对偶然和不确定性。理论与实践之间的不一致似乎将机械因果律推向了困境。在人类之思的追问下，因果律似乎已经触到了自己的边界。

最早试图打破困境的思考来自康德。必然性和偶然性是康德十二个纯知性范畴之一。在康德的论域内，必然性和偶然性是人类先天的思维形式。在他看来，必然性只存在于理论领域，绝对必然性只是在思想中才能找的必然性，是人类知性的产物，但在物自体中，人类的认知理性应当止步——物自体为此为因果律划定了边界。这样，康德便通过划界的方式为偶然性和自由划出了一块地盘。

黑格尔进一步继承和发展了康德的思想，明确了必然性与偶然性的关系，并试图将偶然性因果化。他认为，"偶然的东西正因为是偶然的，所以有某种根据，而且偶然的东西正因为是偶然的，所以它也没有根据；偶然的东西是必然的，必然性自己规定自己为偶然性，而另一方面，这种偶然性又宁可说是绝对的必然性。"② 这是一个极富辩证思想的命题，它指明了偶然与必然之间的相互联系和相互贯通。命题中的"根据"一词表明，因果律是偶然与必然背后本质性的思想。也就是说，在黑格尔那里，不但必然有原因，偶然也是有原

---

① 罗素. 人类的知识 [M]. 张金言, 译. 北京：商务印书馆, 1983：378.
② 恩格斯. 自然辩证法 [M]. 于光远, 译. 北京：人民出版社, 1984：92.

因的。只是，必然性是单独因果序列的直接结果，偶然性是多个因果序列综合交织的结果。辩证法普遍联系的原则说明，任何事件的发生都会受到外部情况的干扰，都具有一定的偶然因素。不同于机械因果律的线状推理，辩证因果既包含必然又连接偶然，呈现出网状的交织，呈现出事物间的相互作用。

偶然性的因果化使得偶然性在认识领域中获得了合法地位，也为自己向必然性的转化提供条件。辩证法认为，必然性在实现自身的过程中要通过无穷尽的偶然性为自己开路，量的偶然背后隐藏着质的必然。必然性有一个事先建立（前提），它从那里开始，它以偶然的东西作为其出发点。这即是说事物发展的基本方向和总趋势体现着必然性，但必然性的存在以偶然性为条件。在辩证理路下，偶然性既通过地位和作用的不同与必然性对立，又通过彼此的转化与必然性相联系：偶然的背后深藏着必然。与必然之间的对立和转化牢牢地树立了偶然性在因果律中的合法地位。

通过辩证联系，人类克服了机械因果律的局限，把偶然性这个非确定性因素纳入了因果理论的视野，因果律的使用范围进一步扩大。

（三）因果律的消解

在辩证法的诠释下，因果律非但没有在思想中止步，还进一步扩张到了非确定性的偶然领域。以不确定性为主要特征的自由和生命，面临着被因果律浸染的危险。面对因果和必然的步步紧逼，柏格森从它的根基之本——科学出发对其进行了有力地批判。

随着牛顿经典力学对天文现象的预测和解释，因果律发展达到了一个巅峰。经典力学告诉我们，如同对苹果的引力一样，地球对天体也存在引力，我们可以通过方程式准确地测算出天体的运行速度及其轨道运动。日食、月食乃至新天体的发现，都不会逃脱以力为原因的数理演算。针对这些天文计算，柏格森做出如下分析："那些能够使我们预测天文现象的理由，恰恰就是那些我们不能提前去确定一个源于自由的动作的理由。这是因为物质宇宙的未来，虽然跟一个有意识的生存者之未来同时发生，却无法跟生存者的未来相比拟。"①也就是说，天文学预测依据的是时间之量，而非时间之质，或者说前者是时间的质，后者是时间的量。在天文学中，时间之所以是可以测量的，那是因为此时的时间如同空间一样是纯质的，是同一的，是可以无限分割的，因此也是没

---

① H. Bergson. Essai sur les données immédiates de la conscience [M/OL]. Chicoutimi：UQAC, 2002：85 [2016-06-28]. http://classiques.uqac.ca/classiques/bergson_henri/essai_conscience_immediate/essai_conscience.pdf.

有生命和自由的。而对生存者来说，他所体会的时间是异质的，是多样的，是陆续发生和不可分割的，因此也是生命和自由的。这是两种性质完全不同的时间。

科学的成功带给人们一种万事皆可预测的信念，这种预测包括我们肉眼观察不到的天体运动。但是在柏格森看来，天文学所处理的仅仅是空间而非时间，或者说，它处理的是时间的量而非时间的质。在方程式内，所有的时间 t 都表示量的时间。它最主要的特征在于，我们可以像分割任意空间一样来任意分割时间，以得出任意时间的天体运动状况，时间在这里并没有带来任何真正新的东西。但实际的情况是，任何天体的运动都是在时间中陆续发生的，它的任何后一瞬间都与前一瞬间相异，而方程式却将这些差异全部消解，得到的全部是同时进行的，全部是重复的。因此，"如果说天文学家能够预测到一种未来现象，那时因为他在某种程度上把未来现象变为眼前现象，或者至少是因为他大大缩短了我们和未来现象之间的间隔。"①

紧接天文预测分析之后，柏格森对机械因果律的运行机理进行解析。在他看来，机械因果律的基本原理在于，同样的原因会产生同样的结果。换句话说，不存在没有原因的结果，亦即结果中不可能拥有比原因中更多的任何东西，否则的话，这个"多出的任何东西"将是没有任何原因的。对物理世界而言，因为外在事物并不能明显地表现出已逝时间的痕迹，或者说，在物理学家看来，物质并不拥有绵延化的记忆。因此，尽管时间先后不同，他们总可以忽略物质的些许变化，再度得到完全相同的前件。然而，对于拥有记忆的意识而言，每一个心理状态都是在前一个状态上的丰富和变化，意识不可能存在完全相同的条件，任何相同的瞬间都不可能在意识中发生两次。因此，柏格森说道："如果因果关系在内心世界仍然有效，那它跟我们所谓的自然界的因果关系没有任何方面的相像。"② 也就是说，柏格森区分两种因果律：心理学的因果律与物理学或机械论的因果律。请注意柏格森这里的用词——"没有任何方面的想象"，这说明两种因果关系之间存在本质的区别。它们虽然共享"因果"一词，却不存在任何共同之处："后者（物理学上的因果律）意味着在从前一个时刻到后一个时刻的过程中什么也没有，而前者（心理学上的因果律）

---

① H. Bergson. Essai sur les données immédiates de la conscience [M/OL]. Chicoutimi：UQAC, 2002：86 [2016 - 06 - 28]. http://classiques.uqac.ca/classiques/bergson_henri/essai_conscience_immediate/essai_conscience.pdf.

② H. Bergson. Essai sur les données immédiates de la conscience [M/OL]. Chicoutimi：UQAC, 2002：88 [2016 - 06 - 28]. http://classiques.uqac.ca/classiques/bergson_henri/essai_conscience_immediate/essai_conscience.pdf.

则相反，它通过本身的行为创造了前件中所不存在的某些事物。"① 柏格森自己在"创造"下面加上了着重号，这也正是两种因果律在本质上相区分的地方。

心理因果律的出现带来了对因果关系的最新理解。对柏格森来讲，因果律首先意味着现实中存在新生事物，存在变化，因此也必然意味着结果中拥有比原因中更多的内容。此时，因果关系不再表现为物理学和数学中那个空间的量的必然，而是表现出和意识、自由、生命紧密相连的质的变化："自由要么是一句空话，要么就是心理学的因果律。"② 如同绵延与时间、陆续出现与同时发生、直觉与智能、质量与数量、深层自我与表层自我、物质与记忆、静态宗教和动态宗教、封闭与开放这些具有二元论哲学意味的词汇一样，柏格森对于物理因果律和心理因果律的区分澄清了同一词汇的两个对立含义。

随着其哲学思想的进一步深入，尽管用"心理学的"这一形容词来凸显它与一般因果律的区分，但对于"因果律"一词的定式理解使人们难免在一定程度上曲解和误解柏格森。虽然"柏格森从来没有为其哲学提前量身打造词汇和术语"③，在《创演论》中柏格森似乎想要摆脱这种误解，他把"因果律"这个表达给予了智能，给予了物理学和数学，恢复了它在常识语言中的原本之意，而把他在《论意识的直接材料》中所称之为"心理因果律"的东西则变成了"创造"，从思想和语言两个方面实现了对机械因果律的消解。

在生命的自由与生命的必然之间，接受任何一种观点都不应该是对另一种观点的绝对否定。科学不是认识存在的唯一途径，柏格森的生命概念亦然。对自由、或然和不定性的接受不意味着对规律、必然和确定性的绝对排斥。宇宙也许本来就拥有多样的存在方式，本来就存在有序与无序、必然与自由、定形和不定形等不同的性质和状态。柏格森哲学和当代科学从不同的路径都抵达了实在，殊途而同归。如同不同的登山者从不同的道路都抵达了山顶，看到了同样的风景。

自由与必然、因果与创造之间张力的呈现有利于我们用正确的态度来看待科学。科学通过公式、公理、规律等必然性的确把握到了部分实在，也迎合人类试图了解自然的好奇以及企图征服自然的狂妄，满足了人类对进步的期盼以及对物质的需求。科学因其实用性和功利性而在诸多寻求实在、真理和绝对的道路中取得了揭示实在的权威和优先权。需要明确的是，科学的权威和优先权

---

① H. Gouhier. Bergson dans l'histoire de la pensée occidentale [M]. Paris: Vrin, 1989: 6.
② H. Gouhier. Bergson dans l'histoire de la pensée occidentale [M]. Paris: Vrin, 1989: 6.
③ H. Gouhier. Bergson dans l'histoire de la pensée occidentale [M]. Paris: Vrin, 1989: 52.

存在的前提条件是世界存在多样的解释方式,科学是重要的,甚至是最重要的但不是唯一的解释方式。如果失去了这个前提,如果科学成为揭示实在的唯一途径,成为真理的唯一掌握者,那么它解释世界的权威和优先权便不复存在,曾经帮助人类找寻真理的科学从工具变成了暴力,成了思想的僭越者和独裁者。

## 第二节 思之有维与去维

空间思维考量事物的理路遵循四个维度,即空间三维再加上时间一维。空间性的三维概念为切割解析事物提供了手术台,而时间之维的加入又使得静止分散性的点、面、段或状态得到联系:以时间 t 为线进行串联,则将静止的点神奇地化为运动的轨迹,并据此研究变化。科学有维之思的力量得到了经验的实证支撑。对经验实证的抽象使人类理性知觉并提炼出自然界的因果律。因果律作为有维之思的内在尺度衡量一切,它与空间思维一起成为解开宇宙万物奥秘的钥匙。

然而,自然界的反复无常却并不亚于因果律所带来的必然性。有维之思的因果逻辑尺度虽然回答了物质在宏观世界的运动和变化,却难以回答生命意志中的流动性。因果律在主体的精神运作层面止住了它测量的步伐。如果在止步处思索,扭转思维向度,我们便会得到一种去维之思。它是对空间思维之维度的消解和融化,呈现出的是一种流动和无定形的视像。有维之思中的因果律令将被去维之思的创造性律令所取代。这种替代意味着认识论层面空间的第一性原则将让位于时间第一性——确定性被不定性所替代。

空间思维的退隐自然也伴随着理性的发问。去维之思呈现了一种不服从任何规律和必然性的流变实在,它完全是一个不可知的、偶然性的王国。而且,柏氏推崇的直觉方法引导认知主体龟缩到那个神秘的自我绵延之中,这种方法论同样是不可知的。那么,柏氏思想到底告诉了我们什么?

### 一、思维之去维

柏格森认为,用科学的方法不能解决形而上学问题。科学的方法具有功利性，它要求可实证和可测量，因为这样人们才可以准确把握规律，才可以运用规律去改造自然。相比较而言，形而上学的思辨是对具体利害关系的一种超越。这种思辨不重在使用价值而重在真理价值。科学方法因其实用性而注重对规律的追求，规律就意味着自然实在具有重复性的一面。不过，规律性并非自然实在的全部，实在也有自己不确定的一面，它以随机和偶然的方式呈现在人们面前。在柏氏看来，要理解这种不定性，就必须采取新的思维方式，扭转我们思维习惯。这个思维习惯就是空间思维。弗雷德里克·沃姆（Frédéric Worms）在其研究中指出，柏格森的天才发现，就是明确而具体深入地揭示了作为哲学研究主题的"生命"中所隐含的"思维与时间之间的矛盾"（la contradiction entre la pensée et le temps）①。

空间思维的特点是具有维度，如直线是一维，平面是二维，立体是三维。维度的作用在于区分，区分使得客体得以清晰地呈现在主体面前。因此，分离性便是空间的本质特征。空间思维意味着对客体的一种静态观察，它可以测定静止的物体，也可以通过运动轨迹来研究运动，它不但处理物质得心应手，而且可以精确地把握空间运动。科学的成功带来了空间思维的普遍化，当空间思维变成思维的唯一范式，当它僭越物质领域而进入精神领域，当它试图对精神的状态进行分割、测定并探寻规律，当这种以观物的方式被用来观人时，问题就随之出现。

在研究精神现象时，心理学家和生理学家往往采用空间的思维方法来分析问题，如对感觉进行量化的测定。对习惯空间思维的人来说，一个强度大的感觉往往包含一个强度小的感觉。此种观点隐含了一个假设，那就是感觉等同于空间，大的空间可以包含小的空间。这种假定其实否定了感觉作为一种流和作为一种性质所具有的动态性和相互渗透性，是用空间形式对感觉进行固化，其目的在于方便测定，便于将其与外界刺激的大小进行数量上的对应，最后找出一种恒常的数量关系。

但是，感觉是一种性质的东西，它自身不可以被测量，感觉的大小不是以量的形式来递增或递减。例如，我的心情比昨天沉重，我们不能准确表述出今天的心情比昨天到底重了多少；又如，我们要面临巨大的困难，这个"巨大"无法表述为面积或体积。当然，有些作为意识状态的精神可以代表外因，或者说，这种精神状态与外因存在关联，但这性质上的关联不能被外因量之大小所取代——精神状态本身不能用量来测定。因此，如按空间思维方式，一定要测定精神现象，那么必然将各种外在物理原因、现象与感觉强度本身相混淆，便

---

① F. Worms. Bergson ou les deux sens de la vie [M]. Paris：PUF, 2004：199.

会错失具有源初性的独特性感觉，只能得到外因的物理量而非内在的心理质。认识对象的变易与流动是对空间思维认识的一种否定，是对用抽象符号认识的一种拒斥。这些否定与拒斥需要一种新的认识方法，需要一种去维之思来突破空间思维密封的城墙，这种方法便是直觉。①

直觉理论是柏格森哲学中争议最大、最被人诟病的部分，为此它也成为其最有魅力的部分。柏格森不仅赋予了直觉不同的内涵，而且将其推举为把握绵延实在的唯一方法，确立了直觉的形而上学地位。

直觉，其拉丁文为"intueri"，英文、法文为"intuition"，德文为"Anschauung"，原意为"看""注视""观察"，一般指"心灵无须感觉刺激之助，无须先行推理或讨论，就能看见或直接领悟真理的天生能力"。② 由于具体所指的不同，该词在中文中也时常译作"直观"。直觉进入哲学领域最早可以追溯到柏拉图，"古希腊柏拉图所理解的直觉接近于天赋的直接知识"③；在亚里士多德那里，直觉则是产生三段论大前提的一种方法。④ 到了近代，由于哲学的认识论转向，笛卡尔、斯宾诺莎、康德都较为重视直觉的认知作用。笛卡尔站在理性主义的立场设定了直觉的先天自明性，将直觉看作演绎的起点；斯宾诺莎更将直觉看作认识三样式中最高级的样式；康德区分经验直觉和先验直觉，前者是质料，后者是形式，包括时间和空间。

从柏拉图到康德，直觉的内涵虽然不尽相同，但有一点是一致的，即直觉是一种天赋的能力，通过直觉所获得的知识是不证自明的，它无须凭借概念、推理等逻辑思维就能直接把握。就自明性和非逻辑性而言，柏格森的直觉与传统直觉是一致的。但作为把握实在的唯一方法，柏格森的直觉有着自己独特的内涵。

柏格森的时代是一个理性与科学占据统治地位的年代，科学的思维与方法已经进驻哲学的领域，并大有吞并兼容之势，实证压倒了思辨；并且"直觉"作为方法已经成为反理性与反科学的代名词。对于为何选择"直觉"，柏格森曾做如下表达："直觉是这样一个词：我们曾在它面前犹豫了很长时间。但在所有表达认知方式的词汇中，它仍然是最合适的。不过它也带来了混淆，因为谢林、叔本华以及其他人已经借用了这个词，他们或多或少地把直觉和智能

---

① 该节以下内容已发表于《在本能与智能之间——对柏格森直觉概念的再思考》[《武陵学刊》，2013(5)]，此处有所修改。
② 尼古拉斯·布宁，余纪元. 西方哲学英汉对照辞典 [M]. 北京：人民出版社，2001：520.
③ 陈永杰. 早期现代新儒家直觉观考察——以梁漱溟、冯友兰、熊十力、贺麟为例 [D]. 上海：华东师范大学，2009：3.
④ 黄龙保，王晓林. 中西哲学直觉思维之同异 [J]. 安徽大学学报（哲学社会科学版），1988 (2)：40.

(intelligence) 对立起来……他们的直觉并不首先致力于寻找真正的绵延。"①由此可见，柏格森作为方法的直觉与谢林、叔本华不同，他们的直觉是与智能对立的本能感觉，并且也不致力于寻找实在。柏格森的直觉并不是认识事物的普通方法，它致力于寻找普遍存在、寻找绵延，是抵达实在的唯一方法，它建立在智能之上，不与智能完全对立和冲突。柏格森指出："如果有下面一种掌握实在的方法，那形而上学就是这种方法：这种方法绝对地掌握实在而不是相对地认知实在，它使人置身于实在之内，而不是从外部的观点来观察实在，它借助于直觉，而非进行分析。简单地说它不用任何表达、复制或者符号肖像来把握实在。"②

在柏格森看来，有两种根本不同的认识方法，"第一种意味着我们迂回于对象的外围，第二种方法意味着我们进入对象的内部"③。前者名为智能（intelligence），是传统哲学的方法；后者名为直觉，是柏格森所推崇的方法。智能以逻辑推理为基础，在本质上是一种分拆和组合的分析方法：它首先把生成的事物静态化，并将其分解为已知的要素，之后又试图把空间中静止的这些已知要素连接起来重新构成运动。从本质上说，这种认识是把事物列置在静止的、量化的、分割的空间中加以研究和理解，是将内在的思想外化为空间结构。它当然无法把握那个时刻运动与创造着的绵延，把握不住真正的时间和宇宙的存在。

直觉才是把握绵延的唯一的、普遍的认识方法。什么是直觉？柏格森这样描述："我们把直觉叫作同感（sympathie），通过同感，我们置身于对象之内，以便与对象中那独特的、因而是无法表达的东西融为一体。"④ 由此可见，直觉首先是共感，是一种直达实在的认识方法。直觉之所以能把握流动的实在，是因为它可以直接进入对象内部，可以不借助于任何中介直接与对象接触，这样便消除了与对象间的空间距离，直达实在。直觉与绵延紧密联系在一起，进入对象后，它随着对象的发展而发展，随着对象的变化而变化，故而可以真正理解和把握绵延的生命实在。

---

① H. Bergson. La Pensée et le Mouvant [M/OL]. Chicoutimi：UQAC, 2003：18 [2016-06-28]. http://classiques.uqac.ca/classiques/bergson_henri/pensee_mouvant/bergson_pensee_mouvant.pdf.
② H. Bergson. La Pensée et le Mouvant [M/OL]. Chicoutimi：UQAC, 2003：100 [2016-06-28]. http://classiques.uqac.ca/classiques/bergson_henri/pensee_mouvant/bergson_pensee_mouvant.pdf.
③ H. Bergson. La Pensée et le Mouvant [M/OL]. Chicoutimi：UQAC, 2003：98 [2016-06-28]. http://classiques.uqac.ca/classiques/bergson_henri/pensee_mouvant/bergson_pensee_mouvant.pdf.
④ H. Bergson. La Pensée et le Mouvant [M/OL]. Chicoutimi：UQAC, 2003：100 [2016-06-28]. http://classiques.uqac.ca/classiques/bergson_henri/pensee_mouvant/bergson_pensee_mouvant.pdf.

"直觉是柏格森主义的方法。直觉既不是某种情感、灵感，也不是一种混沌不清的共感，而是一种精心设计的方法，它甚至是最为精心设计的哲学方法之一。"① 这种精心设计的方法不可以轻易获得，需要主体付出一定的努力。直觉不同于本能。本能是生物天生的一种能力，其本质是无意识的，它无须付出努力即可获得；而直觉的获得则是有意识的，主体必须通过努力才能获得。出于现实需要，长期生活在社会中的人不得不遵循智能的思维方式，使自己的行为经常处于工具理性的支配下，无法随时随地展现直觉的能力，故而并不能时刻感知绵延的实在，也无力经常体悟到生命的自由和冲动。要想获得直觉，主体必须摆脱日常生活的拘泥，充分施展想象和意志的努力，必须使心灵"违背自身，一反它平常在思想时所习惯的方向，必须不断地修正，或者说改造它所有的范畴"。② 也就是说，要达到直觉的认识，完全处于对象的内部，主体就必须努力扭转日常思维的方向，尽量跳脱智能的约束，进而超越现实，超越功利。

　　直觉具有整体性。直觉方法是一种单纯的行为（un acte simple）。它通过共感置身于对象之中，与对象融为一体。这时，主体不再从"所处的外部来了解运动，而是从运动所在的地方、从内部、从自身来把握运动"③。只有伴随着对象一起运动、发展、创造，直觉才能获得对对象的完整认识。由此看来，直觉不仅是一种认识方法，也是一种行为和感受，而且是一种单纯、不可分割的行为和感受。

　　直觉方法具有不可言喻性。直觉化的形而上学具有质的多样性、内在的连续性以及方向的统一性，是一门不用符号的科学，是语言把握不了的实在。语言作为符号，表达的多是对象非个性的方面，提供的不过是实在的阴影。即使是隐喻语言也无法同时完美表达绵延的这些特性，"没有一个比喻能够表达这两个方面之一方面而不损害另一方面"。④ 在柏格森看来，任何形象都不能把意识之流的那种原初的感受确切地表现出来。不过相对于分析语言而言，隐喻的优势在于向我们展现了丰富生动的具体形象。这些形象虽然不能完全替代直

---

① 吉尔·德勒兹. 康德与柏格森解读 [M]. 张宇凌，关群德，译. 北京：社会科学文献出版社，2002：99.
② H. Bergson. La Pensée et le Mouvant [M/OL]. Chicoutimi：UQAC，2003：117 [2016 – 06 – 28]. http://classiques.uqac.ca/classiques/bergson_henri/pensee_mouvant/bergson_pensee_mouvant.pdf.
③ H. Bergson. La Pensée et le Mouvant [M/OL]. Chicoutimi：UQAC，2003：99 [2016 – 06 – 28]. http://classiques.uqac.ca/classiques/bergson_henri/pensee_mouvant/bergson_pensee_mouvant.pdf.
④ H. Bergson. La Pensée et le Mouvant [M/OL]. Chicoutimi：UQAC，2003：102 [2016 – 06 – 28]. http://classiques.uqac.ca/classiques/bergson_henri/pensee_mouvant/bergson_pensee_mouvant.pdf.

觉,却可以把意识引向获得某种直觉的方向。

直觉方法具有超生命性,是认识实在的唯一可行性方法。"生命"在柏格森思想中的地位非同寻常。从文学角度看,柏氏著作中有着诸多与生命相关的比喻和概念,如永不停息的绵延之流、飘忽不定的直觉之光、不断丰富的记忆雪球等都极富生命气息;从哲学层面看,柏氏思想的主体部分,如绵延说、记忆论、创造观等无不浸染着生命的色彩。但是,柏格森的生命并不单指有机体的有限生命,也不局限于主体人的生命。在那些饱含生命特征的概念能指背后,指向的是普遍存在的运动、变化、创造、不定性。这种通过直觉发现的不定性正如通过科学发现的确定性一样,都是一种客观实在。因此,若将柏格森的生命笼统地理解为有机体的生命,便是遮蔽了其思想进路中对有机生命的升华,对生命有限性和主体性的超越。

## 二、有维之思的诘难

直觉作为柏格森哲学的方法,因其源于个体层面的体验性而具有一种神秘感。这种体验对个体来说是确切的,如鱼游水,冷暖自知。但从理性角度,从可言说的逻各斯来看,它不是指向确定性,而是指向不定性。柏氏直觉的这种境界在理性看来不是对事物的一种认知,而是一种用语言难以阐释的主观体验。此种神秘性似乎说明,柏氏的直觉之思恰恰是站在理智的对岸,或者直接讲,是一种反理性的思维方式。对柏氏直觉方法的诘难主要来自两个方面:一是辩证唯物主义,二是逻辑主义。如果撇开理性与反理性的争执,深入学理中探究,对诘难方的理据进行推敲,对诘难方发问的潜在假设进行追问,或许会对这个诘难有更深的认识。

先看辩证唯物主义的理由。该方认为,[①] 柏格森的反理性主义观点是基于如下诡辩。在认知对象这一边,柏氏认为被认知的实在是一种绝对的运动变化,一种生命之流。而在认知方法这一边,理智的认知方法只是一种机械认识法,方法自身不包含任何活动性。这样,认知对象与认知方法便各处运动与静止的一端,始终不会有交集。简言之,理智这种方法不能认知实在。按此种理解,柏格森之所以出现这种谬误,是因为他的生命并非物质发展的产物,是一种神秘的、处在物质世界之外的一种存在。柏氏通过心理体验而发现的绵延,既不同于唯物主义的存在,也非唯心哲学意义上的某种精神实体。因为绵延并非按唯物主义的标准,一定依附于某种物质性实体;也非唯心的精神实体的静

---

① 柏格森. 形而上学导言 [M]. 刘放桐,译. 北京:商务印书馆,1963:ⅰ-ⅱ.

止性存在，而是一种不断生成。因此这种存在便是一种倾向。在辩证唯物主义看来，存在的这种倾向性使柏氏将运动变化本身与运动变化的承担者分割开来，而且只看到运动性而未看到作为运动承载者的物质性实在，或者说，用运动性消解了物质的存在性，即用运动性替换了物质的存在。显然，物质是唯物主义的根本尺度，也是该观点背后的理论依据。那么，这个尺度与依据自身的确切含义如何呢？

这个尺度既有自然科学的根据，又有哲学上的根基。从自然科学方面看，物理学是研究物质与运动的最权威学科。当物理学从经典物理学转向量子物理学，其微观概念由力学转向能，其研究方向从宏观转向微观，物质观念发生了深刻变化。从微观层次看，物质就是量子的一种活动，这种活动具有不确定性，它的理论表达便是测不准原理。辩证唯物主义的物质观不可能与科学发生冲突，它最新的理论表达是，物质是一种客观实在。这种客观实在摆脱了朴实唯物主义和机械唯物论的具象性物质观而进入了哲学思辨的层面。作为对物质的思辨，它实际也摆脱了自然科学量化视域下的物质，即摆脱了科学的有维之思而进入了去维之思。辩证唯物主义的最新物质观使空间化和量化的物质转化成一种质化的物质，其重心在于性质，而非量度。而且，当辩证唯物主义主张以运动和发展的观点来看世界时，我们不能不说它其实和柏格森通过直觉体验到的作为倾向的实在具有某种程度上的暗含。

当然，该研究主张，① 唯物主义的运动和柏格森的运动是两回事。因为前者的本质是时间和空间的统一，而后者只是单一的时间，是对空间彻底的否定。按照辩证法的观点，运动是时空的本质。时空的本质由两个概念来表达，一是（无限的）不间断性，二是"点截性"（等同于对前者不间断性的否定，点截性即间断性）。"运动是（时间和空间的）不间断性与间断性的统一。运动是这两者矛盾的统一。"② 若与柏格森的观点对照，两者似乎相反，因为柏氏虽然强调运动，但实际上他强调的是绝对运动，是只有时间这一面的绝对运动，而非时间与空间之统一的辩证运动。说到时间与空间的辩证运动，我们不能不稍稍提及黑格尔。

正是黑格尔首先打破了牛顿的绝对时空观，认为时空不可分，是一体的。"一般的表象以为空间与时间是完全分离的，说我们有空间也有时间，哲学就是要向这个'也'字做斗争。"③ 对黑格尔而言，空间是间断性与连续性的统

---

① 柏格森. 形而上学导言 [M]. 刘放桐, 译. 北京：商务印书馆, 1963：ⅳ.
② 列宁. 哲学笔记 [M]. 中共中央马克思恩格斯列宁斯大林著作编译局, 译. 北京：人民出版社, 1960：283.
③ 黑格尔. 自然哲学 [M]. 梁志学, 薛华, 钱广华, 沈真, 译. 北京：商务印书馆, 1986：47.

一。空间的间断性使物与物的界限与区别得以可能，而连续性才能说明物的整体性。空间的间断性与空间的联系性之间的关系是一种辩证关系，前者是对后者的否定，空间的连续性被否定后，空间则分为许多不相关的持续存在。但是，空间整体的联系性才是空间的本质真理之所在，因而要求上述不相关的持续存在自我扬弃。所谓时间，正是这种持续不断的自我扬弃的存在。因此，"时间是否定的否定，或自我相关的否定。"① 于是，"空间的真理性是时间，因此空间就变为时间。"② 上述表明，在时空一体的辩证法中，时间比空间更为重要，更为本质。由此，辩证法的时空观与柏格森的学说又体现出一定程度上的契合。

当然，也需要指出，黑格尔的辩证法与唯物主义的辩证法不同，后者颠倒了前者对运动与物质关系的界定。在唯物辩证法看来，时空关系应从属于物质，而不能用时空中的运动所体现的位置来规定物质。但从辩证法的辩证关系角度看，黑格尔与柏格森似乎都认识到时间相对于空间应处于更深的一个层次。

如果说唯物主义与柏格森思想还有某种程度上的契合的话，那么逻辑主义与柏氏的主张则显得针锋相对。罗素在其著作中对柏格森的学说进行了逻辑上的拷问，意在表明柏氏哲学的主张是没有理由的。在罗素看来，柏氏缺乏逻辑依据的学说只是一种富于浪漫气息的诗意作品，是一种纯想象之物。柏氏的大部分声望来自他对世界赋予想象的描绘，它既不能被证实，也不能被证否。③ 这种来自感性的依据在冷静的思想家看来并不是真正的理由，至少是一种不可靠的依据。那么，罗素是否的确从逻辑上指出了柏氏思想的矛盾？是否的确否证了柏氏哲学的所有依据呢？

罗素对柏格森思想的诘难主要集中在时空论和精神与物质的关系这两个学说上。在时空观念上，柏氏认为当下对实在的思考方式全部是一种空间思维，时间也是一种空间化的时间。这种观点的理由来自对数的分析，他指出"只要我们想象数（nombre），而且不仅仅是数目（chiffres）或词（mots），我们便不得不求助于一个具有广延性的物象……并且，关于数的每一个清晰观念都暗含着一个在空间的视觉。"④ 对此，罗素认为柏格森对数没有清晰的概念，而且不懂数是什么。用罗素专业的眼光看，数可精确地分为三类：一是适用于种种个别数目的一般概念，二是种种个别数，三是种种个别的数对之适用的某种

---

① 黑格尔. 自然哲学 [M]. 梁志学，薛华，钱广华，沈真，译. 北京：商务印书馆，1986：47.
② 黑格尔. 自然哲学 [M]. 梁志学，薛华，钱广华，沈真，译. 北京：商务印书馆，1986：47.
③ 罗素. 西方哲学史（下）[M]. 马元德，译. 北京：商务印书馆，2010：367.
④ 罗素. 西方哲学史（下）[M]. 马元德，译. 北京：商务印书馆，2010：358.

集团。① 罗素的确指出了柏氏在数这个概念理解上的不严谨，也就是说，并非每一个数都暗含空间。但是，罗素并没有驳倒在数具体物品时可以不借助空间这个观点。罗素在此绕开了这个事实而把批判提升到了关于数的理论上，即意在证明理论上的数不具有空间性。因此，柏格森所依凭的客观根据并未被罗素否证。而且，在数学理论的发展史上，数与空间的联系非常密切。例如，初等数学中的解析几何、高等数学中利用微分方程解决曲线与不规则球面的问题，以及解决非欧几里得几何学中的问题，等等，都说明了数学理论中数形关系的密切性。

如果抛开数学理论层面数与空间性的问题，直接针对数数是否具备空间性这一事实分析，我们又会得到何种结果呢？对此问题，罗素认为，借助空间数数是把一种个人特异性的癖好当成思维的必然性，并把这种个性进行了一种没有根据的推广而使之成为共性。"据我想，把时钟的打点声在想象的空间中排列起来的逻辑必然是没有的，大多数人完全不用空间辅助手段数钟响声。"② 至此，罗素并没有说错。但这个判断要附加一个前提，即日常生活中在数打点的钟声时确实没有必要在想象的空间中进行排列。不过，如果是在学理研究中，便会发现数数行为潜藏着空间排列。因为在数数过程中必定包含停顿，停顿就意味着一种间隔，意味着一种瞬间的静止和瞬间的固化，意味着空间象征性的抽象的点状。没有停顿，就没有区分。由此，罗素的判断就要改写，数数只是在日常生活中没有必要借助空间，但它内含一种潜意识的空间，这在学理上是一种逻辑必然。

罗素对柏格森时间思维的批判不仅局限于数的量化领域，而且延伸到了概念这个性质领域。柏氏认为，使用抽象概念的逻辑学是几何学的一个分支，因此逻辑学内含空间性。逻辑学的要义在于清晰性，而清晰的基础便是可分，一切可分都暗含空间。理智便是依凭将事物并列在空间使其分离而得到明晰的识别。罗素举出反例，如白和黑、健康和生病、贤和愚等。这些抽象观念是一种性质上的二分，它们不可能有空间性。罗素没有错，上述抽象概念都是属性，并无空间。其实，罗素是无意中支持了柏格森，因为对象自身其实是连续的。例如，白和黑之间有灰色的过渡，健康和生命中间有亚健康，贤和愚之间也有中间状态，等等。在柏格森看来，生命或与生命相关的认识对象从来就是一种流，不可分，人类为了认识才用空间性思维去切分，也才有了上述的对立。所以，对这些对象的区分或者对这些对象的处理方式都是一种空间性思维。也就

---

① 罗素. 西方哲学史（下）[M]. 马元德，译. 北京：商务印书馆，2010：358.
② 罗素. 西方哲学史（下）[M]. 马元德，译. 北京：商务印书馆，2010：359.

是说，罗素实际上是用对象的非空间性否定了方法自身的空间性。

再看备受罗素指责的物质与精神关系学说。该学说的核心概念是物象，此概念在罗素的《西方哲学史》中译为"心象"。柏格森的这个概念设定旨在在哲学认识论上调和理念论和实在论之间的矛盾。柏氏认为，这两方各持主客一端，造成了很多哲学认识论上的伪问题。但在罗素看来，主客体之间的对立消除后会引起一系列混淆，如现在的记忆行为和所记忆的过去事件之间的混淆，认识行为与认识到的事物之间的混淆。这种混淆将会引起一些滑稽的结果。例如，"我的朋友琼斯虽然自己认为是在南美，而且独立存在，其实是在我的头脑里，而且依靠我思考他而存在；圣马可大教堂的钟塔尽管很大，尽管事实上四十年前就不再存在了，但仍然是存在的，在我的内部可以见到它完整无损。"① 难道柏氏的物象理论在逻辑分析面前真的这样滑稽吗？其实罗素是用主客二分的思维方式对柏氏的客观概念进行了转移。柏氏指出，记忆（精神）是独立存在的，它是客观的。例如，圣马可大教堂的钟虽已拆除，但在记忆里会保持完整，这个记忆是个客观事实。正如某人很清楚地记得某事某物，这种记忆和当下不会发生混淆，记忆会和当下的知觉进行协调，只有符合和有利于当下行动的记忆才会和现实发生关系，纯粹的记忆客观自存。这便是柏氏记忆的客观属性所在。此种自足存在的客观与事物经历沧海桑田变化后的当下客观性并不矛盾。罗素是剔除了柏氏学说中记忆与当下知觉的联系后，利用柏氏学说中纯粹记忆和当下事实都具有客观性这一说法，对两种客观性进行了混用，才出现上述滑稽的结论。

在罗素看来，柏格森的物象理论不仅在逻辑上产生滑稽的结论，而且理论自身也矛盾重重，且毫无依据。例如，柏氏学说中大脑也是物象这个命题。对此，罗素持怀疑态度，理由在于，柏格森认为物质和物质的知觉是同一个东西，但大脑（脑髓）是不能被自己或别人感知的，那大脑就不可能是一个心（物）象。② 在罗素看来，柏氏的错误则在"他可以先将心象讲成中立于精神与物质之间，然后又断言脑髓尽管从来没有被描绘成心象，但仍是一个心象。"③ 此处，罗素的推理是，既然物象等同于对物质的知觉，大脑不能被意识知觉到，那大脑就不可能是一个物象。因此，柏氏把大脑设定为物象，要么是一种逻辑矛盾，要么就是一个没有根据的设定。不过，罗素在此对柏氏的指责是偷换了柏氏的前提条件。柏氏认为物象有两种，一种是被意识到的，这种

---

① 罗素．西方哲学史（下）[M]．马元德，译．北京：商务印书馆，2010：366．
② 罗素．西方哲学史（下）[M]．马元德，译．北京：商务印书馆，2010：366．
③ 罗素．西方哲学史（下）[M]．马元德，译．北京：商务印书馆，2010：366．

称为物象的表现或再现（représentation）；另一种是没有被知觉到而依然是物象，此种称为呈现（présentation）。所以，柏氏所说的"物象与对物质的知觉是一回事"这句话是针对第一种物象的一种描述，而这种描述被罗素换成了自己下结论的唯一前提。

以罗素为代表的逻辑主义与柏格森学说的根本分歧在于认识的方法上。前者重在一种主客二分的模式，意在分析中见清晰；而后者重在主客消融的状态，意在体验中见确定。这是两种认识进路，它们之间不可通约。若一方想把自身当作判断对方的尺度，那将可能产生两种结果：一在学理上导致一方对另一方的宰制，二超出学理进行一种意气之争。这种意气之争在罗素这里显得尤为明显。除了在学理上对柏氏思想用逻辑剃刀进行阉割外，罗素还嘲笑柏氏与蚂蚁、蜜蜂是一类，这些表现与一个冷静和理性的思想家应有的言行举止相差甚远。

从另一方面看，柏格森学说虽然指出了理性方法的局限，但在立场上还是承认理性和实证科学的必要性，尤其在功用上的必要性以及面对物质时的必要性。但是，当对象转化为生命时，这种功用性就要让位于非功利性，人不是物，不是被征服、被改造、被利用的对象。因此，与其说柏格森思想是一种反理性，还不如说是对理性僭越的一种警惕。

## 三、诘难背后的价值取向

柏格森学说面对两种诘难背后各自有其不同的根据。在辩证唯物主义一方看来，柏氏在学理上与唯物主义的物质观相悖，是一种典型的唯心主义或是一种神秘主义。经由柏格森思想而认识的自然实在是一种不定实在，是一种绝对的运动变化，它排斥任何相对的静止，由此，这种实在也就脱离了人类理性的认知范围。这种神秘性导致柏氏思想自身因其体验性和不可实证而难以被认可。在逻辑主义一方看来，柏氏思想是一个没有根据的学说，它在逻辑上违背了充足理由律，导致偶然性也是一种实在。① 两种诘难发问的依据不同，但其背后都隐藏着一个共同的假设，那就是柏氏的学说没有用。因为柏氏学说从自身的方法到认识的结果，都在理性认识能力之外，都在规律和必然性之外。总而言之，两种诘难从根本上认为，柏氏哲学只是一种玄想，没有实际的使用价值。

罗素曾经指出，柏格森哲学是"应当不从理智根据而从审美根据来评判的

---

① 罗素. 西方哲学史（下）[M]. 马元德, 译. 北京：商务印书馆，2010：367.

富于想象的叙述诗"。① 言下之意柏氏思想仅是因其文采具有审美价值。但实际上柏氏学说不仅对文艺创作有价值，而且对科学研究也有价值。在文学上，柏氏的"心理时间"给意识流文学带来关键性影响，② 直觉主义成为意象派诗歌的理论基础；③ 而在科学研究上，柏氏的诸多哲学思想为系统科学的形成提供了思想来源，④ 怀特海（Alfred North Whitehead，1861—1947）曾把他的有机论视作柏格森哲学的继续和发展，⑤ 他甚至被称为"纯粹的柏格森主义者"，⑥ 耗散结构理论的创始人普里戈金（I. llyaPrigogine，1917—2003）也曾深受《创演论》创造思想的影响。⑦ 这表明，人类对规律和必然性的认识有助于人类掌握和改造自然，但对不定性或偶然性的认知以及对它们的承认，最低程度上来说，也有助于人类的创造和创新。上述事实就体现了柏氏思想的"有用性"。但问题不止于此，因为对柏氏思想有用性的证明还只是在辩证唯物主义和逻辑主义框架内说事。

如果就柏格森思想本身的理路来看，其价值取向则在于非功利性。它认为，任何科学知识都是由人类理性设定的符号所构成，它们都是为人类自身行动的便利而做出的一种假定。"它们只有使用价值，没有真理价值……科学认识的目的不是为了获得关于实在的内在和形而上学的思辨，而纯粹是为了使用实在。"⑧ 从逻辑上看，此处"真理价值"与"使用价值"是对立关系。如果说与"使用价值"相对应的是科学知识，那么与"真理价值"相对应的便是形而上学知识。前者是功利性的，后者是非功利性的。"哲学的职责必是摆脱那适应基本思维要求的科学习惯，强迫精神使之与智能的自然趋向背道而驰，以认识历史的连续时刻中不可还原和不可逆转的东西。"⑨ 柏氏哲学的非功利性至此一目了然。

但遗憾的是，当下学界的主流观点仍然认为柏氏思想不是一种非功利性的纯理论向度的学说。这种主张又分为一强一弱两个观点：一为它是一种行动哲

---

① 罗素. 西方哲学史（下）[M]. 马元德，译. 北京：商务印书馆，2010：357.
② 夏腊初. 论柏格森的"心理时间"对意识流小说的关键性影响 [J]. 云南师范大学学报，2005（7）：89.
③ 付昌玲. 柏格森与意象派诗论的历史传承 [J]. 江西社会科学，2012（5）：93.
④ 叶立国. 哲学思想：系统科学形成的形而上学基础 [J]. 系统科学学报，2012（5）：10.
⑤ 陈卫平，施志伟. 生命的冲动——柏格森和他的哲学 [M]. 上海：上海三联书店，1988：73.
⑥ 罗跃军. 论柏格森"绵延"概念之内涵及其对过程哲学的影响 [J]. 求实学刊，2011（7）：36.
⑦ 吴国盛. 时间的观念 [M]. 北京：北京大学出版社，2006：193.
⑧ 柏格森. 形而上学导言 [M]. 刘放桐，译. 北京：商务印书馆，1963：vi.
⑨ H. Bergson. L'évolution créatrice [M/OL]. Chicoutimi：UQAC，2003：27 - 28 [2016 - 06 - 28]. http://classiques.uqac.ca/classiques/bergson_henri/evolution_creatrice/evolution_creatrice.pdf.

学，二为它有实践哲学的特性。第一种观点来自一个事实和一个逻辑推断。事实在于，对柏氏而言，大脑这个神经中枢不会自己制造"表象"，它只是一个能够接受和反馈刺激的器官，它的根本功能是行动。因而知觉作为我们身体直接同世界交往的中介点，其本身也指向行动，而不是指向纯粹的认识。① 而推论在于，因为知觉本身内涵的记忆要素从根本上说关系到绵延实在，这就使柏格森哲学从根本上讲不是要认识世界，不是知识论向度的哲学，而是行动哲学。② 但是，该观点进行的是空洞的形式逻辑递归，混淆了手段与目的。大脑作为神经系统的器官的确能接受和反馈刺激，但我们不能忽略大脑也是一个思考（选择）器官。该观点还认为，同理知觉也指向行动而不指向认知。值得注意的是，大脑与身体以及知觉的机制，在柏格森《物质与记忆》一书中是作为事实和证据的形式出现。事实本身不是观念，手段不是目的。这些事实作为手段只是为了证明大脑不是记忆（精神）的储存器，这些事实指向记忆的独立性质，而记忆的独立性才是柏氏方法的一个认知结果。所以，手段与目的的关系在该研究的分析中恰恰颠倒了位置。

该主张的背后存在着功利性的影子，因为行动哲学这个说法不能不使人联想到柏格森哲学对实践的理论指导性。似乎只有把柏格森哲学归为行动哲学，才会体现其使用价值，才会逃避对其进行理论意义与实践意义的追问。所以该研究一直将柏格森哲学定义为"严格的科学"③。然而，这恰恰违背了柏氏思想的整体精神。

关于行动的哲学，还有一点需要说明。柏格森在《道德与宗教的两个来源》中的确提到了行动。但这种行动不同于人以身体知觉为中心的行动，也不同于人类改造自然和征服自然的行动。它是一种领悟了神性之后的行动，它超越了柏拉图理念，是和大爱与创造并肩的一种行动，不是基于身体需求的个体化行动，我们不妨把它理解为形而上学意义上的行动。

再看柏格森哲学具有实践特征，或者说，具有实用主义倾向④这个观点。笔者认为，柏氏思想具有实践特征与实用主义倾向之间不能用"或"字来连接。因为这两者内涵不同。其一，柏氏思想的实践性特征来自于柏氏思考的对象，如知觉和记忆。知觉是实践的，"而记忆的本源是非功利的，但它的使用却不能不是功利的。"⑤ 这里需要区分的是，研究对象的实用性是一个客观事

---

① 王理平．差异与绵延 [M]．北京：人民出版社，2007：140．
② 王理平．差异与绵延 [M]．北京：人民出版社，2007：140．
③ 王礼平．柏格森：哲学作为严格的科学 [J]．自然辩证法研究，2006（8）：27．
④ 张汝伦．现代西方哲学十五讲 [M]．北京：北京大学出版社，2013：74．
⑤ 张汝伦．现代西方哲学十五讲 [M]．北京：北京大学出版社，2013：74．

实，但研究理论的实用主义倾向是一个主观判断，客观事实与主观判断在性质上完全不同，不能用"或"字连接。简言之，研究对象的性质不能决定研究理论的性质，此其一。

其二，对柏格森思想的实践性理解的根据在于人的生存。传统西方哲学把人看成一种理性动物，理性最突出的方面便是认识能力，即理论理性。与之相反，柏氏认为人是社会性动物，它的理性既表现为制造和使用工具，也表现为人在社会活动中需要交流而发展了语言和社会关系等，由此人就提高了概念化和形式化的能力，也就是说，"对柏格森来说，人生在世，首先是要适应自己的环境，使得生命得以发展和延续。人首先是行动的主体，而不是认识的主体，人的理智能力是在适应和对付严酷的生存环境中产生和发展起来的。从这一基本认识出发，柏格森对人的理解基本上是实践哲学的。"① 该研究从现实出发，认定生命过程就是一个实践过程，无论理智活动还是本能活动，都离不开生存活动这个前提。因此，认知活动也是源自实践，认知的起源和目的都有明显的实践特征。但是，当柏氏通过对大脑与身体的关系进行分析并进而将精神（记忆）独立出来后，当精神摆脱物质与制约物质的必然规律后，如果依然把柏氏哲学当成实践哲学，把实践依旧理解为是认知的起源与认知的归宿，那这种不定、自由的精神又如何指导人来适应现实的生存环境呢？

其三，该研究认为，生命活动基本上是一种生成活动，一种实践活动，所以柏氏的生命概念固然有其宇宙论的意义，但最后还是落实在人的生命实践创造上。② 在此，关于对柏格森生命概念的理解又涉及一种超拔还是囿于生物学意义或人类中心主义意义上的生命。如果最后还是落实在人的生命实践创造上，那么这种理解不可避免地具有功利性的影子，最终也只能拥有物质层面的自由而不会拥抱真正的自由。

柏格森哲学具有实践性的一面，但并非实践哲学，它的底蕴是非功利性的。它指向认知，获得的是不定性，这种不定性正是创造与自由的基础。柏氏的自由存在两个层次，一是人的自由，二是宇宙层面的生命自由。关于人的自由，柏氏与马克思的自由观点相比，既有同也有异。其共同点在于，人的自由来自人自己的创造性。马克思认为，"自由的活动是完整的主体'从全部才能的自由发展中产生的创造性的生活表现'。"③ 因为最能体现人的主体性特征的便是人的创造性才能。在资本主义制度下，工人工作不可能得到自由，细致的

---

① 张汝伦. 现代西方哲学十五讲 [M]. 北京：北京大学出版社，2013：75.
② 张汝伦. 现代西方哲学十五讲 [M]. 北京：北京大学出版社，2013：75.
③ 李德顺，孙伟平，赵剑英. 马克思哲学范畴研究 [M]. 北京：中国社会科学出版社，2010：479.

分工使得他们只是单调地重复制作某一产品的零部件，重复意味着零创造。工人甚至都看不到最终产品，更不用说去使用和支配这些产品。与此相比，在传统手工业中，手工业者拥有创造的自由，他们可以改进自己的作品，并看到其完成。完整的作品使工人将自己创造性的本质力量物化到对象之中，他们有成就感，而资本主义制度下的工人无法企及这种感受，他们在劳动中看不到自己本质力量的物化，不能从产品中肯定自己，这便是一种异化。工业劳动对工人而言不是自由地发挥自己的体力和智力，"不是他的自主的活动。"[1] 所以，按马克思的观点，人的自主性、创造性发挥越充分，人就越自由。

在柏格森看来，自主性仍是自由的基础。作为行动特性的自由，其原因不能简化为任何外部的决定性因素，它只能出自内部。"当我们的行动出自我们的整个人格，当这些行动把我们的人格表现出来时，当它们同人格之间的相似，如同我们常常发现的那种艺术家和其作品之间的相似性一样的时候，我们就是自由的。"[2] 这里表明，人与深层自我越接近，人越自由。艺术家与其作品的表达之间的关系是深层的、自我的。人的创造性离这种关系越近，就越自由。

不同点在于，马克思认为，人只有运用自己的实际力量，一种感性的现实力量，去改造客观世界，才可能实际体会到自己的自由。这种自由基于对规律的认识和把握，人不是自然规律的奴隶，人可以驾驭和利用自然规律。自然规律一经认识，人们便能运用它们来改造客观世界，并由此获得了自由。而柏格森认为，宇宙自身就是生命，"因为自由并不仅仅是人类个体自我的特征；它如同绵延一样延伸至生物的各个层面。"[3] 作为生命，宇宙是自由的，它不可预测，远离必然性，是一种创造。在对待自然的问题上，柏氏并不是以一个宰制者的身份出现，人类生命只是宇宙的一分子。对物质而言，必然性是一种在场；而对生命来说，必然性不在场，不定性弥补了必然性的缺席。宇宙层面的自由才是柏氏给我们展示的真正自由。

---

[1] 中共中央马克思恩格斯列宁斯大林著作编译局. 马克思恩格斯选集（第一卷）[M]. 北京：人民出版社，1995：43.

[2] H. Bergson. Essai sur les données immédiates de la conscience [M/OL]. Chicoutimi：UQAC, 2002：77 [2016-06-28]. http://classiques.uqac.ca/classiques/bergson_henri/essai_conscience_immediate/essai_conscience.pdf.

[3] F. Worms. Le Vocabulaire de Bergson [M]. Paris：Ellipse, 2000：40.

## 第三节　生命的形上与形下

从批判传统哲学以及近代科学对生命的摈弃到绵延的发现，从生命的主体有限性到生命的宇宙无限性，从《意识的直接材料》到《创演论》，柏格森完成了生命概念在形而上学层面的发现、建构和超越。但柏氏的哲学之路并未就此止步。如同所有伟大的思想家一样，在经历了对本体论、认识论、方法论等传统哲学问题的抽象思考之后，柏格森将自己哲学的归宿指向了人类的道德宗教关怀，将生命的形上之指引与形下之践履有机结合起来。《道德和宗教的两个来源》（*Les deux sources de la morale et de la religion*，1932）既是柏格森的最后一本重要著作，又是他全部思想的一个总结，为他"没有体系"的思想体系[①]画上了一个句号。

### 一、生命的形上之引

本着思想发展的始终贯一性，柏格森将创演的观点引入社会领域，从生物学的角度开始了他对道德和宗教起源的阐释。

《道德与宗教的两个来源》继续了《创演论》中的一个主要观点，即在生命冲动的作用下，大自然最终呈现两条进化路线：一条沿着节肢动物展开，一条沿着脊椎动物延伸。在这两条道路上，本能和智能起初还彼此融合包含，后来便沿着不同的方向分别发展：本能的顶点是以蜜蜂和蚂蚁为代表的膜翅类昆虫，智能的终点是人类。尽管在生命的进化过程中出现了分化，本能和智能在人类和蚂蚁那里并不截然对立，它们彼此都保存着对方的残余："在智能的边缘还悬挂着本能，而在本能的深处潜存着智能的微光"[②]。尽管两条路线所达

---

① 确切地说，柏格森是体系哲学的坚定反对者，他曾明确表示"我没有体系"。但从他的第一部著作《论意识的直接材料》到《物质与记忆》，再到《创演论》以及《道德和宗教的两个来源》，我们可以明确地感受到彼此之间内在的贯一性和连续性。

② H. Bergson. Les deux sources de la morale et de la religion [M/OL]. Chicoutimi：UQAC, 2003：64 [2016 – 06 – 28]. http://classiques. uqac. ca/classiques/bergson_henri/deux_sources_morale/deux_sources. pdf.

到的形式完全不同，尽管它们所走过的路线相差越来越远，但它们最终却达到了同一个目的地：社会生活。

作为个人能量的集合，社会从所有个体的努力中受益；同时，它又使每一个体的努力变得更加容易。只有依赖于社会，个体才能存在；也只有让个体充分发展，社会才能进步。两者的要求虽然对立，却不得不进行调和。无论是源自本能还是源自智能，这两种社会都是一种有机组织，都必须依靠组织内部成员的相互隶属和协同配合来运作：为了保证其存在的必然，社会必须拥有一系列的规则和法则来规范成员的活动。在昆虫社会中，每一规则都是自然给出的，是本能的，因此蚂蚁和蜜蜂的工作无关乎义务，也就无所谓道德。在人类社会中，每一具体规则都是智能的产物，只有作为规则的必要性才是自然给予的，这种规则的必要性组成了作为整体的义务，也带来了人类最初的宗教和道德：出于维护整体存在的本能，人类智能或通过道德性的责任律令或通过宗教性的禁令习俗来消解个体对于社会的背离，即通过智能来抵消智能。同时，智能所具有的创造性、独立性和自由意识，使个体总试图冲破宗教和道德对于自我的压抑和约束。人类的道德与宗教就在本能与智能的动态冲突中逐步向前发展。

在分析宗教与道德发展的过程中，柏格森一如既往地采用二元方法，将自人类产生以来的社会形态分为两种——封闭社会和开放社会，并将智能与直觉的区分应用在这种划分之上：智能适用于静止，直觉适用于运动，封闭社会意味着静止，开放社会意味着运动。

封闭社会是生命进化过程中必不可少的阶段，"自我中心，内聚性，等级制度，领袖的绝对权威"① 是其主要特征。在封闭社会中，所有成员"凝聚在一起，对本社会外的人漠不关心，总是警惕着忙于自卫，随时准备进行战斗"②，封闭道德和静态宗教构成了封闭社会的主要内容。

开放社会是一个开放的体系，"它在原则上拥抱的是整个人类，是那些精英灵魂们所梦想的世界"③，这个世界总在各种创造中实现着自身的某些东西，

---

① H. Bergson. Les deux sources de la morale et de la religion [M/OL]. Chicoutimi：UQAC, 2003：152 [2016-06-28]. http://classiques.uqac.ca/classiques/bergson_henri/deux_sources_morale/deux_sources.pdf.

② H. Bergson. Les deux sources de la morale et de la religion [M/OL]. Chicoutimi：UQAC, 2003：143 [2016-06-28]. http://classiques.uqac.ca/classiques/bergson_henri/deux_sources_morale/deux_sources.pdf.

③ H. Bergson. Les deux sources de la morale et de la religion [M/OL]. Chicoutimi：UQAC, 2003：144 [2016-06-28]. http://classiques.uqac.ca/classiques/bergson_henri/deux_sources_morale/deux_sources.pdf.

它的每一次创造总可以帮助人类攻克之前所未能克服的困难，为社会带来或深或浅的影响。但是，人类的创造活动并不是连续的，它总要受到义务的压迫和覆盖，"在每一次创造之后，暂时开启的圆圈又会自动合拢，部分新的事物又汇入旧的模式中，个体抱负变成了社会压力，义务覆盖一切。"①

因此，在柏格森那里，如同事物可以自我创造、自我消除，但从来都没有完成一样，社会在创造中不断地从封闭走向开放，不断地打开圆圈却又立即合拢，一直处于未完成的发展状态，它不断地接近开放社会却一直没有完全达到。柏格森的开放社会不再是狭义上由家庭、民族、国家等利益群体所构成的社会，而是人类未来发展的一种理想化形态。在这样的社会中，博爱已经深入人心，家庭与家庭、民族与民族、国家与国家之间不存在敌对关系，甚至已经不存在这样的利益群体；人类不再受道德律令的强制和约束，而是在信仰的带动下自由和自觉地行动。开放道德与动态宗教构成了开放社会的主要组成部分。

### （一）封闭道德与静态宗教

"禁果"是人类对于禁令的最早感知。亚当和夏娃的故事表明，人类自诞生那一刻起就生活在一个禁令的世界，不可能无拘无束、任其所为。并且，越处于原始状态，禁令作为社会基奠和社会存在的前提性特征就越明晰，越具有与本能相似的力量。这种力量就是柏格森所说的"义务整体"（le tout de l'obligation），或叫作道德义务（l'obligation morale），也被他称之为"虚拟本能"（l'instinct virtuel）。

虚拟本能是人独有的能力，它拥有本能的物质性和当下性，非常接近本能，但因为智能的缘故，又不完全等同于纯物质性或纯动物性的本能，"动物本能是实惠的，仅仅为了愉悦肉体，而人的本能……不仅着眼于肉体的快乐，更重要的是它着眼于信念性的东西"②。在虚拟本能基础上建立起来的各种义务和责任构成了柏格森所说的"封闭道德"。在人类社会之初，虚拟本能的义务整体同蜜蜂社会中本能力量的作用类似，是一种回应生命需要的力量，它们的目的都在于首先保证种群的成活。

事实上，就道德自身而言，它既包含当下的责任同时也包含理想的情感。责任因其强制性通常以压力的形式出现，我们称之为义务（obligation）；情感

---

① H. Bergson. Les deux sources de la morale et de la religion [M/OL]. Chicoutimi: UQAC, 2003: 144 [2016 – 06 – 28]. http://classiques.uqac.ca/classiques/bergson_henri/deux_sources_morale/deux_sources.pdf.

② 尚新建. 重新发现直觉——柏格森哲学新探 [M]. 北京：北京大学出版社，2000: 196.

因压力的迫使通常以理想主义的形式表现出来,我们称之为抱负(aspiration)。义务和抱负分别代表了道德的两种纯粹形态,是道德的两种极端,任何一种道德都是责任和情感相结合的产物。在封闭社会中,为了维护社会团结,外在的强制责任压制了内在的自由情感,道德往往表现为非人格的义务和责任,情感因素在此压迫下如同一堆表面看来已经熄灭了的灰烬,几近灭绝。但是,无论在怎样的高压之下,情感都未真正消失,"搅动一下灰烬我们就会发现,灰烬的某些部分还是热的,里面的火星最终还会燃起火焰,再次燃烧起来。如果它燃烧,那就会逐渐蔓延开去。"①因此,理想主义的情感抱负存在于任何一个社会形态中,它如同将要熄灭的灰烬一样时隐时现,成为从封闭社会走向开放社会的种子。

需要指出的是,义务整体并不仅存于人类社会的初级阶段。在文明社会中,尽管人类利用大量的知识和习惯在一定程度上抗争和挣脱了自然的约束,尽管大自然所赋予人类的本能被后天获得的知识和习惯所遮蔽,但作为规则必要性的义务整体也只能被覆盖,而无法被泯灭。文明社会的基本特征仍然是"在任何时候把某一数量的个体吸引进来,把另一些个体排除在外"。② 因此,无论其规模有多大,无论其文明程度有多高,这种社会也仍然是封闭社会。在不同的文明社会中,作为责任的具体义务会随着社会的进步和理性的发展不断调整变化,在一定程度上越来越远离动物式的自然本能。但义务作为整体、作为虚拟本能依然清晰存在,甚至非常活跃。迄今最文明的社会仍然以"凝聚"作为其责任和目标,无论被排除的个体数量如何微小,其本质仍在于反对他人,维护群体利益。这种社会仍处于理性力量的控制之中,位于理性之下,仍然有其明显的选择性和对象性,因而是封闭的。

静态宗教是与封闭社会相对应的宗教形态,它源于人类制造神话的虚拟本能,是大自然针对智能反抗和消解社会而表现出的防卫性反应。柏格森如此界定静态宗教:"这是大自然做出的一种防御性反应,以便对抗在智能发挥作用的过程中个体可能产生的颓败和社会可能发生的解体。"③

---

① H. Bergson. Les deux sources de la morale et de la religion [M/OL]. Chicoutimi:UQAC,2003:28 [2016-06-28]. http://classiques.uqac.ca/classiques/bergson_henri/deux_sources_morale/deux_sources.pdf.

② H. Bergson. Les deux sources de la morale et de la religion [M/OL]. Chicoutimi:UQAC,2003:17 [2016-06-28]. http://classiques.uqac.ca/classiques/bergson_henri/deux_sources_morale/deux_sources.pdf.

③ H. Bergson. Les deux sources de la morale et de la religion [M/OL]. Chicoutimi:UQAC,2003:110 [2016-06-28]. http://classiques.uqac.ca/classiques/bergson_henri/deux_sources_morale/deux_sources.pdf.

人类之初的社会非常类似蜜蜂与蚂蚁的群体，个体在很大程度上是为了群体而生存。但人类又不同于本能驱使下的蜜蜂和蚂蚁，大自然赋予其反思的智能。有了智能这个武器，个体得以制造新的手段和方式以维护群体的利益；但同时，在生存得到保障的前提下，个体却不再像蜜蜂和蚂蚁一样只专注于自己的群体，而是在思想的召唤下转向自身，开始重视自我，准备离经叛道。由此可见，智能既能够帮助个体有所发明，使社会进步，但也使个体经常游离于群体之外，抛弃群体利益而只考虑自己。在人类这里，本能虽然继续存在，却被智能所遮掩，仅仅表现为智能的微光和影子，其力量已不足以对抗智能所引发的行动。为了维持社会稳定，人们通过想象和虚构创造神话故事，把一种不可或缺的信仰以及相关的禁令、仪式、制度传递给社会的每一个成员，进而与智能的消解作用相抗衡。正是通过智能的神话制造功能，人类抵消了智能对社会所产生的消极作用，维护了社会的稳定和团结。

　　正是在这个意义上，柏格森写道："神话制造功能虽然不是本能，但在人类社会中的作用却等同于动物群体中的本能。"① 借助于仪式、禁忌、巫术等不同形式，宗教总是发挥着一种社会功能，对于维护和强化社会起到了至关重要的作用。

　　（二）开放道德与动态宗教

　　如前所述，抱负是道德理论两极中的情感一极，与强制性义务带来的压力相对立。在封闭社会中，在作为虚拟本能的整体义务的重压下，理想主义的情感近乎灭绝，生命前进的冲动几近消失。但在这样的社会中，总存在极少数的个体，他们在直觉的指引下，重新找回内在的情感和冲动，"创造性地打破陈规陋习，在密不透风的封闭社会里凿出一个小孔，从而透进一股清新的自由之风。"② 像苏格拉底（Socrate，公元前469—公元前399）和耶稣这样的人，他们虽然生活在封闭社会之中，但他们的道德并不属于那个社会，不是生存本能下道德义务的产物，而是他们个人的天才创造，其对象更不拘泥于某一社会群体，而是针对全人类。因此，他们的学说无法用封闭社会的道德压力来解释。这是一种超越智能，超越对象与群体的、积极的、创造的道德形式，它不可预测、不可逆转，需要个体付出创造性的努力，体现了生命冲动昂扬的神圣精神，它不是通过社会责任或宗教禁令的方式迫使人们被动遵守，而是通过道德

---

① H. Bergson. Les deux sources de la morale et de la religion [M/OL]. Chicoutimi：UQAC, 2003：111 [2016-06-28]. http://classiques.uqac.ca/classiques/bergson_henri/deux_sources_morale/deux_sources.pdf.

② 王理平. 差异与绵延 [M]. 北京：人民出版社，2007：426.

理想主义者的感召让人们主动随从。

柏格森把这种道德称之为开放道德，因为它"在原则上拥抱的是整个人类"①，而不是某一部分群体；它不再表现为社会所必需的压力，而是出于英雄人物的理想和创造，它不再由一系列的禁令构成，而用英雄人物发自内心的"自我牺牲""忠诚""仁爱""隐忍"等德行感召人类，它不再关注包括家庭、民族、国家在内的狭隘的个人和团体利益，而是把爱投向了全人类，甚至还拥抱动物、植物和整个大自然。

此时，道德是开放的、动态的，不再带有非人格的强制性。个人与个人之间是完全平等的，每个人都享受来自灵魂深处的自由，大家可以充分地挖掘潜能，自由地进行创造，以展示生命的冲动。各种宗教的创建者与改革者、神秘主义者、圣徒、道德生活的无名英雄都是这种开放道德的践行者，是生命进化过程中的集大成者，是历史长河中真正的伟人，他们凭借其独特的个性魅力，用爱去唤醒迷失的大众，在生命冲动的指引下，引领他们去自由创造，在"封闭社会的坚固城墙上撞出一条通向开放社会的自由之路"。②

动态宗教与开放道德相对应，它们一起构成开放社会的主要内容。在柏格森那里，动态宗教实质上就是具有彻底神秘主义性质的基督教。基督教将人人平等的思想付诸具体的宗教实践，将上帝的爱从所谓的优选民族扩展到了全人类，进而将民族性的犹太教改造成为一种普遍性的宗教；另外，在改造犹太教的同时，基督教的伟大神秘主义者们吸收和继承了犹太教行动和创造精神，在灵魂经受洗礼后，勇敢地投入到生活的滔滔急流之中，用爱去唤醒和引领大众，帮助他们寻找失落的生命冲动，带领他们打破封闭的道德和宗教堡垒，推动社会从义务走向抱负，从封闭走向开放。"彻底的神秘主义是行动、创造和爱"（Le mysticisme complet serait action, création, amour.）。③

行动是柏格森神秘主义的第一个构成要素。柏格森区分两种行动，其一是智能引导下静止的、空间的、当下的、功利的行动。智能由于天生排斥时间，厌恶流动的东西，并试图将一切凝固化，故而它经常会集中于重复的东西，仅仅留意相同之物的连接，从现实生活中抽象出同一性和相似性，以此来指导行

---

① H. Bergson. Les deux sources de la morale et de la religion［M/OL］. Chicoutimi：UQAC，2003：144 ［2016 – 06 – 28］. http://classiques.uqac.ca/classiques/bergson_henri/deux_sources_morale/deux_sources.pdf.
② 王理平. 差异与绵延［M］. 北京：人民出版社，2007：436.
③ H. Bergson. Les deux sources de la morale et de la religion［M/OL］. Chicoutimi：UQAC，2003：121 ［2016 – 06 – 28］. http://classiques.uqac.ca/classiques/bergson_henri/deux_sources_morale/deux_sources.pdf.

动；智能指导下的行为虽然也会在多个方案之间摇摆，并最终选择其中的一个，但这些方案都是现成的，是根据已知推断出已知，因此，此种意义下的行动是必然的、确定的，剔除了时间，剔除了具体，剔除了多样，它可以预测，能够逆转，只能在重复中进行，也只有在重复中才能存在和继续。其二是直觉引领下形而上学的、绵延的、超越的、非功利的行动。由于绵延的参与，这种行动带有明显的意识性和偶然性，故而是不确定的、不可预测的、不可逆转的，同时也是自由和创造的，是无法复制和无法公约的："自由行动同观念之间不具有公约性，其'合理性'必须用不可公约性来定义；正是这个'不可公约性'，我们才在自由行动中找到了足够的清晰明了。"① 动态宗教所倡导的正是这种不可公约的、清晰明白的、形而上学的、非功利的自我牺牲和自我奉献行为。

　　创造是动态宗教的另一重要特征。"创造"一词源自犹太教中上帝创造世界的观念，后被基督教精神所继承和沿用。对柏格森来说，"创造"一词与物理学中的因果律相对立，是一种心理学上的因果律。② 前者意味着在从前一瞬间到后一瞬间的过程中什么也没有发生，而后者则通过本身的创造行为带来了前件中不曾存在的某些事物。因此，"创造就是给予'有'之前所不具有的内容"③，它是不可预知的和崭新的，是直觉的和自由的。

　　需要注意的是，柏格森的创造并没有完全脱离物质，而是包含生命冲动和原始物质两个互为补充的部分，④ 创造着的生命必须依赖它所穿越的物质而存在，物质既是精神的障碍和阻力，又是它们得以实现的载体，柏格森并不厚此而薄彼，他同时看到了两者。因此，在柏格森所倡导的基督教精神中，物质不再是一种罪恶，不再是对精神、对生命、对创造、对自由的一种遏制和压抑。为了在精神上达到与神的完全契合，我们无须放弃物质，无须抛弃肉体，而是要在物质和肉体的支撑之上来追求生命的冲动，追求自由的创造。

　　柏格森以文学创作为例区分两种创造。第一种创作是纯粹智能下的产物。此时，心灵冷静地敲打各种现成材料，将前人已有的观念和词汇在一定程度上

---

① H. Bergson. L'évolution créatrice［M/OL］. Chicoutimi：UQAC, 2003：37［2016-06-28］. http://classiques. uqac. ca/classiques/bergson_henri/evolution_creatrice/evolution_creatrice. pdf.
② "心理学的因果律"是柏格森在《论意识的直接材料》曾经用过的一个表达，它被用来与物理学上的因果律形成对照，表达"一种在前件中不曾存在的事物"，即创造的观念。
③ H. Bergson. La Pensée et le Mouvant［M/OL］. Chicoutimi：UQAC, 2003：32［2016-06-28］. http://classiques. uqac. ca/classiques/bergson_henri/pensee_mouvant/bergson_pensee_mouvant. pdf.
④ H. Bergson. Les deux sources de la morale et de la religion［M/OL］. Chicoutimi：UQAC, 2003：137［2016-06-28］. http://classiques. uqac. ca/classiques/bergson_henri/deux_sources_morale/deux_sources. pdf.

进行修改，使之成为自己的概念。这种方法就其个人而言，往往也能产生或多或少让人满意的成果，但从人类群体智慧的角度来看，却没有带来丝毫的增长和创造，因而并不是一种真实的创造。柏格森所倡导的是燃烧着情感的独特创造，它"首先意味着情感"①，意味着直觉的加入。在独一无二情感的带动下，作者从冲动着的生命着眼，首先将智能提供的粗糙材料熔化和融合，再由心灵加以铸造，力图去实现那不可能实现的东西，这种做法固然冒险，固然不能确保成功，却以不同的理解和表达极大地丰富了人类思想的宝库。

柏格森的神秘主义创造也不是无根之木、无源之水，它来自一种自足存在的爱的情感——上帝之爱（l'amour de Dieu）。首先，这是一种单纯的、不可分割的广博之爱，是一种高贵的理想，它不同于哲学家所倡导的兄弟手足般的博爱（fraternité）。博爱精神来自哲学家对人类本性的探讨，是他们在参阅了神秘主义者的伟大情感后，借助理智的名义人为制造出的超验理论原则；而上帝之爱则是真正的，虽然对普通人来讲这种爱常无法企及，却由神秘主义者们亲身经历和践行，是具体的爱。

其次，这种爱完全不同于我们对家庭、对祖国的爱。家庭和社会是大自然所赋予的与本能相一致的东西，它们本根中的社会性决定了群体间会互相争斗而不是相互团结，"就好像健康不过是防止疾病或避免疾病的不断努力一样，和平到目前为止也只是一种进行防卫或进行攻击的准备，即一种战争的准备"②；神秘主义之爱是上帝之爱，是人类之爱，它不是本能的延伸，也不源自某一理念，而是一种具体的事实，它带给人类的不仅仅是情感，也不仅仅是理智，还有情感推动下的冲动和创造，还有跳跃理智后的直觉和自由。

因此，在柏格森这里，爱不仅是一个人——上帝，还是一种自由创造着的能量——直觉和冲动。在普通大众这里，面向内心深处的直觉尽管微弱、模糊，却在智能的黑夜中向我们投来了一丝希望的微光，给予我们继续前进的生命冲动。相对于普通人而言，伟大神秘主义者的直觉更加强烈，正是在其指引下，他们以上帝之爱的名义跳出本能的限制和理性的束缚，创造性地去打破封闭社会的各种义务责任和宗教禁令，带领众多个体在宗教实践中找回了失落的生命冲动，朝着开放的社会迈进。

---

① H. Bergson. Les deux sources de la morale et de la religion ［M/OL］. Chicoutimi：UQAC, 2003：25 ［2016-06-28］. http://classiques.uqac.ca/classiques/bergson_henri/deux_sources_morale/deux_sources.pdf.

② H. Bergson. Les deux sources de la morale et de la religion ［M/OL］. Chicoutimi：UQAC, 2003：18 ［2016-06-28］. http://classiques.uqac.ca/classiques/bergson_henri/deux_sources_morale/deux_sources.pdf.

柏格森还通过比较不同种类的神秘主义来凸显基督教神秘主义的爱、行动和创造。在他看来，尽管希腊哲学从本质上来讲是理性的，但其根源处却有着一种非理性的力量，构成了希腊神秘主义的来源。从酒神式的疯狂到俄耳普斯教理，从毕达哥拉斯学派到柏拉图的迷狂，在这些英雄式的伟大人物身上，出现了相异于理性主流的超理性召唤。普罗提诺（Plotinus，204—270）最为完整地继承了这种思想，成为希腊神秘主义的代表。但相对于基督教神秘主义而言，普罗提诺的神秘主义一直依附于哲学的理性主义，他坚持认为行动是对思想的削弱，故而更多表现为冥想和沉思：“他虽然获得许可去瞥见乐土，却没有进入那块领地。他达到了迷狂……以为自己来到了顶峰：再往前走就开始下山了"。① 这样的神秘主义缺乏创造冲动的参与，无法达到沉思和行动的统一，因此是不完满的："普罗提诺冥想沉思式的神秘主义仍然是不完满的，因为它并没有像基督教神秘主义那样拥有永恒创造冲动的参与"②；佛教虽然并不缺乏仁爱，甚至还极力宣扬慈爱，但缺少热情，否定行动，拒绝创造，逃避生活，也无法达到真正的神秘主义。犹太教认为，自从被上帝选为优选民族之日起，犹太教先知便带领其子民在上帝的指引下四处行动，创造未来，但这个上帝只为自己选中的子民显示公正和威力，犹太教因此还只是一个民族性的宗教，也未能成为真正的神秘主义。相对于古希腊神秘主义、犹太教、佛教而言，基督教不仅将爱的对象扩展至全人类，并且继承了犹太教的行动和创造精神，具有彻底神秘主义的性质。

在这里，我们看到了作为犹太人的柏格森对于民族文化和传统宗教的反思。柏格森认为，相对于基督教而言，犹太教只是一种民族性的宗教，其上帝之爱只惠及他选中的子民；并且，犹太教的上帝耶和华有时太过于暴戾专断，对子民的爱还不够仁慈和宽容。柏格森这样写道："耶和华是一个过分严厉的法官，以色列和上帝间的关系并没有紧密到能使犹太教成为我们所界定的那种神秘主义。"③ 因此，犹太教虽然拥有行动和创造，却没有成为一种世界性的宗教。与此同时，柏格森充分肯定犹太教对于基督教神秘主义的巨大影响，认为"没有任何一种思想或情感能像犹太先知的预言那样，极大地丰富和激发了

---

① H. Bergson. Les deux sources de la morale et de la religion ［M/OL］. Chicoutimi：UQAC, 2003：118 ［2016 - 06 - 28］. http://classiques. uqac. ca/classiques/bergson_henri/deux_sources_morale/deux_sources. pdf.

② H. Gouhier. Bergson dans l'histoire de la pensée occidentale ［M］. Paris：Vrin, 1989：122.

③ H. Bergson. Les deux sources de la morale et de la religion ［M/OL］. Chicoutimi：UQAC, 2003：128 ［2016 - 06 - 28］. http://classiques. uqac. ca/classiques/bergson_henri/deux_sources_morale/deux_sources. pdf.

被我们称之为彻底神秘主义的基督教神秘主义"①。其他思潮，无论是古希腊思想还是佛教，虽然也成功地将一些伟大灵魂带入一种神秘体验，但这种神秘还仅限于纯粹的静观和冥思，它或者在静观中弃世，或者在冥思中迷狂：抛弃现世纵然使灵魂得到了超越，却使鲜活的生命成为朽木；冥思中的迷狂使哲人们在精神上与神合二为一，却使他们忘却了世间的芸芸众生——要知道，并不是人人都有幸成为柏拉图或普罗提诺式的"迷狂者"。彻底的神秘主义必须付诸行动，它需要行动的能量和动力。在柏格森看来，基督教神秘主义这种能动力正来自犹太教先知们对于正义的渴求和不懈追寻，作为犹太教的后继者，基督教"在很大程度上要感谢犹太先知创造了这样一种行动的、能够征服全世界的神秘主义"②。

以柏格森的观点来看，神秘主义并不神秘。我们之所以将其命名为神秘主义，完全是站在科学理性主义的立场之上，因为它不可言表，因为它不可固定，因为它只能认识而不能把握，所以我们就说它是神秘的，是不可知的。其实，我们中的每个人，只要我们在自由地行动，只要我们听从内心的召唤，便可以在自身感受和体验到它。当下学界，在涉及柏格森哲学的重评，特别在涉及其生命论题时，"越来越多的思想家同意柏格森的看法，不能排斥神秘主义的积极意义"。③

开放社会与封闭社会、开放道德与封闭道德、静态宗教与动态宗教之间不仅是程度上的不同，更是性质上的差别。爱家庭、爱集体、爱国家与爱人类是两种性质不同的情感，前者之爱是自然的、直接的，是出于人类生存的虚拟本能，是理性之下的东西，它无须付出任何的努力；而对人类之爱则是后天的、间接的，是出于一种无私的大爱精神，是对理性的超越，需要付出相当的努力。它们之间相隔着从有限到无限、从封闭到开放的全部距离。因此，我们不可能通过爱家庭、爱国家来达到爱人类，一如封闭社会可以逐渐走向开放，但"从封闭社会到开放社会，从城邦走到人类，我们永远不可能通过扩展的方式

---

① H. Bergson. Les deux sources de la morale et de la religion ［M/OL］. Chicoutimi：UQAC，2003：128 ［2016 – 06 – 28］. http：//classiques. uqac. ca/classiques/bergson＿henri/deux＿sources＿morale/deux＿sources. pdf.

② H. Bergson. Les deux sources de la morale et de la religion ［M/OL］. Chicoutimi：UQAC，2003：129 ［2016 – 06 – 28］. http：//classiques. uqac. ca/classiques/bergson＿henri/deux＿sources＿morale/deux＿sources. pdf.

③ 高宣扬. 重新评价柏格森及其对当代哲学研究的现实意义 ［EB/OL］. （2008 – 04 – 01）［2016 – 06 – 28］. http：//www. cnki. net/KCMS/detail/detail. aspx?QueryID = 7&CurRec = 1&filename = ZGXP200804001037&dbname = CPFD9908&dbcode = CPFD&pr = &urlid = &yx = &uid = .

来实现，这两种东西在本质上是截然不同的。"①。因此，对于柏格森来讲，无论是社会、道德，还是宗教，它们起初都建立在生命的基础之上，最后又被生命所超越。

柏格森关于社会（即宗教与道德）的区分与两种记忆的区分极为相似。性质上的不同使得两种事物在优先性上相互对立：从智能化的实用和行动角度出发，习惯记忆或者说封闭社会和静态宗教总具有优先性，它们更能体现智能的功用性特征；从直觉化的非功利和形而上学角度看，纯粹记忆或者开放社会和动态宗教更拥有优先权，它们更能体现直觉的自由、创造和非当下性。而现实的混合性又使得两种事物彼此融合：现实中既不存在绝对的习惯记忆；或者说绝对的封闭社会和静态宗教，也不存在绝对的纯粹记忆；或者说开放社会和动态宗教，它们都只是事物的纯粹理论状态，现实中任何具体形态都是它们的混合体。

对于社会、宗教和道德的二元划分并不是柏格森的独创，而是西方哲学自柏拉图以来辩证法思想的遗风遗韵，也是柏格森哲学体系中常用的方法。不过值得注意的是，柏格森并不是真正意义上的二元论者，二元对立并不是他的目的，不是他解决问题的最终办法，而是他在分析问题的过程中采用的一种手段和方法，只是他分析问题的一种工具而已。其目的在于回到事物或状态的纯粹性之中，回到其"原初状态"，理论上的这种分离有助于对现实现象的理解。柏格森的"纯粹"与康德的"纯粹"不尽相同，只是他用来推理论证的一个铺垫，其最终目的是活生生的现实，是两种纯粹状态的能动融合。因此，有学者把柏格森称之为"动态的二元论者"，②他并不将事物的两面截然对立，而是让它们处于一个动态的发展过程，即在创演的过程中将两种因素有机结合，其目的在于让社会过程和生命过程一样活动起来，参与到宇宙的绵延之中，成为绵延的一个部分。

## 二、生命的形下之履

形而上学的上层构建并非柏格森哲学的终点，正如二元论并非其思想的最后结论一样。柏格森完成了生命概念的超越后又返身向下，走向了行动。或者，更确切地说，他在构建形上的过程中始终都没有离开过行动。柏格森的行

---

① H. Bergson. Les deux sources de la morale et de la religion［M/OL］. Chicoutimi：UQAC，2003：144［2016 - 06 - 28］. http://classiques.uqac.ca/classiques/bergson_henri/deux_sources_morale/deux_sources.pdf.

② 尚新建. 重新发现直觉——柏格森哲学新探［M］. 北京：北京大学出版社，2000：170.

动并不是由智能所带来的科学的、功利的、实用的行动,而是精神经受熏陶和洗礼后对世间人的关怀,是心灵经过沉思和迷狂后对人间世的爱护,这是一种宗教和哲学意义上的非功利、非实用的行动,是一种自我牺牲和自我奉献的爱的行动。

柏格森的生命形下之履,其一表现为在形而上学理论构建过程中对于实践的重视;其二表现为他对各种宗教的创建者与改革者、神秘主义者、圣徒、道德生活的无名英雄等人的热情讴歌;其三,柏格森个人的生命之践履是他行动哲学的最好例证:柏格森并不像柏拉图、普罗提诺等哲学家一样,坐在理念的世界中独自沉思、独自品味、独自欣赏。他有着对生命的当下关怀,客观实在的发现并不是他最终的目的。在完成对终极的追寻后,柏格森从高高的实在世界走了下来,走向了现世、走向了人类社会。

(一) 实践之向

柏格森哲学具有一定的实践主义特性,国内外学者曾借用不同的命题来表达柏氏思想的这一特征。在《差异与绵延》一书中,王理平将其称之为"行动的哲学"①;美国学者撒穆尔·伊诺克·斯通普夫与詹姆斯·菲泽在《西方哲学史》中将柏格森归于实用主义和过程哲学家的行列中;对柏格森思想颇有微词的罗素首先承认,无法用传统方式对柏格森哲学进行分类,因为它"贯通所有公认的门类界限",在"不那么精确"的前提下,他将柏格森划入实践哲学,认为这种哲学"把行动看成最高的善、认为幸福是效果而知识仅仅是完成有效活动的手段"②。不管罗素对柏格森有着怎样的敌视和误解,至少在这一点上,他是相对准确的。的确,对柏格森来讲,如果从人的意义上来理解生命,那么上无论作为个体的人,还是整体的社会,其首要任务就在于行动、在于存在,生命活动首先是一种生存活动和实践活动,我们对世界的认识并非存在于静态的精神再现中,而是存在于动态的具体行动中。

柏格森在理论上肯定知觉的行动功能。他首先给予知觉以不同于传统意义的内涵,将知觉在本质上定义为宇宙世界中与身体发生联系的那部分物象:"我把物象的集合称作物质,把那些与一个能够行动的特定物象——即我的身体——相关联的物象称之为对物质的知觉。"③ 此时,知觉不再是一种纯粹的

---

① 王理平. 差异与绵延 [M]. 北京: 人民出版社, 2007: 144.
② 罗素. 西方哲学史 (下) [M]. 北京: 商务印书馆, 2010: 347.
③ H. Bergson. Matière et mémoire [M/OL]. Chicoutimi: UQAC, 2003: 13 [2016-06-28]. http://classiques.uqac.ca/classiques/bergson_henri/matiere_et_memoire/matiere_et_memoire.pdf.

认识，不再是"事物在精神领域的拷贝"①，而是被身体选择的物象，是物质的一个组成部分："我们纯粹状态的知觉，实际上就是事物的一部分"②，"对物质的知觉与物质本身，两者之间仅仅存在程度上的不同，而没有种类上的区别，纯粹知觉对于物质的关系，相当于部分于整体的关系。"③ 知觉在这里从其纯客观的角度来讲，就是物质本身。

传统哲学往往把知觉或者界定为主体的感性认识，将其等同于外在事物在精神或头脑中的再现；或者将知觉界定为感性经验，将其作为认识事物的一种途径和方法。在这种定义下，知觉是"意识这个世界的官能，感性经验的内容以及所感觉到的东西……知觉是通过感官对外部世界的意识。"④ 无论是内在精神的再现还是外在经验的内容，知觉指向的都是静态认知，其目的总在于寻找与主体无甚关联的客观知识，按照柏格森的话讲，"知觉的兴趣只在于思辨，是纯粹的知识"⑤——这便带来了知觉与行动的彼此割裂以及与现实的相互分离。

柏格森的知觉直指行动。首先，纯粹知觉是物质的组成部分，柏氏的物质虽然具有了最低程度的绵延，但从实践角度看仍表现出明显的当下性和必然性，知觉纯粹为此必然和当下的行动相关；其次，柏格森的知觉概念与身体（大脑）紧密相连，是与身体（大脑）相关联的物象，换句话说，是主体从众多外部世界中截取那些身体感兴趣的、有可能对其采取行动的物象。如前所述，在柏格森的哲学中，大脑与身体不再是记忆和精神的储存地，而是行动的中心，是"接受运动和执行运动的通道，是作用于我的事物和我的行动针对的那些事物之间的一个连接符"，这样一种界定也必然带来知觉的行动性特征。

值得注意的是，柏格森关于知觉的界定在指向行动的同时凸显了其与认识论哲学在目的上的不同，表明了哲学发展的新动向。传统哲学中居于核心地位的认识问题，不再是形而上学的唯一目的，而是形而上学的一个阶段："认识存在于行动中，而不存在于表现中"⑥，在抵达认识之后，我们还需要返身向

---

① F. Worms. Le Vocabulaire de Bergson [M]. Ellipses, 2000: 53.
② H. Bergson. Matière et mémoire [M/OL]. Chicoutimi: UQAC, 2003: 37 [2016-06-28]. http://classiques.uqac.ca/classiques/bergson_henri/matiere_et_memoire/matiere_et_memoire.pdf.
③ H. Bergson. Matière et mémoire [M/OL]. Chicoutimi: UQAC, 2003: 41 [2016-06-28]. http://classiques.uqac.ca/classiques/bergson_henri/matiere_et_memoire/matiere_et_memoire.pdf.
④ 尼古拉斯·布宁，余纪元. 西方哲学英汉对照辞典 [M]. 北京：人民出版社，2001: 734.
⑤ H. Bergson. Matière et mémoire [M/OL]. Chicoutimi: UQAC, 2003: 16 [2016-06-28]. http://classiques.uqac.ca/classiques/bergson_henri/matiere_et_memoire/matiere_et_memoire.pdf.
⑥ H. Bergson. Matière et mémoire [M/OL]. Chicoutimi: UQAC, 2003: 14 [2016-06-28]. http://classiques.uqac.ca/classiques/bergson_henri/matiere_et_memoire/matiere_et_memoire.pdf.

下,践行于具体的生命,付诸具体的行动。

(二) 英雄之召

柏格森热情讴歌各种宗教创建者与改革者、神秘主义者、圣徒以及道德生活的无名英雄,高度赞扬他们积极入世的人生态度。在摆脱了所有可能的预言之后,这些天才人物引导大众冲破社会的重重桎梏,不断地打开封闭的圆圈,逐步走向动态和开放。在所有这些先贤中,柏格森尤为颂歌苏格拉底与基督教的神秘主义者。

苏格拉底之所以代表运动和开放,首先是因为他是超理智的,其使命带有宗教和神秘主义的色彩。苏格拉底是在得到德尔斐神谕后才开始唤醒和教导城邦公民的,他只听从于神的意愿而非理性的召唤。在生命的危急关头,他之所以拒绝以不道德的方式秘密潜逃,之所以大无畏地慷慨赴死,都是因为神的号召——神没有阻止他去献身。

其次,苏格拉底是超越语言的。他虽然在结果上影响和激励了几乎所有的希腊哲学家;虽然对话法促使和诞生了柏拉图的辩证法,并产生在本质上理性的哲学方法;虽然他将德性定义为一门学科,并由此开始了西方理性道德的创建,但他却没有留下任何的书写著作。也许正是因为没有书写,才呈现出一个完整的苏格拉底,因为一旦被书写,他便有可能被自己的语言所禁锢。此后,不同的学派从不同的角度来描写苏格拉底。他们写出了不同的形象、不同的内容、不同的思想:柏拉图笔下的苏格拉底与色诺芬笔下的苏格拉底是不同的,伊壁鸠鲁学派的苏格拉底与斯多葛学派的苏格拉底甚至是对立的。后学们理解和继承了其思想中的部分内容,沿着不同的方向发展了这位伟大导师的教导。为此,柏格森写道:"他无须书写任何内容,这样,他的思想才会作为一种有生命的东西传递给那些能将其思想传递给其他的人。"①

第三,苏格拉底是行动的,正是在这一点上,前两个方面才能凸显其意义所在。在接受了德尔斐神谕后,苏格拉底并没有选择著书立说或者建立学院来从事自己的教导工作,他没有修建一个或无形或有形的围墙将自己与大众间隔开来,他整日都与普通人混杂在一起,如同一只飞来飞去忙碌的牛虻,到处叮人,规劝他所遇到的每一个公民。他是大家中的普通一员,只有在大众中,他的思想才不会仅成为哲学家的奢享品,他也才能在最大程度上完成自己的使

---

① H. Bergson. Les deux sources de la morale et de la religion [M/OL]. Chicoutimi:UQAC, 2003:33 [2016 - 06 - 28]. http://classiques.uqac.ca/classiques/bergson_henri/deux_sources_morale/deux_sources.pdf.

命。他把哲学从天上带到了地下，让贵族化思想成为普通公民的日常精神养料。

包括耶稣在内的基督教众多神秘主义者真正体现了开放宗教中行动、创造与爱的精神实质。柏格森极力颂扬他们的行动精神。像圣·保罗、圣·特蕾莎修女、锡耶纳的圣·凯瑟琳、圣·弗兰西斯、圣女贞德等圣徒，他们在一种非凡的爱的冲动的促使下，超越人类的物质性所加诸人的种种局限，穿越迷狂与沉思，勇敢地投入到生命的洪流之中。他们通过自身的坚决行动，感召和引导普通大众远离自然的本能束缚，摆脱整体义务非人格的强制，找回遗失的生命冲动，认识和接近自由，从而实现自身人格的逐步转变，从封闭逐步接近开放。对他们那已经获得了自由的灵魂来讲，物质的重重障碍在某种程度上根本就不存在，物质亦是精神，它也具有真实生命的直觉性、连续性和不可分割性。普通大众眼中的自然和物质之所以代表着困难和障碍，那是因为他们还没有认识自由，更没有获得自由，他们在智能的作用下审视物质，像芝诺分析运动一样将其分解为无穷多的细小部分，以至于作为障碍的物质将永远存在，无法被消灭殆尽。也许正是因为无视物质障碍的存在，这些伟大的神秘主义者才能将其一举取消。

在柏格森力主行动、竭力摆脱自然约束的过程中，我们可以明显感知中西方对待自然和自由的不同态度。无论在东方还是西方，自由都是思想家们追求的最高目标。在中国传统哲学，尤其在道家思想中，自然意味着智慧、进步、文明与和谐，自然即自由，自由即自然，两者紧密联系，彼此契合，与自然合二为一成为人类最终的理想归宿。然而，在柏格森笔下，人类却往往受制和受累于自然，"正是自然将灵魂囚禁在自身和城邦之内"①，因此，人类要在英雄人物的指引下脱离自然，摆脱自然为人类设计好的作为整体的义务，走向我思的自由之境。这里的自然与自由是两个彼此对立的概念，自然意味着物质、愚昧、落后和本能，是人类通往自由大道的外在约束。

柏格森的英雄梦想也许带有它自身的时代局限性，但这种带着本真存在、带着生命冲动、用身体力行发出无声召唤的英雄体现了柏格森对人类的关注、信任和期待。

（三）生命之履

柏格森的生命践履是其哲学行动性最有力的实证，他的一生即自由行动的

---

① H. Bergson. Les deux sources de la morale et de la religion [M/OL]. Chicoutimi：UQAC, 2003：28 [2016 - 06 - 28]. http://classiques. uqac. ca/classiques/bergson _ henri/deux _ sources _ morale/deux _ sources. pdf.

最好代名词。

  青年时期的柏格森极具数学天赋，不仅屡次在全法的数学竞赛中拔得头筹，更在 1877 年 18 岁之际解开了一道数学大赛的难题。但是，在面对未来的时候，这个数学天才却没有走在布满掌声与鲜花的数学家大道上，而是令人错愕地走进了巴黎高师的哲学系。我们当然不能说那时的柏格森已经预知自己未来的哲学道路（因为对他来说，预知是智能的作品，它代表着分析和静止，有违于生命的行动本性），但他自青年时期的创造性行动却暗合了其未来的哲学方向。可以说，青年柏格森是自由的、行动的和超理性的。面对自己的人生，他没有盲从师长们的教诲，没有依附尘世的呼声，没有走向世俗和功利的赞美和颂扬，而是顺应内心的冲动，听从命运的召唤，自信而从容地投入生命的践行之中。

  巴黎高师毕业之后，柏格森辗转于外省的数所公立中学，一边担任哲学教师，一边从事博士论文写作。三尺讲台给他的哲学思想带来不小帮助，在一次谈话中他曾聊到与芝诺的结缘："我（在研究斯宾塞的过程中）已经意识到时间不应该是人们所讲的那个样子，肯定还有别样的东西。但那时我并不非常清楚这个别样的东西到底是什么，这个出发点对我来说还是异常模糊。直到有一天，当我在黑板上向学生们讲解爱利亚学派的芝诺时，我突然清楚地意识到了我应该努力的方向。"[①]不过他并没有拘泥于自己的小天地，除了教书育人外，他还积极参加各种演讲活动，通过演说来表达自己对哲学历史和现状的思考。1888 年，柏格森完成博士论文《论意识的直接材料》，返回巴黎任教。次年，他通过论文答辩，获得哲学博士学位。同一年，《论意识的直接材料》出版，这标志着柏格森学说初步形成，年轻的柏格森在哲学界崭露头角。

  成名后的柏格森一边著书立说，一边主持法兰西学院的哲学讲座，并到欧洲和美洲各地的著名大学举办讲座，宣传哲学主张。此后的二十余年中，他分别出版了《物质与记忆》（1896）、《笑——论滑稽的意义》（1899）、《形而上学导论》（1903）、《创演论》（1907）等重要著作，大体完成了其学说的构建。自 1900 年起他受聘于法兰西学院，主持希腊哲学讲座，1904 年之后改讲现代哲学——实际上，他在法兰西学院的授课要早于他在 1900 年 5 月 17 日的正式任命，早在 1897 年他已经替代查理·勒维克（Charles Levèque）教授承担部分课程。正是通过法兰西学院的哲学讲坛，柏格森的声誉达到了制高点，成为当时法国最有影响力的哲学家。关于那个时代星期五下午法兰西学院车水马龙的盛大场面，我们无须再多着笔墨，在当下已有的任何一部柏格森研究作品

---

① H. Gouhier. Bergson dans l'histoire de la pensée occidentale [M]. Paris: Vrin, 1989: 23.

中，我们都可以通过不同的文字描述感知到它昔日的盛景。

如今，斯人已去，盛景不再，但这种与众人分享的哲学精神却存活下来。可以说，在这一点上，柏格森既不同于柏拉图，也不同于康德，他没有让哲学成为一种高贵、高深莫测和触不可及的学识，而是成了大众的共享品，成为那个时代巴黎的时尚。此时，我们更加理解柏格森对苏格拉底和基督教神秘主义者的颂扬，虽然他们宣扬学说的方式不尽相同，但他们都没有沉溺于纯粹的沉思，而是返身向下，通过具体的行动来唤醒和引领他人，让思想生活在大众之中。

自 1859 年出生到 1941 年去世，柏格森一生历经数次重要战争。如果说 1870 的普法战争发生时，他还是个孩子，那么 20 世纪的两次世界大战则深深地嵌入他的记忆，并在一定程度上影响着他对世界的看法。在他看来，战争是社会性存在的一种常态，只要封闭社会存在，战争便必然存在："和平不过是战争的准备阶段"①，"战争是自然的……其本能是必然存在的……和平只是两场战争之间的暂时平静"②。柏格森目睹了第一次世界大战带给人类的巨大伤害，这更加深了他对理想中开放社会的期待和盼望。因此，当大战的阴霾持续笼罩世界之时，他不再自闭于哲学殿堂，而是听从内心的召唤，挺身而出，担负起自己的使命，分别于 1916 和 1917 年代表法国政府出使美国，会见美国总统威尔士，说服其参战。一战后，哲学家积极参与国际和平事务，在政治上主张一种国家联盟（societé des Nations）。20 年代初，他在巴黎组织成立国际知识合作委员会，并出任主席一职。这个委员会后来演化为联合国教科文组织，可以说，柏格森就是该国际组织的创始人之一。1925 年，柏格森突患风湿瘫痪症。此后十数年，在病痛的折磨中、在与肉体的抗争中，他一边思考人类的命运，一边用行动来表达自己的存在态度。1937 年，为了反对反犹太主义的浪潮，原计划接受天主教洗礼的柏格森立下遗嘱，坚持留在犹太教内，同那些即将受到迫害的人在一起；1940 年冬天，德国军队占领巴黎，年迈的柏格森断然拒绝维希政府提供给他的豁免，坚持出门参加犹太人登记，后因受风寒而引发肺部感染；1941 年 1 月 4 日，柏格森在睡眠中去世，享年 82 岁。

作为一个有形的、具体的生命体，哲学家的存在早已结束；但作为一种过

---

① H. Bergson. Les deux sources de la morale et de la religion ［M/OL］. Chicoutimi：UQAC, 2003：18 ［2016 – 06 – 28］. http://classiques. uqac. ca/classiques/bergson_henri/deux_sources_morale/deux_sources. pdf.

② H. Bergson. Les deux sources de la morale et de la religion ［M/OL］. Chicoutimi：UQAC, 2003：153 ［2016 – 06 – 28］. http://classiques. uqac. ca/classiques/bergson_henri/deux_sources_morale/deux_sources. pdf.

去、一种绵延、一种记忆、一种存活，即作为曾经的、也必将加入现在和未来的一种存在，柏格森就生活在我们的身边，如同那忽明忽暗的直觉之光，尽管时而被智能和科学所遮蔽，但仍乐观地、顽强地，同时又自由地存在着。

## 第四节　生命的美学观照

相对于哲学的鸿篇巨制而言，柏格森对美学的着墨相对有限——除了一本薄薄的《笑——论滑稽的意义》之外，他并无其他系统的文艺理论著作，其"在美学领域的贡献只有通过广泛涉猎他的哲学著作的办法才能得到理解。"[1]

"关注生命"（attention à la vie）是柏格森哲学的核心，也是其美学思想的出发点。在法语中，la vie 既指形下的"生活"，也指形上的"精神"。在美学中，"关注生命"意味着艺术既要关注生活，又要思考实在；既不能忽略生活的现实功利性，又要摆脱现实，超越功利，凭借直觉去感知变化着的实在。

### 一、喜剧：美的生活显现

1900年，柏格森的唯一一部美学专论《笑——论滑稽的意义》（Le rire. Essai sur la signification du comique）出版。该著作通过研究滑稽的源起、意义等内容探讨了喜剧的艺术特性。值得注意的是，柏格森在此研究的并不是任何意义上的笑，而是"专门由滑稽引起的笑"[2]。因此，滑稽（comique）是该书的出发点。

#### （一）滑稽的源起

本着追根溯源的哲学精神，柏格森发现，在以往对笑的研究中，无论是康德的定义还是斯宾塞的定义都未能揭示出笑的根本所在。在康德看来，笑产生

---

[1] 凯瑟琳·勒维尔. 柏格森的美学思想 [J]. 陈圣生, 译. 北京社会科学, 2002 (3): 132.
[2] H. Bergson. Le rire [M/OL]. Chicoutimi: UQAC, 2002: 4 [2016-06-28]. http://classiques.uqac.ca/classiques/bergson_henri/le_rire/Bergson_le_rire.pdf.

一个突然化为乌有的期待；而在斯宾塞那里，笑意来自一种没有结果的努力。① 二者的界义表明，笑主要源于事件发生过程中投入与期待的不一致，即因与果之间的不对称。柏格森认为，因果的不对称只是滑稽产生的表面现象，是笑的表层原因，机械和僵硬才是其根源所在。

在事物连续生动的运作中，如果突然撞上某种机械和僵直，便会出现滑稽。譬如，街上跑步的行人突然被障碍物绊倒，正在发表精彩演说的演讲家忽然打了几个喷嚏，这些突发的意外都会引起围观者的笑声。围观者在笑什么？是行人或演说家动作的突然改变？是变化与期待的不一致？如果行人不是意外遇到了障碍，而是有意停下来，坐到地上，那路人是不会发笑的；如果演说家的喷嚏不是突然的不由自主，而是出于演说的需要，那听众也不会发笑。由此可见，带来滑稽的并不是对象姿态的突然改变，而是这种改变的不由自主性，是改变中所隐藏的惯性、机械和僵硬。

在第一个实例中，障碍物的突然出现要求行人做出适当调整，或者改变速度，或者绕过障碍物。但由于缺乏灵活性，身体在机械作用下继续按着惯例的动作前行，于是他便摔了一跤，带来了滑稽。在第二个实例中，喷嚏不是演讲过程自然而然的部分，而是不由自主的突发事件，它不属于内在的流动和绵延，而是外在的机械和僵硬。伴随着这个喷嚏的出现，精彩流畅的生动演讲被外物中断，听众的注意力一下子从内在的精神转向了外在的物质，滑稽得以产生。

可见，滑稽经常表现为同一生命体上生命与机械、运动与僵化、流动与停滞之间的对立，亦即人与物、精神与物质之间的冲突。这种冲突犹如"活的木偶"一般，既带有生命特质，又不乏机械本性。正是在此种意义上，柏格森认为，滑稽源于"镶嵌在活物上的机械"（Du mécanique plaqué sur du vivant）②。不过，上两例中的滑稽都是自发和偶然的，而非创造和艺术的。

（二）喜剧的性质

滑稽只有在生活的基础上，走出自发和偶然，走向审美和创造，才能成为艺术，成为喜剧。以法国剧作家莫里哀（Molière, 1622—1673）和拉毕史（Eugène Labiche, 1815—1888）等剧作家的作品为实例，在《笑》一书中，柏格森以"镶嵌在活物上的机械"这一论断为出发点，自上而下，分析了喜

---

① H. Bergson. Le rire［M/OL］. Chicoutimi：UQAC, 2002：41 ［2016 - 06 - 28］. http://classiques.uqac.ca/classiques/bergson_henri/le_rire/Bergson_le_rire.pdf.

② H. Bergson. Le rire［M/OL］. Chicoutimi：UQAC, 2002：23 ［2016 - 06 - 28］. http://classiques.uqac.ca/classiques/bergson_henri/le_rire/Bergson_le_rire.pdf.

剧的不同滑稽类型和多种滑稽手法，讨论了喜剧与艺术和生活的关系，最终得出关于喜剧普遍和完整的看法。

为了言说的方便，柏格森将喜剧中的滑稽按照体态、姿势、情景、语言和性格进行分类。其中，体态和姿势属于外在的可见滑稽，是喜剧较为初等和粗糙的表现类型，在滑稽剧中较为常见；情景和语言滑稽则逐步摆脱了有形肢体，使喜剧的表现走向精致；性格滑稽是喜剧艺术的高级表现形式。"性格"（caractère）一词在柏格森笔下有其特定的含义，指人身上"已经完成的东西"①（le tout fait），那些"一旦上足了发条，便可以自动运转的东西"，②即那些可以不停被重复、不断被模仿的一般性和普遍性。在喜剧，尤其是性格喜剧中，性格是一种脱离人物的独立存在，是"在场而看不见的中心，舞台上那些有血有肉的人物都要依附于它才能存活"③。它好像一个现成的独立框架，从外部套在人物身上，迫使人物必须在其可能的范围内行动。这一特性经常在喜剧题目中得到表达，如《吝啬鬼》《恨世者》《贵人迷》《赌徒》等。相对于悲剧标题的个体性而言，喜剧题目多是一些普通名词，因为悲剧致力于刻画个人，表达人物的内心世界，而喜剧总是致力于刻画性格，表达人物的一般特征："高级喜剧的目的在于刻画性格，刻画一般的类型。"④这一目的集中体现了喜剧艺术对共性的追求。

重复、倒置和相互干涉是喜剧最为常见的表现手法。其中，重复意味着事物的同质，倒置意味着对象的可逆，相互干涉意味着事件的可分割。在前文的论述中我们已经看到，同质、可逆、可分割都是空间事物的典型特征。这三种方法因而也都是外在的、处理空间事物的方法。而生命究其本质而论，不管以何种形式存在，都是没有重复的异质世界，它持续向前、不停变化，不同的状态彼此渗透、彼此影响，不能分割、不能逆转。因而，喜剧通过各种手法要表现的并不是生命，不是实在，不是由它们带来的差异和个性，而是生命的逆行，是生活中的普遍和共性。

基于对喜剧作品的分析，柏格森认为，喜剧处于生活和艺术之间，是各门

---

① H. Bergson. Le rire［M/OL］. Chicoutimi：UQAC, 2002：57 ［2016 - 06 - 28］. http://classiques. uqac. ca/classiques/bergson_henri/le_rire/Bergson_le_rire. pdf.
② H. Bergson. Le rire［M/OL］. Chicoutimi：UQAC, 2002：65 ［2016 - 06 - 28］. http://classiques. uqac. ca/classiques/bergson_henri/le_rire/Bergson_le_rire. pdf.
③ H. Bergson. Le rire［M/OL］. Chicoutimi：UQAC, 2002：15 ［2016 - 06 - 28］. http://classiques. uqac. ca/classiques/bergson_henri/le_rire/Bergson_le_rire. pdf.
④ H. Bergson. Le rire［M/OL］. Chicoutimi：UQAC, 2002：65 ［2016 - 06 - 28］. http://classiques. uqac. ca/classiques/bergson_henri/le_rire/Bergson_le_rire. pdf.

艺术中唯一以"一般性"为目标的艺术。①

(三) 笑的双重价值

首先，喜剧通常以笑来体现它的美感。此时，笑之美体现在它是一种乐趣，能够给人带来身心的松弛和快乐。生命从不中断、永不重复的特性从本质上要求人类要时刻关注当下生活，不能有丝毫懈怠之心。然而，在喜剧表演中观众完全置身事外，可以暂时放松对生命的应有投入，使自己从灵活紧张的现实中解脱出来，如同儿童玩耍"弹簧魔鬼""牵线木偶"游戏一般，拉动喜剧的弹簧和木偶，在观看他人的滑稽中得到快乐。可以说，喜剧通过笑带给观众的美感不是灵魂之震撼，而是玩耍之愉悦。

其次，喜剧离不开创造。笑的快乐功能使得人们抓住一切机会制造笑，并把它建成体系，成为一门艺术。因此，喜剧之美，还在于它不是生活的原版照抄，而是在生活的基础上浓缩、夸张和创造。现实生活中，滑稽往往是偶然和自发的，因而也是零散和不系统的，它需要经过艺术家的精心构造才能从生活走向艺术。相对于生活滑稽而言，喜剧的心不在焉往往围绕一个中心展开，各种滑稽从内容到形式不但彼此承接，而且还能相互作用，增强滑稽效果。简言之，滑稽在喜剧中呈现出创造性和系统性，笑因而也是创造和体系的。

此外，滑稽是无意识的。用柏格森的话说，滑稽人物好像反用了裘格斯的戒指：② 大家都看得到他，唯独他看不见自己。③ 现实生活中，生命物化带来的后果经常是消极的，更多属于悲剧性缺点。但在喜剧作品中，生命僵化带给观众的都是笑声，哪怕是含着泪的笑声。其原因在于，喜剧中人物往往意识不到自己对社会的不适应和心不在焉。对他来讲，生活已蜕变为静止的习惯，机械和僵硬是其原本的正常状态，模仿、重复、倒置是其自然而然的行为。他不再关注自己，而把自我当作既成物品，既抛弃了面向未来的连续创造，也遗失了面向过去的不断记忆。此时，没有了创造的艰辛，没有了记忆的累赘，也没有了他人目光的约束，喜剧人物完全地、毫无顾忌地展现着生命的物化："人的滑稽程度和他忘掉自己的程度成正比。"④ 人越忘掉自我，其物化的表现也

---

① H. Bergson. Le rire [M/OL]. Chicoutimi：UQAC, 2002：65 [2016-06-28]. http://classiques.uqac.ca/classiques/bergson_henri/le_rire/Bergson_le_rire.pdf.
② 裘格斯是柏拉图《理想国》中出现的一个神话人物。相传他有一枚魔力戒指，戴上后别人就看不见他。
③ H. Bergson. Le rire [M/OL]. Chicoutimi：UQAC, 2002：15 [2016-06-28]. http://classiques.uqac.ca/classiques/bergson_henri/le_rire/Bergson_le_rire.pdf.
④ H. Bergson. Le rire [M/OL]. Chicoutimi：UQAC, 2002：15 [2016-06-28]. http://classiques.uqac.ca/classiques/bergson_henri/le_rire/Bergson_le_rire.pdf.

就越发自然，生命与物质、变化与僵硬之间的冲突也就越发激烈，滑稽效果因而也就愈发理想，观众的笑声自然愈发强烈。因此，喜剧的艺术，不在于表现和深化人物的生命与个性，而在于再现和夸大人物的机械与共性。

正是鉴于喜剧对一般性的追求，柏格森笔下的笑并不具有纯粹的美学意义。

笑具有社会功能。在柏氏看来，滑稽源于生命的机械，表达了生命对当下、对生活、对社会的不关注和不适应，是个体对社会的一种离心表现。不过，个体的这些逆生命现象还不足以阻碍社会的进步，不会对它的存在构成威胁。社会尚无须对它们进行物质制裁，而只需通过一定的姿态来警示和纠正它们。这种姿态就是笑。通过他人的笑，社会希望能引起个体畏惧和不安，进而制裁他们对生活的心不在焉和离心行为，促使其正在演变的机械行为同流动的社会保持联系，以便帮助他们从可能的孤立和沉睡中苏醒过来，恢复自身的灵活性，恢复对生活的关注。因此，在柏格森的研究中，笑不是抽象的观念，而是现实生活的具体内容，具有明显的社会功用和社会意义。

笑排斥情感，且离不开智能的参与。"笑的最大敌人莫过于情感，"① 只有在漠不关心的环境中，滑稽才能产生震撼效果。为了一矢中的，有效纠正不适者的机械与僵硬，社会往往会动用智能，抛开不适者的种种主观感受，抛开繁杂的过程，直抵目的与结果。"滑稽诉诸纯粹的智能。"② "在一个纯智能的社会里，人们可能不再哭泣，但会笑得更多。"③ 因此，笑必须经过智能的思考，必然排斥对不适者的"同情"，排斥由"同情"带来的各种情感。只有在无动于衷的心理状态下，只有在和自己毫不相干的情况下，观众才能发出最强烈的笑声，喜剧才能达到最理想的社会效果。

## 二、艺术：美的生命显现

以笑为审美标准的喜剧虽然具有艺术的无意识性和创造性，但它以现实生活为蓝本，以普遍性为目标，远离了艺术的非功利性和独特性，尚不能体现生命的内在本质。纯粹的美学，或者说纯粹的艺术必须抛开生活的外壳，回归心灵的天然，回归活生生的个性和生命，才能抵达非功利之美；艺术究其本质而

---

① H. Bergson. Le rire［M/OL］. Chicoutimi：UQAC，2002：10［2016 - 06 - 28］. http://classiques.uqac.ca/classiques/bergson_henri/le_rire/Bergson_le_rire.pdf.

② H. Bergson. Le rire［M/OL］. Chicoutimi：UQAC，2002：62［2016 - 06 - 28］. http://classiques.uqac.ca/classiques/bergson_henri/le_rire/Bergson_le_rire.pdf.

③ H. Bergson. Le rire［M/OL］. Chicoutimi：UQAC，2002：11［2016 - 06 - 28］. http://classiques.uqac.ca/classiques/bergson_henri/le_rire/Bergson_le_rire.pdf.

论，不是为了反映生活，而是为了再现事物的本来面目，再现实在本身。

（一）艺术在于暗示

艺术的对象不是生活，而是实在。"无论是绘画、雕刻、诗歌还是音乐，艺术唯一的目的在于去除那些实践中功利性的象征符号，去除那些为社会所接受的、约定俗成的一般概念。总之，是去除所有那些掩盖在实在之上的东西，使我们直接面对实在本身。"① 也就是说，在柏格森看来，现实不是实在，而是实在被抽走非功利性后的产物。因此，它不是艺术的目的地，而是人类生存和生活的对象。为了生存，人类必须依据自我需求来把握外物，必须根据事物的有用性来采取行动。有用性的介入使得生活与实在之间隔了一层或厚或薄的帷幕。艺术的目的就是要掀开这层帷幕，通过艺术家的创造来展现变化的实在。"艺术的目的是什么？它除了向我们展示在自然界和精神世界之中发生在我们身上或身外的那些未能明确地引起我们感官和意识注意的事物之外，还会是什么呢？"② 艺术面对的不是既成现实，而是流动的生命；它不是对现实生活的静态刻画，而是对绵延实在的动态感受。

艺术暗示实在，而不表达实在。"与其说艺术致力于向外表达（exprimer）情感，不如说它把情感向内铭刻（imprimer）在我们心上；当找到有效的手段之后，艺术便自愿地不再模仿，而是向我们暗示情感。"③ 作为绵延实在的具体表现，情感处于不断的发展变化之中。艺术如果试图去模仿和表达情感，那就如同摄影机一般，截取的永远只是一个侧面、一个片段，而无法得到实在的整体影像。"暗示"则充满了能动，它不再指向外在的目的，而是回到内心世界，指引我们去体会变化，感受实在。模仿与表达带来的只是静止的机械重复，感受和暗示带来的则是变化的能动创造。因此，真正的实在只能被艺术暗示，而不能被艺术表达。

艺术表现个性，而不是性格。"真正的艺术旨在表现典型的个性"④，总是以个人的东西为对象。在柏格森笔下，个性（individualité）与性格（caractère）

---

① H. Bergson. Le rire [M/OL]. Chicoutimi：UQAC, 2002：68 [2016 – 06 – 28]. http://classiques. uqac. ca/classiques/bergson_henri/le_rire/Bergson_le_rire. pdf.

② H. Bergson. La Pensée et le Mouvant [M/OL]. Chicoutimi：UQAC, 2003：83 [2016 – 06 – 28]. http://classiques. uqac. ca/classiques/bergson_henri/pensee_mouvant/bergson_pensee_mouvant. pdf.

③ H. Bergson. Essai sur les données immédiates de la conscience [M/OL]. Chicoutimi：UQAC, 2002：14 [2016 – 06 – 28]. http://classiques. uqac. ca/classiques/bergson_henri/essai_conscience_immediate/essai_conscience. pdf.

④ H. Bergson. La Pensée et le Mouvant [M/OL]. Chicoutimi：UQAC, 2003：144 [2016 – 06 – 28]. http://classiques. uqac. ca/classiques/bergson_henri/pensee_mouvant/bergson_pensee_mouvant. pdf.

相对应。前文中我们已经看到,"性格"是一种既成,是那些可以不停被重复、被模仿的一般性和普遍性;而"个性"则完全不同,它与柏氏笔下的"人格"(personnalité)和"深层自我"(moi profond)一样,时刻变化,时刻差异,是那些一次出现就永不重复的东西,是人体中代表生命和实在的东西。画家笔下的景色是他对某日某时的当下记载,表达的仅是他当时的情感,这样的景色和情感只有一次,不但别人,而且连画家自己也不可能再次经历到——实在一经发生,便永不回头。艺术展示的正是这些个别化的情感。这些情感因个性的真实而极具感染力。因此,艺术是独特的和个别的,其普遍性只存在它产生的效果中。

### (二)艺术在于创造

在柏格森笔下,"创造"属于心理学的因果律,它与物理学的因果律相对立,表示"前件中不曾存在的某些事物"①。"创造,就是给予'有'之前所不具有的内容"②,它不可预知,不可逆转。艺术不是对现存事物的模仿和重复,而是对流动实在的感知和暗示。它表现的是个性、变化和差异,是生命的非必然和不确定,是绵延的不可知和不可逆。此时,艺术即创造。

艺术的创造表现为它对时间的占有。艺术家之所以区别于手工艺人,就在于其作品在时间中产生,它们占有绵延,分有生命,既无法预测,也不能重复出现。拼图之所以不是艺术,是因为它首先将已知拆解为碎片,因而其过程可以随着对图案的熟悉程度任意延长和压缩,时间此时只是一个外在于动作的附属品。画家的画作是独一无二的,因为它来自画家的灵魂深处,即使画家本人也无法预测,它只能在逐渐展开的绵延中慢慢成形,"艺术就是时间的造物"③,时间就是画作的组成部分,就是创造本身,任意延长和压缩时间都会影响到整幅画的内容。

艺术的创造需要饱含情感(affections)。在柏格森笔下,"情感"是一种不可言状的独特状态,是一种特殊的知觉,它意味着"身体与对象之间的距离缩减到零",即"我们的身体就是被知觉的物体"④。在情感作用下,身体发出的

---

① H. Gouhier. Bergson dans l'histoire de la pensée occidentale [M]. Paris: Vrin, 1989: 46.
② H. Bergson. La Pensée et le Mouvant [M/OL]. Chicoutimi: UQAC, 2003: 32 [2016 – 06 – 28]. http://classiques.uqac.ca/classiques/bergson_henri/pensee_mouvant/bergson_pensee_mouvant.pdf.
③ 朱鹏飞. 艺术是时间的造物——浅析柏格森的"艺术—时间观"[J]. 电子科技大学学报(社会科学版),2004 (1): 46.
④ H. Bergson. Matière et mémoire [M/OL]. Chicoutimi: UQAC, 2003: 32 [2016 – 06 – 28]. http://classiques.uqac.ca/classiques/bergson_henri/matiere_et_memoire/matiere_et_memoire.pdf.

不再是理性和可能的选择行为，而是直觉和真实的创造行动。艺术是情感支配下的真实行动，它要求主体深入心灵深处，跟随绵延的自我一起创造变化。柏格森以文学创作为例区分两种创造。第一种创造是纯粹智能下的产物。此时，心灵远离对象，冷静敲打各种现成材料，将前人已有的观念和词汇在一定程度上进行修改，使之成为自己的概念。这种方法就其个人而言，往往也能产生或多或少让人满意的成果，但从人类群体智慧的角度来看，却没有带来丝毫的增长和创造，因而并不是一种真实的创造。柏格森倡导的是深层自我带动下的创造，它"首先意味着情感"，① 意味着心灵的参与和直觉的加入。在情感带动下，作者从冲动着的生命着眼，首先将智能提供的粗糙材料熔化和融合，再由心灵加以铸造，力图去实现那些不可能实现的东西。这种做法固然冒险，固然不能确保成功，却以不同的理解和表达极大地丰富了人类思想的宝库。

### （三）艺术在于同情

在柏格森哲学中，直觉是把握绵延实在的唯一方法，具有重要的形而上学意义。正是基于这一原因，已有的柏格森美学研究多将直觉同时界定为其审美的方法。譬如，田佳友将直觉看作柏格森哲学与美学共有的方法；② 岳介先将柏氏的审美能力称作审美的直觉或艺术直觉；③ 江冬梅认为，柏格森的直觉是一种审美体验。④ 还有研究甚至用"直觉主义美学"来直呼柏格森美学思想。⑤ 这样的界定有其一定的道理，突出了直觉在审美尤其是在艺术创造中的重要作用。不过，需要注意的是，在柏格森那里，哲学的直觉与审美的直觉并不完全相同。前者主要体现为绵延之思，是本能和智能的有机结合；后者主要体现为主观之感，是本能基础上的同情（sympathie）。

"同情说"始自 18 世纪英国哲学家大卫·休谟（David Hume, 1711—1776），后由埃德蒙·柏克（Edmund Burke, 1729—1797）和亚当·斯密（Adam Smith, 1723 - 1790）进一步阐发，当时主要适用于伦理和道德范畴。19 世纪以后，随着心理学、生理学的发展，审美心理和审美经验研究在美学中占据重要地位，"同情说"在美学中的影响扩大，最终演变为著名的"移情说"。

---

① H. Bergson. Les deux sources de la morale et de la religion [M/OL]. Chicoutimi：UQAC, 2003：25 [2016 - 06 - 28]. http://classiques.uqac.ca/classiques/bergson_henri/deux_sources_morale/deux_sources.pdf.
② 田佳友. 柏格森美学思想再认识 [J]. 学术月刊, 1990（9）：50.
③ 岳介先. 评柏格森的生命哲学美学 [J]. 江淮论坛, 1991（4）：28.
④ 江冬梅. 生命·艺术·直觉——柏格森与20世纪中国美学 [D]. 重庆：西南大学, 2011：81.
⑤ 郭志今. 绵延、直觉与审美——柏格森美学思想评述 [J]. 浙江学刊, 1990（4）：83.

在发现"直觉"一词之前,柏格森一直用"同情"来表达审美经验。舞蹈家的动作之所以能融入观众的思想和意愿中,是因为他们和舞者之间已经建立了一种动作上的同情。① 这种同情和道德同情一样,是一种无意识的本能,是一种心理上的暗示,随着事物的发展不断扩张变化。正是同情的存在,才让我们有了优美感:"这种不断涌现的流动的同情构成了高级优美的本质。"② 喜剧因其表达一般性的特殊需求,经常要麻痹情感,阻止和压制同情,使人物与观众同时达到心不在焉;而悲剧是传递情感的艺术,它致力于刻画个性,再现灵魂状态,揭示生活帷幕后那变化着的深刻现实。因此,相对于喜剧而言,悲剧往往需要唤醒情感,激发同情,传达那一出现就永不重复的实在。

1903 年,论文《形而上学导言》(*Introduction à la métaphysique*)发表之后,柏格森开始用直觉表达审美经验。例如,在阅读小说的过程中,作家给出的都是一些不同程度的象征符号,给予读者的不是仅属于主人公自身的东西,而是他与他人共同的内容。构成主人公本质的东西不可能通过外部符号来表达,只能通过读者自己在一刹那与主人公的内在契合来领悟。这种单纯而不可分割的感受既可以称作直觉,也可以叫作同情,它如涓涓不息的情感泉源,与作家的一切描绘都不等值,却能使读者一下子把握到人物。

另外,艺术能够通过直觉麻醉外在感官,进入内在生命。"艺术在于催眠个性的活动能力,或者说抵抗能力,将我们带入一种完全休眠的状态,以接受(艺术家的)暗示,感知(他们)表达的情感。"③梦在柏格森看来是最理想的绵延实在。在梦中,我们可以脱离生活重负和功利诱惑,远离语言和符号的桎梏,重拾记忆,重温过去,进入内心,直抵实在。也就是说,直觉的同情具有一定的催眠作用,它可以让我们忘掉现实,进入梦境,进而接近绵延,感知实在。

从本质上讲,直觉就是一种同情,通过同情,我们得以置身于对象之内,和对象中独特的也因而是无法表达的东西融为一体。因此,同情是直觉的基础,直觉是同情的超越。首先,它们都和本能密切相关,具有一定的先天性和

---

① H. Bergson. Essai sur les données immédiates de la conscience [M/OL]. Chicoutimi:UQAC,2002:13 [2016 - 06 - 28]. http://classiques.uqac.ca/classiques/bergson_henri/essai_conscience_immediate/essai_conscience. pdf.

② H. Bergson. Essai sur les données immédiates de la conscience [M/OL]. Chicoutimi:UQAC,2002:13 [2016 - 06 - 28]. http://classiques.uqac.ca/classiques/bergson_henri/essai_conscience_immediate/essai_conscience. pdf.

③ H. Bergson. Essai sur les données immédiates de la conscience [M/OL]. Chicoutimi:UQAC,2002:13 [2016 - 06 - 28]. http://classiques.uqac.ca/classiques/bergson_henri/essai_conscience_immediate/essai_conscience. pdf.

非逻辑性；其次，它们都是一种流动的认识方法，具有整体性、非功利性和超语言性。

就其差异而论，直觉具有形而上学的普遍意义，是抵达实在的唯一方法。艺术家的创造属于直觉的创造。在柏格森看来，艺术家和哲学家一样，最具超脱心灵和直觉的能力。在绵延之思的引导下，艺术家置身于对象内部，与对象中独一无二的东西融为一体，进而激发灵感创造作品，通过一定的艺术符号来暗示实在。而同情或者说审美直觉具有针对性，主要针对艺术品而言。在柏格森看来，任何艺术品和语言一样，都是符号，都是绵延实在的象征，它们带给观众的并非实在本身，而是实在的一种暗示。因而，在审美过程中，直觉的同情只能通过艺术品接近实在，而不能完全抵达实在。并且，形而上学的直觉不排斥思考，不排斥智能，体现了本能之感与智能之思的完美结合。而审美直觉更接近于本能，是天赋的无意识。前者是一种综合的绵延之思，后者是一种发散的主观之感，主观之感生而有之，直觉之思则需要后天努力。

需要明确的是，柏格森并没有试图构建专门的美学理论，他的美学思想在很大程度上依附于其生命哲学而存在，带有哲学发展的明显印记。

1903 年，柏格森发表论文《形而上学导言》，正式提出以直觉方法认识实在。该论文前承《论意识的直接材料》和《物质与记忆》中的绵延和物质理论，后启《创演论》的创造与直觉学说，在其哲学生涯中具有重要的地位和意义。此前，柏氏哲学致力于从意识领域发现绵延，深入探讨数量与质量、空间与时间、物质与精神之间的关系，阐发智能的静止化功能。这一时期，哲学的关注对象虽然是意识，是直接材料，但还没有脱离现实生活，内在生命以绵延的形式潜藏在柏氏的哲学用语中。并且，为了引入绵延，柏氏经常将质量与数量、时间与空间、物质与精神等做对比研究，凸显它们之间的对立。哲学发展的这一痕迹在柏氏美学思想中体现甚为明显。从时间上来说，柏格森关于笑的三篇论文发表于 1899 年，并在 1900 年结集为《笑》出版，此后柏格森专注于哲学领域，再无美学专论。从内容来看，该著作的直接对象并不是流动的无形生命，而是可见可触的现实生活，或者说是以现实生活为基础的喜剧艺术，生命通过僵硬滑稽的反衬才得到显现。从审美方法看，由于直觉方法论还没有正式提出，该时期柏氏非常重视同情在审美中的作用。最后，从"喜剧处于生活和艺术的边缘"[①] 这一结论看，柏格森美学中的艺术和生活并不完全绝缘，它们因喜剧的存在而彼此相关。当然，这一时期柏氏关于纯艺术的追求已有所

---

① H. Bergson. Le rire [M/OL]. Chicoutimi：UQAC, 2002：65 [2016 - 06 - 28]. http://classiques. uqac. ca/classiques/bergson_henri/le_rire/Bergson_le_rire. pdf.

显现，并随着其哲学思想的深化进一步加强。

　　1903 年以后，在绵延本体论的基础上，直觉方法不断得到补充和加强，柏氏的哲学体系日益完善。作为哲学的核心，"生命"开始从有形走向无形，从有限走向无限。那些零散出现在其哲学著作中的艺术观也随之悄然发生变化，其重心逐渐发生转移。就内容而论，生活不再是艺术的关注对象，艺术完全脱离现实，成为接近绵延实在的一种手段；就本质而言，随着《创演论》和《道德与宗教的两个来源》的发表，柏氏对艺术的看法围绕创造和情感展开，创造成为艺术的生命，① 情感成为艺术的源泉。② 更大的变化在于，从《形而上学导言》开始，柏格森用直觉取代同情以传达审美经验，认为"直觉作为一种普遍的审美方法可以使人直接体验现实的能动性和原创性"。③ 但是，随着直觉走向普遍的哲学方法，随着情感走向普世的人类道德，柏格森的哲学理论与艺术的联系越来越疏远。

　　当下，国内学界多从静态角度研究柏格森美学，要么专门谈他的生命思想，大谈特谈绵延本体、直觉审美、艺术创造，而没有看到其笔下艺术与生活、生活与生命之间的内在关联；要么只研究其美学专论《笑》，研究柏格森对于滑稽和笑的独到见解，讨论其对喜剧的建树，而抛开了其美学思想的哲学背景和生命背景。犹如流动的生命一样，从生活到生命、从喜剧到纯艺术、从同情到直觉，柏格森的美学是一个不停发展、不断演变的过程，其研究必须在哲学进程的框架下进行。

---

① H. Bergson. L'évolution créatrice [M/OL]. Chicoutimi：UQAC, 2003：36 [2016 – 06 – 28]. http://classiques. uqac. ca/classiques/bergson_henri/evolution_creatrice/evolution_creatrice. pdf.
② H. Bergson. Les deux sources de la morale et de la religion [M/OL]. Chicoutimi：UQAC, 2003：24 [2016 – 06 – 28]. http://classiques. uqac. ca/classiques/bergson_henri/deux_sources_morale/deux_sources. pdf.
③ 凯瑟琳·勒维尔. 柏格森的美学思想 [J]. 陈圣生, 译. 北京社会科学, 2002 (3)：137.

# 第六章 张力下的思索

櫽栝是人文思想虚实相间、逊进逊退、隐秀相承、启蔽相辅的核心表达。"人文学与櫽栝思想不是酷似，而是盘根错节于文化深层，交相辉映于精神气质，相养相护，相辅相成，同气相求，同脉兼通。"① 从其"依木而居"的字面来讲，其主旨在于回归上古时代，从文明的根基处来反思文明的高下粗精、成败利钝。在根基处，人类追问物色、品读物语，在与物色物语的相摩相荡中体会人心与物性的契合。随着文明的发展，在觉与不觉之间，人类远离物色、忽略物语、泯灭物性，在抽象、逻辑、理性的道路上愈走愈远。櫽栝的归根精神将我们带回到郁郁葱葱的丛林时代，让我们学会隐秀启蔽、商量呵护。

其次，櫽栝相悖相通的辟思极尽自《周易》以来中国传统文化中的辩证之"辩"与通化之"化"，它与西方哲学中的肯定辩证法和否定辩证法都有着本质上的不同。西方哲学是建立在主客二分的基础之上，在分不在和，在一不在多；而"辟"的本质却在和不在分，在化不在立，其祥瑞之气俨然在目。它不奢望顶点，不追求圆一。这种四面洞开、八面来风的胸怀使它既不同于中国传统思想对圆通、圆满的追求，又区别于西方世界一多之辩中对一的执着。"化物于无形"的中国传统精神虽然祥瑞和合，但缺乏执着的追问和审视，经常会失去问题和目标，在固有的圈子里打转，无力跳出三界五行。开放的櫽栝论正是在这个意义上补正了传统，引导思维跳出围墙之外，从他者与他在的角度进行界外之观和界外之思。

通变与创造是人文櫽栝的主旨思想。通变是前提，是基础，它重在融合；创造是生存，是出路，它重在创新。通变与创造对于人文学建设的意义一如栾栋教授所言："在根本问题上的通变与独创，才是人文根器最需要的固本培元。"② 哲学为人文学的通变和创造提供了场域，它"不仅给各类学人提供圆通的立场、观点和方法，而且为不同学科奠定契合的前提、后院和出路。"③

在柏格森思想中，"变化就是现实""存在就是变化"。"变"（devenir）构成了柏格森主义的核心命题。流淌着的绵延，通感着的直觉，延展着的自由，滚动着的记忆，创造着的演变……柏氏思想中的这些核心术语无时无刻不在生成和创造。但是，柏格森的"变"并不是空穴来风，不是无中生有，而是对无的铲除、对有的扬弃，是传统基础上的匠心独运，是通融群科后的戛戛独造。正是以哲学为基点的笼罩群科和突破创造使柏格森主义与人文学在根基处和主旨精神上出现了多面的交融和契合。④

---

① 栾栋. 人文学概论 [M]. 广州：暨南大学出版社，2012：366.
② 栾栋. 论人文学术还家 [J]. 学术研究，2007（10）：7.
③ 栾栋. 释哲 [J]. 中国文化研究，2009（夏之卷）：190-191.
④ 以下部分内容已发表于《归根·通变·创造——论柏格森思想的人文之境》[《齐齐哈尔大学学报》，2013（6）]。

# 第一节　根基处的反思

追根溯源，原始要终。归根是人文研究的重要思路和方法，是栾栋教授纍梧论的主旨精神之一：回归本根才能找回最为原始的前提，为新的创造提供可能性和可行性。就哲学而言，只有回到古希腊，去拨开那璀璨耀眼的思想光芒，去追寻和拷问那原始的哲思，去对终极进行第一手的思考，创造才得以诞生。

回归本根有着双重含义：一方面是将已有前提向前推进，寻求前提中的前提；另一方面是改变已有前提，进行新的前提改写。柏格森属于后者。就源头而论，他对形而上学的追问和思考不仅回到了古希腊，而且将传统哲学的已有前提改写到了芝诺悖论。

消解虚无，拆除理念同样展现了柏格森在根基处的反思精神。虚无是理念的逻辑前提。在希腊理念哲学中，虚无就是现实世界，就是运动和变化。它们存在于流动的时间中，随着时间的流逝而消失，因而是一种非本质的存在。理念是一次性给定的，是静止的、圆满的和永恒的，是真正的存在。这种静止性的理念存在与柏格森流动变化的世界直接对立，严重妨碍了其思想体系的建立。只有铲掉虚无和理念，柏格森才能为自己的本体立论制造前提。

## 一、追问芝诺

人文学在根基处的思考不仅涉及人文的本根与本性，还有其本真与本体、本源与本色。在柏格森回归古希腊的反思中，我们可以找寻出他对传统哲学在本源、本真以及本色方面的解读和思考。

何以要回到古希腊？柏格森如下写道："我远远没有相信希腊的哲学家给我们带来了确定无疑的真理。我甚至在《创演论》一书中用了一百多页来表明我们至今仍为之争论的一些理论难点，那就是哲学家和学者们经常会在不经意的情况下又回到希腊的观点。或者更准确地说，是因为我们的头脑仍然为希腊主义所浸染，以至于我们不得不研究希腊哲学。如果我们以希腊人的方式来研究哲学的话，这当然是很有必要的。不过，如果我们是以别样的方式来探讨哲理，那研究希腊哲学就显得更加必要了。"① 以别样的方式来探讨古希腊既表明了柏格森哲学的出发点，同时也显示了他惊人的气魄和胆识。

在一般的哲学史研究中，芝诺作为巴门尼德的学生，主要通过捍卫老师的观点而存在。在罗素的《西方哲学史》一书中，芝诺的名字甚至都没有被提及。但让人惊讶的是，柏格森的众多著作虽多次涉及爱利亚学派，但一次也没有提及巴门尼德，而是几乎全部投注于芝诺论证。对于芝诺的批驳贯穿柏格森的整个学术生涯：从《论意识的直接材料》（1888）到《物质与记忆》（1896），从《创演论》（1907）到《道德和宗教的两个来源》（1932），其中无不花费大量的笔墨来论述和驳斥芝诺取消运动和变化的时间观。而且，在柏氏的讲座、课堂讲稿和书信来往中，我们也经常读到"阿喀琉斯追不上乌龟"以及"飞矢不动"的故事。

柏格森何以如此"钟情"于芝诺？他在芝诺悖论中觉察到了什么？对芝诺悖论的反复解读和驳斥对柏格森哲学有什么独特的意义？

在爱利亚学派之前，人们对于自然的观念和认识多来自经验和观察。智能水平的整体发展决定了人类暂时还不能对世界的构成做出完全的抽象和逻辑上的论证。自然界在他们眼中多表现为一个运动不息、充满活力的循环世界。"一切皆流，无物常驻"是这个时期人们自然观的典型代表。爱利亚学派在一定程度上扭转了这一世界观：他们以理性的存在为最高范畴，区分真理和意见，讨论非运动、非变化，试图取消时间的意义，以此开辟哲学研究的新领域。巴门尼德正式提出"存在"的概念，将其作为宇宙的最高原理。"存在"开始成为西方形而上学探讨的永久性话题；"存在存在，非存在不存在"的经典命题，将存在与逻各斯联系起来，为逻各斯成为以后一切论证和思辨的基本原则奠定了基础。在此两点上，巴门尼德为西方形而上学尤其是理念哲学，开辟了一条追寻静止的永恒真理的道路。不过，巴门尼德设定了存在，却没有系统地去论证这个最高原理的存在缘由。在此意义上而言，他并没有完成，甚至可以说尚且没有开始西方哲学史上真正意义的形而上学，他只是为未来的思辨指明了方向。

在柏格森看来，芝诺才是形而上学的真正肇始者："形而上学诞生于芝诺关于运动和变化的论证，这些论证指明了运动与变化中固有的内在矛盾，构成了形而上学思辨的根源。"② 柏氏哲学的出发点在于改造传统哲学，建立"实

---

① H. Bergson. Mélanges [M]. Paris：PUF, 1972：757.
② H. Bergson. La Pensée et le Mouvant [M/OL]. Chicoutimi：UQAC, 2003：87 [2016 – 06 – 28]. http://classiques.uqac.ca/classiques/bergson_henri/pensee_mouvant/bergson_pensee_mouvant.pdf.

证的形而上学"。在他看来，传统形而上学脱离生活实践，在纯理性、纯思辨的支配下只重视共性而忽视个体丰富的内心存在。从这里思考，我们便不难理解他对于芝诺的重视。芝诺关于运动和变化的论证被他视为传统形而上学的根源，只要他破解了芝诺悖论的荒谬，那么也就拆解了传统形而上学赖以存在的根基。

"柏格森的哲学生涯始于他企图真正理解芝诺悖论的错误。"① 从柏格森遗留下来的关于古希腊哲学史的讲稿——"黑色笔记"（cahier noir）中可以看出，他曾花费大量的时间和精力用于爱利亚学派的思想研究，尤其是对芝诺悖论的思考。前文中，我们曾经讲到他与芝诺的结缘："我（在研究斯宾塞的过程中）已经意识到时间不应该是人们所讲的那个样子……直到有一天，当我在黑板上向学生们讲解爱利亚学派的芝诺时，我突然清楚地意识到了我应该努力的方向。"② 这个方向集中体现在他随后的博士论文《论意识的直接材料》中。在书中他明确指出，芝诺悖论的根本原因在于他"把运动和由运动物体所经过的空间混为一谈"③，在于用静止的、可无限分割的空间来取代整体的、变化的运动，进而取消时间的存在意义。

这一发现对于理解自由概念有着重要意义："自由这个问题来自一种误解。这个误解对于现代学者就像爱利亚学派的诡辩对于古代学者一样。如同那些诡辩一样，（自由）问题的根源也在于一种错觉，通过这种错觉，我们把陆续出现与同时发生，把绵延与广度，把性质与数量混淆在一起。"④ 由此可见，人们对自由的看法就如爱利亚学派的诡辩一样，把连续性的时间同同时性的空间混淆。这种错觉并不意味着人们犯下了需要改正的错误，而是源自一种看待世界的角度和方式，即对时间和运动的误解，对变化着的现实的误解。

《物质与记忆》将芝诺论证的理路拓展到人类的常识和语言："芝诺受到了常识的蛊惑，因为常识通常都将运动轨迹的特性赋予运动本身；芝诺也受到了语言的蛊惑，因为语言总是用描述空间的术语表现运动和绵延。"⑤ 也就是说，常识和语言有着和芝诺一样的喜好，总偏爱静止的事物，因为静止化的空

---

① 拉·科拉柯夫斯基. 柏格森［M］. 牟斌，译. 北京：中国社会科学出版社，1991：20.

② H. Gouhier. Bergson dans l'histoire de la pensée occidentale［M］. Paris：Vrin，1989：23.

③ H. Bergson. Essai sur les données immédiates de la conscience［M/OL］. Chicoutimi：UQAC，2002：53［2016-06-28］. http://classiques.uqac.ca/classiques/bergson_henri/essai_conscience_immediate/essai_conscience.pdf.

④ H. Bergson. Essai sur les données immédiates de la conscience［M/OL］. Chicoutimi：UQAC，2002：105［2016-06-28］. http://classiques.uqac.ca/classiques/bergson_henri/essai_conscience_immediate/essai_conscience.pdf.

⑤ H. Bergson. Matière et mémoire［M/OL］. Chicoutimi：UQAC，2003：113［2016-06-28］. http://classiques.uqac.ca/classiques/bergson_henri/matiere_et_memoire/matiere_et_memoire.pdf.

间方便它们对事物的认识和把握，方便它们做出判断和行动。于是，事物本来的内在组织和本来的秉性特质，即时间、运动和变化等就被它们有意无意地忽略和消解。在逐条逐列地揭示芝诺四个关于运动悖论的荒谬和错误后，柏格森一针见血地指出："爱利亚学派指出（运动中）的那些困难和矛盾，几乎没有涉及运动本身，而是大脑对运动僵死的、人为的认识。"①

由此可以发现，柏格森的语言观同 20 世纪后半叶的德里达相距不远：对逻各斯语言中心主义的消解其实从柏格森已经开始。只是当时，这种超前的认识不但没有得到足够的肯定和重视，还给他带了"反语言"的有色标签。重回经典、重新找到其在根源处的宝贵努力，这也许就是今天重读柏格森的重要原因之一，正如德勒兹所言："'回归柏格森'并不仅仅说重新赞颂一位伟大的哲学家，而是相应于生活和社会的变化，相应于科学的变化，在今天重新复活和扩展他的工作。"②

在《创演论》中，柏格森探究芝诺悖论的步伐并没有停下，他在寻找更为深层的原因。从生物学角度出发，联系近代科学发展，柏格森提出了著名的思维"摄影机机制"。他认为，人类的常识在智能作用下，往往同电影摄影机一样，将活生生的运动摄制成电影胶片一样的静止图像，然后把它们再放回放映机上，重构出"活的形象"。这种认识并不关注事物的内在变化，而是置身于事物的外面，人为地重构事物的变化。智能、语言和常识一般都是这样运作的。大脑就是这样一架既具摄影又有放映功能的机器，它是我们人类天生的认知机制。无论我们是思考变化，表达变化，还是感知变化，都需要启动内在的摄影机机制。就这样，柏格森将芝诺悖论推究到生物学根基之上，找到其发生学意义上的根源。如果仅把芝诺悖论用来证明运动的不可能性，那它们可能仅仅就是一些诡辩。但是，我们如果紧随柏格森的思辨步伐，将芝诺悖论置于生物学的根源就会发现：芝诺悖论意味着在形而上学诞生之始，人类就试图用理性分析来了解存在，试图用静止单一的推理来替代丰富多变的现实——现实要向逻辑屈服。

正是在对芝诺悖论的拷问中，柏氏开始了自己的哲学道路。对芝诺的反驳不仅意味着柏格森在哲学意义上的精彩推理和精湛思辨，而且意味着柏格森主义一开始便远离了唯理性主义的倾向，表明柏格森主义在根基处对传统哲学的某种背离。

---

① H. Bergson. Matière et mémoire [M/OL]. Chicoutimi：UQAC, 2003：114 [2016 - 06 - 28]. http://classiques.uqac.ca/classiques/bergson_henri/matiere_et_memoire/matiere_et_memoire.pdf.
② 吉尔·德勒兹. 康德与柏格森解读 [M]. 张宇凌, 关群德, 译. 北京：社会科学文献出版社, 2002：206.

## 二、消解虚无

存在是自巴门尼德以来传统形而上学的根本问题,也是柏格森在返回希腊之时所着力探究的话题。从这个意义上讲,以过去和记忆为本体存在的柏格森思想并没有远离古希腊,而是沿着它所开创的存在之思继续前行。

在对古希腊传统存在的思考和追问中,柏格森产生了以下疑问:"如何、为什么是这个本原、而不是虚无存在着?"① 这样的疑问让我们马上想到后来海德格尔在《形而上学导论》中所追问的问题:"为什么在者在而无反倒不在?"② 对柏格森来讲,这是一个甚为重要的问题,它涉及其新形而上学的根基。

从时间上来讲,虚无是现代哲学经常讨论的话题,在柏格森之前,它很少被哲学家们所留意。可以说,是柏格森的探讨在某种程度上带动了现代哲学对这个问题的关注。不过,没有被讨论,没有被关注,没有被发现,并不意味着它不存在。希腊哲学虽然只探寻存在,不谈虚无,但虚无却一直存在于它的根基处,如同潜在的本能一般,构成了哲学思维隐蔽的法条和看不见的发动机。从本质上来讲,希腊哲学是思维的、逻各斯的、抽象的哲学,因此也是智能的哲学。在柏格森之前,存在是最终极的追问,人类之思到了这里往往就停下来。这样,存在的原初性和第一性表面上得到了维持。但是,如果我们沿着智能之思将这个问题进一步推进:存在又来自哪里?

智能只有如下回答:"存在在我看来是对虚无的一种征服……虚无是原有的,存在是后来逐渐加上去的。"③ 因此,在智能那里,虚无是比存在更为本质的东西,它永远先于存在。正是在虚无的背景下,希腊哲学自爱利亚学派开始,便无视现实中充实的运动和变化,将绵延的现实万物当作虚幻和杂多;他们视思维为实在,并试图跳跃现实的具象,从杂乱无章的"无"中创造出作为"一"的有,从现实中抽象出一种绝对存在,因此,他们蔑视和贬低现实事物,否认它们的自足性,千方百计把一种抽象的逻辑存在覆盖其上,进而从虚无走向充实,从不存在走向存在,从意见走向真理,从多走向一。这其中以柏拉图的理念最具代表性。

---

① H. Bergson. L'évolution créatrice [M/OL]. Chicoutimi:UQAC, 2003:163 [2016 – 06 – 28]. http://classiques.uqac.ca/classiques/bergson_henri/evolution_creatrice/evolution_creatrice.pdf.
② 海德格尔. 形而上学导论 [M]. 熊伟,王庆节,译. 北京:商务印书馆,1996:3.
③ H. Bergson. L'évolution créatrice [M/OL]. Chicoutimi:UQAC, 2003:163 [2016 – 06 – 28]. http://classiques.uqac.ca/classiques/bergson_henri/evolution_creatrice/evolution_creatrice.pdf.

那么，是否存在这样一个逻辑先在的虚无？答案如果是肯定的，那么将现实看作虚无的理念哲学便在根基处得到了论证；答案如果是否定的，情况则相反。既然不存在虚无，那么建立在虚无基础上的理念将成为无根之木，传统哲学的整座大厦将就此坍塌，现实将从虚无的阴影中解放出来，自己呈现自己，自己规定自己，成为自足的存在——新的形而上学或将成为可能。因而，柏格森的意图非常明显："如果我们能够证明虚无观念在与存在观念对立的意义上是一个伪观念，那么所有围绕在它周围的那些问题都将变成假问题。这样，关于一种能够自由行动并完全绵延着的绝对存在的假设就不会令人惊讶了。通往一种更接近直觉且不再要求常识做出同样牺牲的哲学道路将被开辟。"① 因此，揭示虚无是一个伪观念，不但能拆除旧传统形而上学赖以存在的根基，还将带来一种直觉的新哲学。

柏格森通过以下两种分析达到对虚无的消解：其一，从内在经验的角度阐明主体不可能达到绝对的虚无，虚无作为具体的物象不存在；其二，从逻辑层面入手，首先证明作为观念的虚无往往意味着替代，其次分析肯定判断与否定判断的逻辑内涵，证明否定不过是另一种肯定。

如何消解这幽灵一般的虚无呢？一般来说，如果虚无存在，它要么通过具体物象（image）来表现，要么通过抽象观念（idée）来表现。换句话说，如果我们既得不到虚无的物象，也得不到虚无的观念，那么就可以证明虚无是一种非存在。如同当初将绵延渗入物质一样，柏格森从实证和思辨两个方面入手论证虚无的不存在。

柏格森首先从心理经验出发实证虚无的不可能性。情况并不复杂，我们只需闭上眼睛，塞住耳朵，摒弃一切知觉，慢慢熄灭掉我们同外在世界的所有联系。此时，外在世界对每个人来说如同寂静的黑夜一般，似乎成了虚无。但是，我们自己却依然存在，我们的意识，即我们的记忆，还有我们刚刚形成的黑夜物象，仍清晰地存在着。即使说我们可以继续熄灭，熄灭曾经的记忆，熄灭刚刚的黑夜意识，但是就在我们前一个意识消失的时候，另一个意识正被点亮；更准确地说，它其实已经被点亮，就在前一个意识消失的前一瞬间，它的出现正是为了见证前者的熄灭，因为"前一个意识只有在相对于和面对另一个意识的时候才可能消失。"② 正是在这个意义上，柏格森认为，我们任何人都无法取消自己，不管我们做什么，我们始终能从外面或里面感知某种东西。因

---

① H. Bergson. L'évolution créatrice [M/OL]. Chicoutimi：UQAC, 2003：164 [2016 – 06 – 28]. http://classiques.uqac.ca/classiques/bergson_henri/evolution_creatrice/evolution_creatrice.pdf.
② H. Bergson. L'évolution créatrice [M/OL]. Chicoutimi：UQAC, 2003：165 [2016 – 06 – 28]. http://classiques.uqac.ca/classiques/bergson_henri/evolution_creatrice/evolution_creatrice.pdf.

此，从个体经验出发我们无法得到有关虚无的物象。

经验实证是形象的、可感的，但同时也是主观的和非普遍的。在经验中无法抵达的虚无，是否可以通过观念构造来实现呢？我们可否通过建立"取消一切事物的观念"（l'idée d'une abolition de toutes choses）来构建虚无呢？接下来，柏格森通过缜密而繁杂的逻辑论证否定了这种可能性。

观念通常是思维和心灵的产物，其对应物在现实中并不一定存在。作为思想的产物，观念虽然不可见，却可以被理解。也就是说，正确观念往往具有真实性。比如，笛卡尔曾经说过，尽管我们在现实中不可能看到一个有一千条边的多边形，但我们能够理解它——它的构成是可能的，它具有真实性。然而，通过思想所形成的观念并非全部具有真实性，如"方的圆"，其组成部分"方"与"圆"相互排斥，不可能共存，故而它并不是一个正确的观念，而只是一个单词罢了。虚无的观念与此相类。如前所述，虚无并不是我们经验所面对的一个对象，因此，要从观念上抵达虚无，就需要借助思想来取消一切事物，不管它是外在的还是内在的，不管它是一个物体还是一种意识。

就外在对象而言，我们在用思想取消一个事物的同时，在其原来所处的地方必然会出现另一个事物——在自然界中没有绝对的空虚。此时，从主观方面来讲，虚无意味着主体的一种失望感，因为期待中的事物不存在；从客观方面来讲，虚无意味着一种替代，新的事物取代了期望中的事物。因此，无论如何，虚无仍是事物的存在。

那么，我们能否借助思想来取消一切的意识状态呢？这同样不可能。意识是一个连续不断的绵延整体，当我们试图用思想取消它的诸多状态时，无论如何，总有一个新的意识在关注着前一个不存在。也就是说，前一个意识状态刚刚消失，甚至还没有完全消失，意识它非存在的新状态便立刻涌现。所谓的空虚，只是在新的状态到来之际，我们由于仍留恋于旧状态而对新事物视而不见，故而产生心理上的一种落差。因此，虚无观念不过是一种已存在的东西与应该存在的东西之间的比较，这仍是充实和充实之间的比较。

综上分析可以看出，无论是物质的空虚还是意识的空虚，虚无的观念始终表现为一种实有，这种实有要么体现为客观替代，要么体现为主观懊恼。真正的虚无到此为止并不存在。

在常识范围内，我们经常会借助否定表达某物或某人的不存在。那么，观念的否定能否为我们带来虚无呢？柏格森对此也做了精湛分析。在智能那里，如同存在与虚无一样，肯定与否定是一对对偶概念，一如通过肯定能得到存在，我们也可以通过否定得到非存在。但是，当我们面对具体的事物，进入活生生的现实世界时,肯定与否定的关系便潜在地发生了变化:肯定直接针对事物,否定则通过一个介于中间的肯定间接指向事物;肯定命题表达的是针对对象的判断(jugement porté sur un objet),否定命题表达的是一个针对判断的判断(jugement porté sur un jugement)。换句话说,肯定命题面对的是事物本身,具有直接性;否定命题面对的是事物间的关系,不具有直接性,但无论如何,否定命题和肯定命题表达的都是一种肯定。在此意义上,柏格森写道:"否定与本义上的肯定相区别的地方在于,否定是一个二级肯定:肯定肯定的是对象的某个方面,而否定肯定的是一个肯定的某个方面。"① 由此可见,在具体的现实世界中,否定并不能带来虚空,观念的否定产生不出虚无,在否定命题中我们无论如何找到的都是肯定。就观念而言,虚无是一个不存在的观念,一个自毁的观念,一个伪观念,它如同"方的圆"一样只是一个单词而已。另外,柏氏在其他场合有关意识与无意识、有序与无序、真实与可能的论述同样也反映了他对有的肯定和对无的反对。

至此,从经验到思辨,柏格森彻底揭开了虚无的面纱:它既不表现为具体的事物,也不表现为抽象的观念——虚无并不存在。消解虚无对柏格森哲学有着重要的奠基意义。一方面,既然虚无是一个伪观念,那么建立在虚无之上的理念便立刻失去了它存在的根基——柏格森拆解理念的想法有了一个坚实的现实和理论基础;其次,没有虚无的世界是一个充实的世界,它自我呈现,自足存在,不需要被假定,不需要被追问——存在在柏格森这里获得了彻底的原初性和第一性。

## 三、拆解理念

柏拉图是希腊哲学的集大成者,是整个西方传统哲学的根基所在。理念虽不是柏拉图哲学的全部,却是他思想的集中体现,是两千多年来对西方最具影响力的哲学概念。为了从根源处探究理念的本质,柏格森没有直接着手理念,而是先从不同的运动入手,解析智能的静止化功能,分析人类认识何以从运动走向静止;然后,他又从具体实例出发,探究智能重构运动的奥秘。这样,不但为拆解理念打下根基,也同时回应了对芝诺悖论的剖析。

通过分析现实中物质的性质运动、生命的创演运动以及空间的广延运动,

---

① H. Bergson. L'évolution créatrice [M/OL]. Chicoutimi:UQAC, 2003:170 [2016 - 06 - 28]. http://classiques.uqac.ca/classiques/bergson_henri/evolution_creatrice/evolution_creatrice.pdf.

柏格森发现，为了方便对世界的认识和把握，智能往往无视现实的流动性，而借助于知觉将物质不可见的运动压缩为性质，将生命繁杂的创演简化为形式或本质，将空间生动的广延运动凝固为动作。而性质，形式（或本质）和动作都是一种静止化的表象，其中性质和形式表达的是种种状态，而动作则是对个体的、形象的诸多行为的一种抽象。它们都是智能对于不稳定的现实流动所采取的稳定看法。而且，这种看法与语言紧密相关，它们分别与语言中三种主要词性相对应：性质对应于形容词，形式（或本质）对应于名词，动作对应于动词。这种貌似无意的对应也从侧面验证了西方语言的确是思维的产物，而非现实的产物。

  在进行严密思辨的同时，柏格森总是不放弃案例的形象实证。他借用摄影机的运作原理生动地解析了智能重构运动的奥秘：智能首先如同摄影机拍摄快照一般将运动拆解为一个个尽可能多的静止状态（或性质，或形式，或动作）——之所以说尽可能多，是因为在智能看来，拆解越为细密，我们便越发理解运动，进而也能更为形象地再现运动；然后，一如我们将胶卷放入摄影机便得到运动一样，智能将众多的状态放入大脑这个思维的摄影机中，如此这般，便得到了思维的抽象运动。

  这是由诸多状态（性质、形式、动作）构成的运动，也是由诸多语言要素组成的运动。因而，它可以被表达，可以被理解，可以被掌握。但它并不存在于现实中，而存在于我们的大脑里。故而，它并不能自足存在，而必须借助于虚无这个中介由智能制造出来。这是一种逻辑的、数学的运动，它一次性给定，不拥有绵延，不拥有变化；这也一种语言的、常识的、习惯的运动，是希腊人通过芝诺悖论表达给我们的运动："希腊人相信自然（nature），相信有自然倾向的精神，他们尤其相信语言，因为语言可以将思想本能地（naturellement）外化。"① 需要注意的是，柏格森这里的"自然"并不是作为现实和具象的可见自然界，而是一种作为性质和特征的抽象自然本性，尤其指自然在进化过程中所赋予人类的智能天性。也就是说，希腊人在认识世界的过程中将静止化的智能、思维和语言奉为最高标准，在面对流变的现实时，他们并不指责智能，也不指责思维和语言，而是认为事物的发展过程本身是错误的。因而，当永不停息的现实变化同思维习惯发生冲突，同语言的固有框架产生背离时，他们理所当然地认为变化是不真实的。于是，他们便开始致力于寻找一种所谓

---

① H. Bergson. L'évolution créatrice [M/OL]. Chicoutimi：UQAC, 2003：183 [2016-06-28]. http://classiques.uqac.ca/classiques/bergson_henri/evolution_creatrice/evolution_creatrice.pdf.

的真实存在:"在性质变化、创演变化和广延变化的下面,精神必须寻找那些能够抗拒变化的东西,即可界定的性质,形式(或本质)和目的。这就是古代哲学,即形式哲学,所发展出来的基本原则,或者用更接近希腊的术语来说,理念的哲学。"① 借助对理念的分析,柏格森继续他对传统哲学本真的拷问。

从词源来看,我们翻译为理念的 eidos 在希腊语中同时表达三重含义:一是性质;二是形式或本质;三是正在完成行动的目的或意图,或者说假设已完成动作的意图。② 从本质上来说,性质是变化的一个瞬间;形式是进化的一个刹那;本质是依次排列的其他形式中的一种中间形式,说到底,它还是一种形式、一个瞬间;意图和目的是要完成行动的事先计划。我们会发现,理念的这三重含义恰恰与我们前文分析中智能的静止化功能完全切合。可以说,理念就是智能静止化功能下的产物,它无论是作为性质,还是作为形式和目的,都是一些固定的瞬间,是从不稳定的事物中截取下来稳定的看法。正是在这个意义上,柏格森总结道:"把事物归结为理念,就是把变化分解为它的主要瞬间,每一个瞬间按照假设都逃出了时间规律,汇集于永恒之中。"③ 由此可见,柏拉图的理念论不过是爱利亚学派芝诺诡辩说的继承和发展,它排除运动,拆解变化,逃离时间,试图在稳定不变的精神世界中去寻找真理和永恒。

作为柏拉图的学生,亚里士多德试图摆脱理念论的影子,取消理念的自足性。为此亚氏引入了运动和变化。不过亚里士多德的运动源自某个推动力,即没有推动力就没有运动。因此,他的学说呈现出的是因果关系,是智能参与下的因果律原则。这样一种原则一旦运作起来,智能便不停地从结果追溯原因,一直到它面对一个静止不动的第一推动力时才能停下来。这个第一推动力就是亚里士多德的上帝。运动于是仍然产生于"不变物体的降级,如果没有已经存在的不变性,就没有运动,也不存在可感知的世界"④,因此亚氏的学说并没有完全摆脱理念:"亚里士多德从否定理念的独立存在入手,但没能使理念脱离独立存在,所以他把理念挤压在一起,捏成一个球,并且在物理世界之上置

---

① H. Bergson. L'évolution créatrice [M/OL]. Chicoutimi:UQAC,2003:184 [2016 – 06 – 28]. http://classiques.uqac.ca/classiques/bergson_henri/evolution_creatrice/evolution_creatrice.pdf.
② H. Bergson. L'évolution créatrice [M/OL]. Chicoutimi:UQAC,2003:184 [2016 – 06 – 28]. http://classiques.uqac.ca/classiques/bergson_henri/evolution_creatrice/evolution_creatrice.pdf.
③ H. Bergson. L'évolution créatrice [M/OL]. Chicoutimi:UQAC,2003:184 [2016 – 06 – 28]. http://classiques.uqac.ca/classiques/bergson_henri/evolution_creatrice/evolution_creatrice.pdf.
④ H. Bergson. L'évolution créatrice [M/OL]. Chicoutimi:UQAC,2003:188 [2016 – 06 – 28]. http://classiques.uqac.ca/classiques/bergson_henri/evolution_creatrice/evolution_creatrice.pdf.

放了一个被称之为形式的形式,理念的理念,或者用他的话说,思维的思维。"① 因果律的介入使得亚里士多德的理论出现了机械论倾向:一切都是给定的,结果中没有任何多于原因中的内容,否则就会存在没有原因的结果。时间由此被排除在真理之外,开始成为真理的入侵者和骚扰者,成为永恒的消解者和排除者。理念哲学至此成为外在于时间的哲学。

栾栋教授曾以"水性"与"盐色"做比来凸显中西文化在本色处的差异。② 柏格森对理念哲学在成因方面的解析让我们进一步理解了西方文化重器轻道的本性本色。在柏格森看来,"我们是天生的柏拉图主义者"。③ 崇尚静止的理念源于我们的天性,是由人类天然的智能造成的。智能凭借摄影机机制将活生生的运动摄制成电影胶片一样的静止图像,然后再把它们连接起来,重构出"活的形象"。这种机制置身于事物之外,从所有特定的个体运动中提取的一种抽象的、简单的、普遍的运动。理念由于智能的原因天然排斥运动和变化,将静止和抽象看作是比运动和具体更为真实的存在。而且,智能的认识功能极具功利性和当下性,"其作用就在于支配行动"④,其目的就是为了行动和思考服务。在智能支配下,人们进行思考,并全身心地投入到结果的实现当中,大脑被直接带到了目的地。至于构成行动的运动本身,并不为意识所留意和关注。因此,柏格森说道:"智能仅仅表现活动所达到的目的,换句话说,智能仅仅指向那些停止的点。"⑤ 于是,智能主宰下的人类活动从一个目的跳到另一个目的,从一个停止点跳到另一个停止点,人类的意识不得不从现实的运动中转移开来,去关注那些已经实现的静止的运动表象,而忽略了运动变化的现实本身。

人文学倡导"本根在界",倡导在根基处对人文本根、本真、本色的思考。"本根在界"就是"本根跨界",本根在边缘处的起承转合则进入了"本根领界"。本根处的"在界"为人文学在未来"跨界"与"领界"提供可能。柏格森哲学在抬脚起步之际,便将自己置放到整个西方文明的本根之处,根基

---

① H. Bergson. L'évolution créatrice [M/OL]. Chicoutimi:UQAC,2003:188 [2016-06-28]. http://classiques.uqac.ca/classiques/bergson_henri/evolution_creatrice/evolution_creatrice.pdf.
② 栾栋. 水性与盐色——从中西文化原色管窥简论华人的文化品位 [J]. 唐都学刊,2003 (1):110.
③ H. Bergson. L'évolution créatrice [M/OL]. Chicoutimi:UQAC,2003:38 [2016-06-28]. http://classiques.uqac.ca/classiques/bergson_henri/evolution_creatrice/evolution_creatrice.pdf.
④ H. Bergson. L'évolution créatrice [M/OL]. Chicoutimi:UQAC,2003:175 [2016-06-28]. http://classiques.uqac.ca/classiques/bergson_henri/evolution_creatrice/evolution_creatrice.pdf.
⑤ H. Bergson. L'évolution créatrice [M/OL]. Chicoutimi:UQAC,2003:175 [2016-06-28]. http://classiques.uqac.ca/classiques/bergson_henri/evolution_creatrice/evolution_creatrice.pdf.

处的反思使他找寻到了整个西方理念哲学在源头处的矛盾,觉察到了传统形而上学呆滞僵化的根源。正是在对希腊哲学的拷问中,柏氏开始了新哲学的跨界和领界。

## 第二节 群科中的游走

如何称谓柏格森?这个诺贝尔文学奖的获得者自幼便表现出了极高的数学天分,其研究领域涉及形而上学、心理学、物理学、生理学、生物学、几何学等领域。如果说用"百科全书式的人物"形容柏格森可能稍显夸张,哲学家这一称呼则多少掩盖了他在众多领域内的创造性建树。在柏格森身上,我们不仅读到了以哲学为中心的文史哲之间的融通,更有以人文为本根的人文学科、社会科学和自然科学三大学科群之间的相互影响和相互涵摄。

### 一、文史哲互根

就文史哲互根而言,柏格森哲学的诞生和发展与其对传统哲学的批判相伴而生,其思想的形成史就是一部西方理念哲学的反思史;柏格森用"卓越的表现技巧"创造了一种诗性的哲思表达,哲学为此拥有了艺术般华美的文字表达,文学也拥有了哲学般丰富而别具生机的深邃思想。

对古希腊以来理念哲学的批判构成了柏格森思想形成的历史大背景:从爱利亚学派的芝诺到现代哲学的康德,柏氏在回顾历史的过程中对西方理念哲学体系进行批判,并在此基础上提出了绵延的本体论、直觉的方法论以及开放道德的价值观。

"根基处的反思"一节展现了柏格森对于希腊哲学的回顾和解析,但爱利亚学派所开辟的哲学道路并不止于希腊。在他看来,从17世纪开始的西方现代哲学仍继续走在古希腊人所开辟的道路上,也就是说,现代哲学在本质上还是理智的作品。他对现代哲学的批判从笛卡尔开始,经历斯宾诺莎和莱布尼茨,集中体现于康德,最后结束于斯宾塞。

对于笛卡尔,柏格森的态度是双向的,他既反对其机械论思想,又对其自由意志有着难以抑制的赞美:"他(笛卡尔)把包含发明、创造以及真正连续的绵延放在（量化的）时间—长度之上……（此时）他谈论运动，哪怕是空间运动，都像谈论一种绝对。"① 因此，对于笛卡尔的二元划分，柏格森没有太多的诟病："他在两条道路之间来回，决意不使两条中的任何一条趋于极端。"②

如果说在笛卡尔那里，世界尚呈现出理性与意志、物质与精神两种存在，它们平行前进，互不干涉，那么，斯宾诺莎通过"神"，莱布尼茨通过"单子"又将它们合二为一，恢复了自希腊哲学以来存在的至高性和唯一性。在此意义上，柏格森写道："如果我们除去两种学说中充满活力和生命的东西，只保留其框架，那么呈现在我们面前的便是笛卡尔机械论背后的柏拉图主义和亚里士多德主义。"③

柏格森对现代哲学的批判主要集中于对康德思想的解读，它贯穿了他几乎所有的著作。对于两人之间的关系，弗雷德里克·沃姆（Frédéric Worms）有着精辟的见解："柏格森与康德之间的整个关系可以用他在《形而上学导论》中的一句如下指责来概括：'他过分强调了知性的独立性'。"④ 在柏格森看来，康德对于知性（即智能）独立性的强调虽然带了对现象界的认识和把握，但同时却把时间当作和空间一样纯一的媒介，无法解释自由，无法获得生命，最终只好将它们作为不可知的物自体悬置起来。对智能独立性的过分强调让康德没有远离希腊哲学的理性之路，虽然他一定程度上对此有所偏离。

在 19 世纪汹涌澎湃的进化思潮中，斯宾塞是柏格森长期毫无保留地接受其思想的哲学家。受其影响，他甚至打算写一篇关于科学哲学的博士论文，而且已经开始对几个基本的科学概念进行考察。但就是在这个过程中，他吃惊地发现，科学的时间并不绵延。⑤ 于是，年轻的柏格森果断调转方向，开始致力于对时间的研究：与之前设想完全不同的博士论文就此诞生，它就是《论意识的直接材料》。接下来的一系列深入研究表明，斯宾塞的学说虽然以进化论为名，却既没有研究变化，也没有研究进化，他"只是用已经进化的片段来重组进化……将现实撕裂成碎片，将其散落在风中，然后再把这些碎片'整合在一

---

① H. Bergson. L'évolution créatrice [M/OL]. Chicoutimi: UQAC, 2003: 201 [2016 – 06 – 28]. http://classiques.uqac.ca/classiques/bergson_henri/evolution_creatrice/evolution_creatrice.pdf.
② H. Bergson. L'évolution créatrice [M/OL]. Chicoutimi: UQAC, 2003: 201 [2016 – 06 – 28]. http://classiques.uqac.ca/classiques/bergson_henri/evolution_creatrice/evolution_creatrice.pdf.
③ H. Bergson. L'évolution créatrice [M/OL]. Chicoutimi: UQAC, 2003: 202 [2016 – 06 – 28]. http://classiques.uqac.ca/classiques/bergson_henri/evolution_creatrice/evolution_creatrice.pdf.
④ F. Worms. L'intelligence gagnée par l'intuition ? [J]. Les études philosophiques, 2001 (4): 453.
⑤ H. Bergson. Mélanges [M]. Paris: PUF, 1972: 765.

起'"①，他用类似拼拼图的方式模仿整体，以为通过进化结果的相加便可以得到进化本身。换句话说，斯宾塞以进化论的名义扭曲、破坏和伪造现实，凭借思维的力量在观念上重构生命世界。这是一位并不真正理解进化的进化论者。

从古希腊时期的爱利亚学派到柏拉图和亚里士多德，从文艺复兴后期的笛卡尔、斯宾诺莎、莱布尼茨到近代的康德、斯宾塞，只要和理念哲学稍有浸染的哲学家无不成为柏格森批驳的对象。柏格森思想的形成史就是一部西方理念哲学的反思史。

1928年，在诸多有影响力的候选人（其中最出色的有挪威女作家温塞特、德国作家托马斯·曼以及苏联作家高尔基）中，②瑞典文学院将1927年诺贝尔文学奖的桂冠授予了柏格森，以赞扬他在《创演论》中所表现出的"丰富而生机勃勃的思想及其卓越的表现技巧"，柏格森成为自1908年德国哲学家奥伊肯之后第二个获此殊荣的哲学家。实际上，柏格森与文学的结缘要远早于此。

早在1900年，柏格森便出版了专门研究喜剧的理论著作《笑——论滑稽的意义》，从审美对象来分析笑的成因，认为滑稽是"镶嵌在活的东西上面的机械"③，它源自人类智能的摄影机机制，是智能对情感、对生命、对绵延的暂时悬置。借助对笑的分析，柏格森阐述了他对艺术的看法："……艺术唯一的目的在于去除那些实践中功利性的象征符号，去除那些为社会所接受的、约定俗成的一般概念。总之，是去除所有那些掩盖在实在之上的东西，使我们直接面对实在本身……艺术总是面对个体……是出现一次就永不重演的某种东西……艺术家所看到的东西，我们将无法再看到，至少不能看到完全相同的内容……（艺术的）普遍性存在艺术所产生的效果中，而不存在于原因中。"④在柏格森那里，艺术犹如常在常新的绵延瞬间一般充满了生命力，充满了创造力，它既不可预测，也不可复制。其独特性即永恒性正在于它对绵延的占有，对生命的再现，其普遍性只存在它所产生的共鸣效果中。

除了《笑》之外，柏格森再无其他专门的文艺理论著作，更无狭义上的文学作品，但这丝毫没有削弱他对20世纪西方文学艺术的巨大影响，更没有

---

① H. Bergson. L'évolution créatrice [M/OL]. Chicoutimi: UQAC, 2003: 211 [2016-06-28]. http://classiques.uqac.ca/classiques/bergson_henri/evolution_creatrice/evolution_creatrice.pdf.
② 陈卫平，施志伟. 生命的冲动——柏格森和他的哲学 [M]. 上海：三联书店，1988：138.
③ H. Bergson. Le rire [M/OL]. Chicoutimi: UQAC, 2002: 38 [2016-06-28]. http://classiques.uqac.ca/classiques/bergson_henri/le_rire/Bergson_le_rire.pdf.
④ H. Bergson. Le rire [M/OL]. Chicoutimi: UQAC, 2002: 68 [2016-06-28]. http://classiques.uqac.ca/classiques/bergson_henri/le_rire/Bergson_le_rire.pdf.

影响他成为诺贝尔文学奖的获得者。在他的作品中，思想拥有文学般华美的语言，文字表达哲学般深邃的思想。

《创演论》不仅拥有"丰富而生机勃勃的思想"，还有着"卓越的表现技巧"。它那诗一般或精致或恢宏，或简洁或丰富的语言一定程度上转变了哲学由概念推理和抽象思辨带来的晦涩和诘屈，改写了形而上学玄秘冷漠的普遍形象，使哲学在表述深奥思想的同时，还给读者带来艺术般的审美享受。这是一种诗性的哲思表达，它用生动的描述替代抽象的定义，用丰富的形象替换干瘪的概念。"通常他（柏格森）并不给自己的意见提出理由，而是依赖这些意见固有的魅力和一手极好的文笔的动人力量。他像做广告的人一样，依赖鲜明生动、变化多端的说法，依赖对许多隐晦事实的表面解释。尤其是类推和比喻，在他向读者介绍他的意见时所用的整个方法占很大一部分。他的著作中见得到的生命比喻的数目，超过我所知的任何诗人的作品中的数目。"①也就是说，即使是在对他的思想充满敌意的罗素看来，柏格森的语言也堪与诗人相媲美。

在此，我们即无意为柏格森申诉，也无意评判罗素对柏格森的批评，只是借罗素之口证实柏格森诗化的语言风格。当然，柏格森的比喻并不是给自己的学说做广告，而是表达哲学"活的永恒"的必然要求。分析语言的外在性和空间性决定了它只能表达空间化的事物，而无法表达流动着的时间性存在。隐喻式的语言尽管不能完全表达实在，却可以借助丰富多彩的形象向我们暗示实在。不仅是《创演论》，柏格森的每一部著作都如行云流水，充满着生动巧妙的比喻，读起来既像"清晨的浮香，又如好鸟嘤鸣"②。诗一般的优美语言加速了柏氏思想在世界范围内的流传。

在对哲学史的反思以及对语言的诗意把握中，柏格森不仅拉近了哲学与历史、与文学的距离，而且打破了三者之间的学科分界，实现了文史哲的融通和互根。栾栋教授曾如此论及文史哲互根："依学科互补，文史需要哲学提炼，史哲需要文学浸润，文哲需要史学给养。"柏格森以哲学思想协统文史，以文史映衬哲学思想，正如此言。

## 二、心理学、生物学基奠

柏格森哲学是建立在具体科学之上的哲学，众多的自然科学学科构成了柏格森主义的实证基础。心理学是其重要的基石："一种普遍的对智力和心理的

---

① 罗素. 西方哲学史（下）[M]. 马元德，译. 北京：商务印书馆，2010：356.
② 威廉·詹姆士. 多元的宇宙[M]. 吴棠，译. 北京：商务印书馆，1999：123.

研究是整个形而上学研究的必然前奏。这门科学的具体名称就是心理学。"①
19世纪大量的心理学实验作为直接材料为柏氏思想提供了丰富的实证来源，成为他最初的研究对象。其第一部哲学著作《论意识的直接材料》中所着重探讨的自由意志问题，就是形而上学和心理学的共同问题；捕捉内心变化的意识领域也因而构成柏氏哲学的诞生地和出发点，正是在对意识的不断追问中，他最终找到了本体意义上的存在——绵延。从这个维度出发，如下的判断有它的合理性所在："如果没有19世纪心理学大发展，就很难会产生出柏格森这样的哲学家"。②

对心理学的重视并不意味着柏格森将心理学放到了和哲学同等重要的地位："心理学和形而上学，这就是哲学的根本性的两个章节。心理学只是方法，而形而上学才是目的。"③ 在这里，他不仅明确了作为科学的心理学对于形而上学的奠基性意义，更为重要的是，他界定了哲学与具体科学之间道与器的关系：心理学固然构成了柏格森主义的出发点，但它仅仅只是一种抵达形而上学的方法。借助这种方法，柏格森找到了通向形而上学的新道路。这种以目的和手段处理哲学与具体科学之间关系的范式，一定程度上防止了哲学研究中的唯精神论倾向，将哲学的思辨与科学的实证结合了起来。

进化论思潮极大地影响着柏格森，以至于他"几乎长期毫无保留的接受英国哲学家郝伯特·斯宾塞的那一套理论"④。柏格森充分肯定进化论对于哲学研究的重要意义：伴随着生物学尤其是进化论的发展，生命正式进入科学领域，进而成为哲学的思考对象；进化观所建立的科学事实为他的形而上学提供了大量的实证材料，构成了《创演论》一书的论证基础；进化论在时序上的连续关系部分体现了生命的流动，它一方面通过遗传保存着过去，一方面通过变异挤压着当前。在对传统进化论进行反思和借鉴的基础上，柏格森认为，之前的进化论思想都是以科学的观点和方法从现实的某个角度来观察现实，将自身严格限定在特定的观点上。为了维持科学性，它们都较为重视细节方面的研究。这样的方法固然得到了精确性和实用性，却忽视了现实的全貌。哲学的精神不应该局限于精确和功用，而要从整体的角度观察和研究现实，得到对现实较为全面的把握和理解。正是出于对传统进化论的哲学思考，柏格森将绵延引入生命的进化过程。对于柏格森来讲，生命不再是生物学意义上有机体的生老病死，而是一种运动，一种自由和创造。

---

① H. Bergson. Cours Ⅱ [M]. Paris：PUF, 1992：33.
② 王理平. 差异与绵延 [M]. 北京：人民出版社，2007：70.
③ H. Bergson. Cours Ⅱ [M]. Paris：PUF, 1992：33.
④ H. Bergson. Mélanges [M]. Paris：PUF, 1972：765.

柏格森对心理学与生物学的借鉴伴随着他的反思与批评而展开。针对进化论中出现的机械论和目的论倾向，柏格森从绵延宇宙观的角度进行了深刻剖析，表现出他对传统科学方法论适用范围的思考。在他看来，生物界的确存在着从低级到高级的进化，但 19 世纪的进化论思想却把适用于物质的机械论和神学的目的论套用于生命领域，形成一种线性的、单维度的抽象进化观。这两种学说均以因果律为原则，目的论由果溯因，在我们前面举起了一盏明灯，将未来的吸引力作为事件发生的动力；机械论则置于我们身后，遵循由因及果的原则，推动事件前进。无论是机械论者还是目的论者，都看不到生命发展过程中不可预见的创造，"一切都是已知的，实在始终是即成的某物，而不是正在形成的某物。"① 生命体的发展是预先安排好的，时间只是个抽象的外在因素，形同虚设，无论它加快还是减慢，都不会改变事件的结果。斯宾塞的进化论哲学是对机械论的照搬，是一种没有进化的伪进化论，它"把已经进化的现实切割成不再进化的碎片，然后将这些碎片组合起来，事先放在准备解释的一切事物当中"②。这种抽象进化论改造、扭曲、破坏甚至伪造现实，凭借概念思维的力量在观念上重构生命世界，即用解释无机物的方式来解释鲜活的生命。

## 三、多学科融通

在对心理学与生物学的反思中，柏格森表现出他在几何学、数学、物理学等学科的卓越才华。需要注意的是，作为一名严谨的科学工作者，柏格森充分肯定几何学、物理学等自然科学学科在物质领域取得的重大成果，肯定科学在处理无机材料世界时的得心应手和游刃有余。同时，哲学家的敏锐眼光使他看到，以物理学为代表的经典科学以空间思维为圭臬，采用数学模式，用静止的观点对对象进行量的抽象，把内在的东西外在化，把时间空间化，把性质数量化。19 世纪后期流行的心理学和生物学研究从本质上讲不过是一种物理化的研究。它们将机械的因果关系带入意识和生命领域，视绵延为可测量之物，从而取消时间，视生命和意识为必然，忽略流动的意识，漠视多样的生命。"物理学家……研究物质的属性，但他并不追问物质本身是如何成为物质的……博物学家在显微镜下探究生命组织；他描述生命物质，研究他的生理构造规律。但什么是生命？……事实上，在显微镜下面，博物学家从来没有、也永远不可

---

① 拉·科拉柯夫斯基. 柏格森 [M]. 牟斌，译. 北京：中国社会科学出版社，1991：78.
② H. Bergson. L'évolution créatrice [M/OL]. Chicoutimi：UQAC, 2003：10 [2016 – 06 – 28]. http://classiques. uqac. ca/classiques/bergson_henri/evolution_creatrice/evolution_creatrice. pdf.

能发现生命的本质：他看到的只是表面现象。"①

当然，柏格森对物理学、生物学、心理学的研究并不是将哲学停留在某一个或某一些具体的学科之内。对柏格森来说，诸多学科的涉猎只不过是为形而上学的思辨提供具体实证的材料。正是在对物理学与生物学的透析中，柏格森发现了智能、逻辑推理以及空间思维对时间的长久侵袭。这时，空间思维不再是物理或生物的一种具体手段和方法，而成为哲学思考的对象。同样，在对心理事实的直观中，柏格森找到了真正的现实存在——绵延，即意识的直接材料，它虽然来自心理学，但又超越了心理学本身，成为一种哲学研究的对象。在柏格森这里，哲学要获得实在性，必须要建立在实证和经验的基础之上，必须以诸多其他门类的学科作为基础。

柏格森以哲学为中心的笼罩群科绝不意味着人文学科、自然科学和社会科学之间的划等与同一。仅从方法上来讲，正如栾栋教授所说："人文学科的方法是历史的、伦理的和美学的，因而也是情理交融的、理想性的和超越性的；自然科学的研究方法是实证的、物理的、逻辑的和体系的，因而也是物本主义、工具主义和科学主义的。"柏格森将实证的方法引入形而上学领域，正是想用实证、经验和材料来补正人文的超验、纯粹和思辨的不足，以拉近科学与人文之间的距离，使科学多一份人文的关怀，不再轻易僭越和践踏人文，人文为此多一份科学的当下，使它不再高高在上，不食人间烟火。但柏氏的这种方法是否合宜，它是解决了科学与人文之间长久存在的问题，还是在旧问题之上又制造了新的问题，这都值得思考。但最起码，柏格森为我们提供了一种解决问题的思路。

## 第三节 哲学域内的创造

通变与创造是人文学的主旨思想。通变是前提，是基础，它重在融合；创造是生存，是出路，它重在创新。通变与创造对于人文学建设的意义一如栾栋教授所言："在根本问题上的通变与独创，才是人文根器最需要的固本培

---

① H. Bergson. Cours Ⅱ [M]. Paris：PUF, 1992：30.

元。"① 哲学则为人文学的通变和创造提供了场域，它"不仅给各类学人提供圆通的立场、观点和方法，而且为不同学科奠定契合的前提、后院和出路。"② 以哲学为基点的笼罩群科和突破创造，使柏格森思想与人文学在根基处和主旨精神上出现了多面的交融和契合。

柏格森的世界是一个生生不息的绵延宇宙，创造构成了柏氏哲学最重要的内在品性：意识在创造，记忆在创造，生命在创造……绵延即创造。对传统理念哲学在前提处的准确把握和在根基处的深刻反思，为他的哲学创新打下了坚实基础，从理念之静到绵延之动，从智能之析到直觉之感，从概念之收到隐喻之放……柏格森实现了其在本体论、方法论以及语言层面的另辟蹊径和戛戛独造。创造在这里于是拥有了双重表现：其一是柏格森哲学所揭示的绵延世界的创造，其二是柏格森用创造的精神和方法对这个世界的发现、认识和表达。

## 一、从理念之静到绵延之动

意识是柏格森主义的直接诞生地。在常识范围内，意识有动词和名词两种理解。就动词而言，它表达的是一个由外物引起的动作，通常与感觉、知觉、理解、注意、发现等词相近，其功能主要在于选择，因此具有明显的目的性和功用性，是智能作用下的产物；就名词而言，它通常意味着观念、表象、情绪、记忆等的内在性内容，其功能主要在于存储，此时，意识远离外在的广延，没有被空间割裂，没有被智能加工，呈现出一种源初性的实在。这便是柏格森最初的研究对象，即作为"直接材料"的意识。"直接材料"（les donnés immédiates）打开了柏格森哲学辟创的大门，是"柏格森哲学进入历史舞台的一面旗帜……它不仅一步到位，直抵柏格森哲学的核心领域，而且还标画出一种哲学品性。"③ 在直接材料的原则下，意识呈现为一种连续不断的流动，无始无终，没有缝隙，没有裂痕。它是如此紧密地连续在一起，以至于只有在智能的部分参与下，我们才能说它包含着无数的连续状态。其中，每一状态既包含过去又预示未来，或者说，它们既相互连续，又彼此差异——连续带来了意识的整体不可分割性，差异则带来了它的运动性，亦即潜在的创造性。这些特性正是我们在论文第三章第一节中谈到的内在多样性的基本特征。

如果说绵延的创造性在内在意识领域还只是一种潜在存在，那么在记忆和

---

① 栾栋. 论人文学术还家 [J]. 学术研究, 2007 (10): 7.
② 栾栋. 释哲 [J]. 中国文化研究, 2009（夏之卷）: 190 – 191.
③ 王理平. 差异与绵延 [M]. 北京: 人民出版社, 2007: 59.

生命中，创造便从潜在走向了现实。

记忆是绵延创造的典型表现。一如德勒兹所言，柏格森的宇宙世界就像一个巨大的记忆体，① 从无机界到有机界，绵延无处不在，记忆无处不在，物质是最低程度的意识和绵延，它拥有最低程度的记忆。柏格森认为，作为"过去物象的存活"，记忆不占有空间，不存在于大脑这个储存器中，而是自足存在。记忆的创造性首先表现在它这种潜在性的存在：它静静地隐身在神秘之所，等待着知觉的召唤，等待着某一刻的突然苏醒，以成就惊心动魄的未来创造。记忆的创造性还在于它是变化性的存在：它将过去的某些东西输送到当前，而当前又不断地被压缩沉淀为记忆；随着绵延的积累，记忆不停地自我扩张，犹如滚动的雪球般紧密联系着过去、现在和未来。通过记忆连接起来的过去、现在和未来构成了不可分割的连续运动，组成了一个开放的融合整体：它没有任何真空的缝隙，时刻变化，时刻创造，时刻同自身相异。记忆的潜在、变化、连续、差异，带来了柏格森哲学创造性的本质。

生命是本书探讨的核心概念。在柏格森这里，生命并不局限于有机体（特别是人）有限的时间性存在，而是一种宇宙论意义上的生成性存在。但是无论从哪个意义上理解，生命都是一种创造。首先，就有机个体而言，生命"首当其冲是指作用于无生命之物的一种行动倾向"②，或者说，"生命意味着穿越物质的意识"③。此时，生命一方面表现为向上的生命冲动，只专注于自己的创造，另一方面又受制于它所穿越过的物质，必须战胜必然性。在两者的对立中，生命努力寻求着它们的调和，努力将自由的冲动插入物质的必然性中，并使这个必然性转向有利于它的方面。这也正是柏格森炮弹喻和蒸汽喻所要表达的内容。在那些伟大人物——宗教与道德创始人那里，生命冲动的创造能力表现得尤为明显。就宇宙论意义上的生命而言，生命就是绵延着的现实世界，而"现实是一种永不停息的增长，是一种永无止境的创造"④。

本着"直接材料"的原则，柏格森完全尊重世界的本来面目，不试图从流变中寻找不变的永恒，不试图调和变化与永恒之间的矛盾，不在"直接材料"的基础上加入"我思"的主观抽象，因而得到一个未经人类头脑加工的

---

① Gilles Deleuze. Le Bergsonisme [M]. Paris：PUF, 1966：79.
② H. Bergson. L'évolution créatrice [M/OL]. Chicoutimi：UQAC, 2003：64 [2016-06-28]. http://classiques.uqac.ca/classiques/bergson_henri/evolution_creatrice/evolution_creatrice.pdf.
③ H. Bergson. L'évolution créatrice [M/OL]. Chicoutimi：UQAC, 2003：111 [2016-06-28]. http://classiques.uqac.ca/classiques/bergson_henri/evolution_creatrice/evolution_creatrice.pdf.
④ H. Bergson. L'évolution créatrice [M/OL]. Chicoutimi：UQAC, 2003：143 [2016-06-28]. http://classiques.uqac.ca/classiques/bergson_henri/evolution_creatrice/evolution_creatrice.pdf.

本真客观世界——一个变动不居的绵延存在。在创造精神的指引下，柏格森消解了自古希腊以来产生存在这个最根本哲学概念的先行存在——虚无，从根基处拆解了传统哲学的最高存在——理念，绵延由此上升到本体论高度。绵延的现实世界里没有空虚，没有虚无，看似分割的宇宙各个部分之间有无限细的"线"连接着，世界呈现为一个巨大的充盈整体、一个没有裂缝的肉身。这样一个活生生的肉身不从虚无中产生，它作为直接材料自己呈现自己，自己照亮自己，绵延的宇宙自足存在。记忆的引入使得柏格森将传统哲学中物质与精神之间的外在矛盾内化为不同程度的绵延差异。在这里，物质和精神共存于绵延这一巨大的融合中，它们不过是同一个绵延运动的两个不同倾向而已。柏格森一方面将传统哲学中存在着的对立矛盾通过绵延进行消解，同时又格外强调绵延这个巨大融合中各种性质的差异存在，绵延的运动是一个差异化运动。正是这种差异的存在，宇宙一直处于不断地创造变化之中。这样一个不确定的、不可掌控的流变世界完全相异于传统理念哲学呈现的静止性存在。去勇敢接受多变的现实，而不是去虚构一个永恒的假象归宿，从这个意义上讲，柏格森完成了从理念之静到绵延之动的扬弃。

## 二、从智能之析到直觉之感

思维方法是人文学探讨的关键问题。从某种意义上说，它直接决定着人文理论的走向和人文学术的品位。因此，探究人文思维方法问题是人文学不可或缺的环节。柏格森对新哲学的不凡创制包含他对传统思维方式的思考和改造。

本章第一节对"根基处的反思"的分析使我们看到，"理念"从其本色上讲是智能的产物，必须依靠智能来认识。而智能以逻辑推理为基础，迂回于对象外围、从外部观察对象，把事物列置在静止的、量化的、分割的空间中加以研究和理解，将内在的思想外化为空间的结构。这种方法对于认识静止的物理世界固然行之有效，却无法把握那个时刻运动与创造着的绵延。在柏格森那里，要想认识实在，必须付诸努力和创造，"心灵必须违背自身，必须一反它平常在思想时所习惯的方向，必须不断的修正（或毋宁说改造）它所有的范畴。"[1] 只有扭转思维活动的习惯方向，才能走向把握绵延的唯一的、普遍的认识方法——直觉。

---

[1] H. Bergson. La Pensée et le Mouvant [M/OL]. Chicoutimi：UQAC，2003：117 [2016 – 06 – 28]. http://classiques.uqac.ca/classiques/bergson_henri/pensee_mouvant/bergson_pensee_mouvant.pdf.

我们再次回到柏格森对直觉的描述："我们把直觉叫作同感（sympathie），通过同感，我们置身于对象之内，以便与对象中那独特的、因而是无法表达的东西融为一体。"① 由此可见，直觉是一种直达实在的认识方法，它不借助任何中介直接与对象接触，以此消除与对象间有形或无形的距离，直接触摸实在；其次，直觉是一种流动之思，进入对象内部后，它可以随着对象的发展而发展，随着对象的变化而变化，进而理解和把握具体实在中独一无二的内容。正是在后者的意义上，直觉超越了语言：认识对象的不断变化与创造使它不能借助外在的符号，不能依赖抽象的语言。语言只能暗示实在，却无法全然表达实在。直觉具有普遍性。宇宙是一个普遍绵延着的宇宙，从无机物到有机物，从动物界到人类，绵延无处不在，因此作为方法的直觉也就无处不在。

但是，直觉并不可以轻易获得，它需要主体付出一定的努力。在生活压力的迫使下，社会中人们不得不经常遵循智能的思维方式，使自己的行为受制于工具理性的支配，无法随时随地展现直觉的能力，故而并不能时刻感知绵延的实在，不能时刻体悟生命的自由和冲动。要想获得直觉，主体必须摆脱日常生活的拘泥，充分施展想象和意志的努力，努力扭转日常思维的方向，这样才能跳脱理智的约束，进而超越现实，超越功利，进入实在内部。

柏格森虽然批评理智迂回在事物的外部，无法直达实在、把握绵延，但他并不截然排斥理智。他认为理智是对事物关系的认识，它有助于人适应环境、维持生存、确立主体性。此外，柏格森的直觉与传统直觉并不完全相同，它并不是单一的天赋本能，而是吸收了理智的因素，是本能与理智的有机融合和相互补充。一方面，直觉与本能关系密切。如同直觉一样，本能也是一种"共感"，是本能者与其对象或环境的一种共感，主要表现为本能者对于对象和环境的天生认知和适应。正如直觉直达实在一样，本能者与其对象和环境之间没有任何空间距离，它直达对象内部，与对象融为一体。但是，本能性的共感只是局限于特定对象和特定环境，它只能执迷于当前之物而无法超越，因此其功能非常有限。另一方面，直觉虽然超越了理智，却离不开理智。"理智赋予直觉上升的动力。"② 如果没有理智的推动力，直觉将一直处于本能的形式中。而理智虽然可以超越事物，达到无所不知，但它不得不借助中介，在事物的外部迂回。正是在这个意义上，柏格森写道："本能即共感，这种共感若能扩大

---

① H. Bergson. La Pensée et le Mouvant ［M/OL］. Chicoutimi：UQAC, 2003：100 ［2016 - 06 - 28］. http://classiques.uqac.ca/classiques/bergson_henri/pensee_mouvant/bergson_pensee_mouvant.pdf.
② H. Bergson. L'évolution créatrice ［M/OL］. Chicoutimi：UQAC, 2003：109 ［2016 - 06 - 28］. http://classiques.uqac.ca/classiques/bergson_henri/evolution_creatrice/evolution_creatrice.pdf.

其对象,并且反映其自身,那它就会将理解生命过程的钥匙交给我们。"① 本能的共感只限于固定的对象本身,具有"扩大对象、反映自身"功能的是理智。也就是说,只有在本能的基础上加入理智的成分才能获得"理解生命过程的钥匙",这把钥匙即直觉,它既包含了本能,又融入了理智,是本能与理智的能动融合。

在柏格森的世界中,一切表面对立着的事物都收起棱角,绵延交织。绵延是不同意识状态的融合,是物质与心灵的融合,是智能与本能的融合,是主体与客体的融合,是实证与形而上学的融合。说到底,绵延就是回到意识的本源混沌状态,其中既有物质又有精神,既有主体又有客体,既有理性又有非理性。但我们却既看不到物质又看不到精神,既看不到主体又看不到客体,既看不到理性又看不到非理性,这是一个巨大的融合的整体世界,各种因素互相渗透、差异共存。这样的融合世界必须由融合的方法——直觉来认识。

## 三、从概念之收到隐喻之放

尽管直觉抵达的是一个无法表达的实在,形而上学还是离不开语言:"直觉一经达到,便必须寻求一种适合我们的思维习惯的表达方式和应用方式,以及一种以既定的概念的形式为我们提供我们所迫切需要的坚实的立脚点的东西。"② 柏格森反对作为符号的柏拉图式的理性语言。他认为,我们都是天生的柏拉图主义者,天生喜好静止而排斥运动。语言作为思维的产物"不使流动性凝固下来便不能把握它",③ 它"压倒了、至少盖住了我们个人意识之种种娇脆而不牢固的印象",④ 这样的语言根本无法认识和表达流动的实在,甚至还会在一定程度上扭曲实在。

柏格森对语言的批判性思考不意味着他对语言的彻底否定:"语言曾是人

---

① H. Bergson. L'évolution créatrice [M/OL]. Chicoutimi: UQAC, 2003: 108 [2016 - 06 - 28]. http://classiques.uqac.ca/classiques/bergson_henri/evolution_creatrice/evolution_creatrice.pdf.
② H. Bergson. La Pensée et le Mouvant [M/OL]. Chicoutimi: UQAC, 2003: 118 [2016 - 06 - 28]. http://classiques.uqac.ca/classiques/bergson_henri/pensee_mouvant/bergson_pensee_mouvant.pdf.
③ H. Bergson. Essai sur les données immédiates de la conscience [M/OL]. Chicoutimi: UQAC, 2002: 59 [2016 - 06 - 28]. http://classiques.uqac.ca/classiques/bergson_henri/essai_conscience_immediate/essai_conscience.pdf.
④ H. Bergson. Essai sur les données immédiates de la conscience [M/OL]. Chicoutimi: UQAC, 2002: 60 [2016 - 06 - 28]. http://classiques.uqac.ca/classiques/bergson_henri/essai_conscience_immediate/essai_conscience.pdf.

类解放的最好工具,尽管后来它使思想蒙受了机械主义。"① 如果没有语言的协助,人类绝不会实现从实然世界到应然世界的可能之旅。并且,随着理念之静转向绵延之动,理性之思走向直觉之感,语言能在某种程度上克服自身的限制,开拓出一条接近实在的非柏拉图式的表达途径。实际上,这条道路就是柏格森的语言创造之路。

为了帮助直觉把握真正的绵延实在,柏格森创立了新的哲学表达——隐喻的哲学语言。他用生动的描述来替代抽象的定义,用丰富的形象来替换干瘪的概念。在柏格森的哲学著作中,我们几乎找不到完整的定义,用他自己的话讲:"对于一个哲学家来讲,用定义来赋予一个常用术语以新的意义是毫无用处,并且几乎是不可能的。"② 柏格森只是在描述,用具体的鲜活形象进行哲学式的描述。他如此"定义"绵延:"这是一条无底、无岸的河流,它不借助任何固定的力量,流向任意的方向。"无须绵长的解释,凭借直觉,我们在这条无声的河流中感受到了绵延的特性和力量:运动、变化、自由、创造。关于生命,柏格森写道:"生命更像一颗炮弹,在突然之间炸成碎片;碎片本身又是一个炮弹,它会炸裂为更细碎的碎片;碎片再炸裂,以至无穷。"③ 没有佶屈聱牙的定义,在柏格森诗意的语言中,我们体悟到生命无尽的冲力和无穷的可能性,绵延、生命等概念也由此变得丰富动感。与表达共性的传统概念不同,隐喻化的概念侧重于对象间的个性与差异:绵延的河流、记忆的雪球、生命的炮弹、直觉的云团、智能的核子……这些"流动的概念"带给我们的是活泼生动的鲜明形象。

实在的不可言喻性使形象化的语言也无法全然表达绵延、替代直觉,不过在柏格森看来,形象最低限度有一个优点,"它能使我们停留在具体的物体上……不同种类的事物可以获得不同种类的形象,这些形象的作用汇聚起来,就可以把意识引向获得某种直觉的地方。"④ 因此,隐喻化的表达尽管不能抵达实在,却能够在实在的迂回中了解实在;尽管它们不能代表实在,却可以借助丰富多彩的形象向我们暗示实在。隐喻化的语言构成我们了解实在必不可少的条件,通过直觉的体悟,借助隐喻的暗示,我们一步步走近绵延。由此可见,柏格森使用隐喻并不是为了追求表达的华美,而是出于抵达实在的要求,

---

① H. Bergson. Mélanges [M]. Paris: PUF, 1972: 487.
② F. Worms. Le Vocabulaire de Bergson [M]. Paris: Ellipses, 2000: 3.
③ H. Bergson. L'évolution créatrice [M/OL]. Chicoutimi: UQAC, 2003: 65 [2016-06-28]. http://classiques.uqac.ca/classiques/bergson_henri/evolution_creatrice/evolution_creatrice.pdf.
④ H. Bergson. La Pensée et le Mouvant [M/OL]. Chicoutimi: UQAC, 2003: 103 [2016-06-28]. http://classiques.uqac.ca/classiques/bergson_henri/pensee_mouvant/bergson_pensee_mouvant.pdf.

是对出于哲学作为"活的永恒"的外在回应，只有这种语言才能最大限度地代表直觉去表达绵延。从概念之收到隐喻之放，柏格森化解了概念的凝固性，消解了语言的约束力，呈现了语言的张力。

柏格森的人文世界围绕哲学展开。在哲学域内，凭借着笼罩群科的融通气质和摧枯拉朽的辟创精神，柏格森瓦解了传统哲学的理念前提，突破了唯心、唯物的二元分野，扭转了唯理智的思维方式，将文学的诗意、史学的沉重、心理学的流动、生物学的演变引入哲学的深思，他不仅融通了文史哲，还在一定程度颠覆了三大学科群的严格分界。柏格森虽然没有像尼采那样公开提出"重估一切价值"的标划性口号，却实实在在地做着重估价值的工作。他并不像尼采一样易于愤怒和咆哮，也不像后现代的思想家们一样不惜将一切拆解为废墟而后快，而是在解构传统的同时努力地进行着新的建构，体现出一位人文学者强烈的社会责任感。这也正是《创演论》华彩的文字背后所潜在的实质精神——文字只是柏格森表达思想的手段。从此处理解，我们便不再疑惑柏氏何以以一部哲学著作获得世界级的文学奖项。在柏格森那里，一切没有目的，没有功利，有的只是精神洗礼后实实在在的行动。

# 第七章　直觉视域下的中西之融通

1913 年，由于钱智修的撰文，带有浓厚直觉主义色彩的柏格森哲学进驻中国，并很快与中国近代的现代性追求发生关联，极大地影响了当时包括激进主义、保守主义、自由主义、无政府主义在内的各大思潮。① 时至今日，回首反观，这种巨大的影响无疑取决于柏氏哲学理论的独特魅力，但同时也应与柏氏哲学与中国传统思想之间的某种相似割舍不开。其中，直觉就是这种相似性的重要体现，是二者发生契合的重要因子。那么，在中国传统直觉思维和柏格森直觉主义之间到底存在着怎样的关系？其表面的相似性能否遮蔽和去除它们内在理路上的差异？

　　在汉语中，"直觉"一词是个舶来品，它在英语和法语中表达为 intuition，德文中表达为 anschauung。1905 年，严复在《穆勒名学》中曾将其译为"元知"，意为知识的本原；日本学者最早将其译为"直觉"；王国维称其为"直观"。五四时期，直觉概念被全面引入中国思想界，学者们由此开始挖掘中国古代哲学中的直觉思想。②

　　道家的直觉思维起源于老子，成熟于庄子，后在魏晋玄学中得到承续和发展。老子主张通过"虚致极，守静笃""涤除玄鉴"来体悟无名无象、无形无状的道之存在。庄子的悟道之法在于"心斋"和"坐忘"，主张"无听之以耳，而听之以心；无听之以心，而听之以气。"③ 只有"堕形体，黜聪明，离形，去知，同于大通"，④ 才能与道融为一体。魏晋时期的王弼主张"贵无"和"体无"，认为世界的本体为无，它只能以体悟的方式来把握。

　　儒家的直觉思维源于孔子，发展于孟子，其后在宋代理学，尤其陆王心学中达到顶峰。孔子主张"体仁"，认为对于"仁"这个道德本体，既可以"默而识之"，也可"一以贯之"。孟子主张"尽心知性"，认为通过心的内省可以领悟宇宙的本真，"尽其心者，知其性也，知其性则知天矣。"⑤ "豁然贯通"是程朱理学典型的直觉表达，"明心见性"是陆王心学直觉论的集中体现。

　　本土化的佛教思想中也蕴含着丰富的直觉思维。与传统印度佛教相比，中国佛教在修行方法上更注重顿悟。顿悟思想源自东晋高僧竺道生，其后被禅宗六祖慧能进一步阐发。六祖认为，一切佛法，一切智慧，尽在自心，人人皆有

---

① 吴先伍. 现代性的追求与批评——柏格森与中国近代哲学［M］. 合肥：安徽人民出版社，2005：41.
② 许全兴. 中国哲学直觉论思想的形成与发展［J］. 河北学刊，2008（4）：33 – 34.
③ 杨柳桥. 庄子译注［M］. 上海：上海古籍出版社，2006：53.
④ 杨柳桥. 庄子译注［M］. 上海：上海古籍出版社，2006：113.
⑤ 孟子［M］. 杨伯峻，今译. André LEVY, 法译. 大中华文库汉法对照. 长沙：岳麓书社 & 湖南教育出版社，2009：308.

佛性，人人皆能成佛，"不悟，佛是众生；一念悟时，众生即佛。故知万法尽在自心，何不从自心中，顿见真如本性。"① 若要识得般若智慧，得到真如本性，无须假借文字，只需排除杂念，自识本心："迷人渐契，悟人顿修。自识本心，自见本性，即无差别。"② 不立文字、教外别传、无念为宗、以心传心、顿悟成佛的思想将中国传统直觉思维发挥到极致，对宋明理学产生了重要影响。

## 第一节 直觉之同

本节对中式直觉思维的讨论主要限定在中国古代哲学的范围内。科玄之争前，中式直觉持有浓厚的中国传统特质，是中华民族生存实践、传统文化及心理的历史积淀。科玄之争后，在西方文化的冲击和影响下，直觉思维研究基本处在传统特质消解与现代性构建这一进路中。以冯友兰、贺麟为代表的新儒家学术界大师们都热衷于对中式传统直觉思维进行一种逻辑化，力图使中式传统直觉思维获得一种现代化的学术形态。③ 获得了现代化学术形态的中式直觉思维，由于借助了逻各斯的力量，其自身内在不可言说的特质得到了可言说的外化，进而拉近了与西方直觉方法之间的距离。

从参照物的角度看，在西方思想史发展的进程中，把直觉作为主要认知方法的绝不只柏格森一家，柏格森之前的叔本华和之后的克罗齐都是直觉方法的极力倡导者和践行者。不过，他们的直觉更接近美学层面，既避开了同科学方法的正面交锋，也避开了与实践的牵扯，并且和中式传统直觉鲜有直接关联。柏格森直觉主义则在承认科学巨大功用性的同时，尖锐批评科学所使用的智能方法，认为其本质不过是一种思维的摄影机机制，根本无法认识运动着的绵延存在。正是基于对科学方法是与非的分析评判以及对直觉的高调倡扬，柏格森的直觉主义相对于其他西方思潮而言，更多地融入中国传统哲学自身的救亡图存之中去。④ 这也构成了本章将其与中式直觉思维进行比照的现实基础。

---

① 六祖坛经 [M]. 徐文明，注译. 郑州：中州古籍出版社，2008：18.
② 六祖坛经 [M]. 徐文明，注译. 郑州：中州古籍出版社，2008：46.
③ 陈永杰. 早期现代新儒家直觉观考察——以梁漱溟、冯友兰、熊十力、贺麟为例 [D]. 上海：华东师范大学，2009：52, 121.
④ 吴先伍. 现代性的追求与批评——柏格森与中国近代哲学 [M]. 合肥：安徽人民出版社，2005：63-99.

## 一、关注生命

"生命"是本书的核心概念,在柏格森思想中地位非同寻常。"关注生命"(attention à la vie)是柏格森哲学之所以被称为生命哲学的缘由所在。在法语中,"生命"与"生活"共享一词,"生命"面向的是有机界,甚至是整个宇宙存在;而生活则偏向于人类这个特殊物种,是生命在持续绵延中的典型体现,是生命在每时每刻的绽放或凋零。

对人类而言,关注生命亦即关注生活。它既包含对过去的存储,也蕴含着对当下的行动以及对未来的期待。自足的记忆使得精神和自由拥有了一块物质所无法染指的净土。对柏格森来讲,生命首先意味着精神的独立和自由。对未来的憧憬与期盼是关注生命的重要体现:"未来在那里,它召唤着我们,或者说它将我们拽扯到它那里:这种拽扯我们沿着时间大道继续前进的牵引力同样是我们不断行动的原因,而任何行动都是对未来的入侵和蚕食。"①需要再次强调的是,柏格森所主张的行动不是以知觉为中心的行动,不是智能支配下人类改造和征服自然的行动;而是发自深层自我的自由行动,是领悟了神性之后的非功利行动,是纯形而上学意义上的行动。

生命对柏格森而言并不局限于有形的生命体,它同时指向无限的不可见宇宙,指向一种生息变化的活的永恒,指向一种化有为无和无中生有的永恒创造。从《论意识的直接材料》到《物质与记忆》,从《创演论》到《宗教与道德的两个来源》,绵延着的生命从内在意识走向了外在物质,从心理时间迈向了整个宇宙世界,构成柏氏哲学最本根,同时也是至高无上的存在。

关注生命本真是中国传统哲学的重要内容。《周易·系辞下》有言:"天地之大德曰生,圣人之大宝曰位"②。按照沈顺福教授的解读,"天地之大德"应指存在之大德,即存在的"最主要的、可以用来表达、象征存在的本性的符号与标志"。③换句话说,即指天地之根本,指宇宙间一切事物的内在同一性,是被老子称之为"道",被柏拉图谓之为"理念",被西方哲学名之为"本体"的东西。"生"即"生存",即指生命体在物质和精神上的存在,也指宇宙之生生不息、循环往复。"天地之大德曰生",即将生看作天地宇宙的标志,作

---

① H. Bergson. L'Energie spirituelle [M/OL]. Chicoutimi:UQAC, 2003:9 [2016-06-28]. http://classiques.uqac.ca/classiques/bergson_henri/energie_spirituelle/energie_spirituelle.pdf.
② 周易 [M]. 张善文,今译. P.-L.-F. Philastre,法译. 大中华文库汉法对照. 长沙:岳麓书社 & 湖南教育出版社:312.
③ 沈顺福. 从《周易》与柏格森的角度论生存的本质 [J]. 周易研究,2020(4):9.

为世界之本体。《易》曰："生生之谓易"，"生"即"易"，即变化，生之变化为宇宙之根本。在柏格森的世界中，我们也可以找到极为相似的表达："变化就是现实"，"存在就是变化"。正是在"变"的精神中，我们感受到柏格森与中国传统思想的无意契合。

老子承接了《周易》"变"的宇宙精神，并将其名之为"道"。作为"天地之始"和"万物之母"，"道"既是无所在而又无所不在的客观实体，又是事物发展变化的内在规律，它蕴含着无限的潜在性和生发性："道冲，而用之或不盈。渊兮，似万物之宗。"[①] 作为宇宙最高存在，"道"虽虚不可见，空不可触，深不可测，却是现实中一切生命的本源和母体，其空无的表面下潜藏着盎然的生机与冲动的生命，潜藏着万事万物的生长与变化。

在本体论层面上，如果说柏格森与《周易》和《道德经》的相似之处主要表现为对宇宙生命的关注，那么他与《庄子》的相通则主要体现为对自然生命的诗意感悟。

《庄子》对生命的关注首先表现为对自然界生命的关怀：怒而高飞的大鹏、翩翩起舞的蝴蝶、草地啄食的雉鸡、奔腾浩瀚的北海、大块噫气的风吼等，这些形象无不表现出自然界生命的力量，表达出庄子对自然万物的热爱和赞美。柏格森同样关注自然生命，他所倡导的神秘主义之爱不仅投向全人类，甚至还拥抱动物、植物和整个大自然。

庄子之道犹如柏格森的绵延一般，是一种终极性实在，不依赖任何他物而自足，自本自根，先天地而自存，"夫道，有情有信，无为无形；可传而不可受，可得而不可见；自本自根，未有天地，自古以固存。"[②] 在"有情有信"的同时，道"无为无形"，可以经验，可以体悟，却没有轨道，没有行迹，只可心传而不可授受，只可心得而不可目触。因此，它往往要借助心灵化的生命和意识化的主体得到表现："庄子主要的功夫，便在使人的心，如何能照物而不随物迁流，以保持心的原来的位置，原来的本性。"[③] 背负青天的大鹏展示的是生命之高远，无何有之乡的大树给出的是自由之深境；庄周化蝶与蝶化庄周的疑问表现的是物我两忘中物我互化的生命本真，朝三暮四与朝四暮三的选择体现的是生命在飘忽不定的表象下内质之齐一。在庄子那里，只有相忘于江湖的游鱼与物我两化的高士才能真正抵达道之境界，获得生命之自由与逍遥。

---

[①] 老子. 道德经 [M]. 黄朴民，译注. 长沙：岳麓书社，2011：18.
[②] 杨柳桥. 庄子译注 [M]. 上海：上海古籍出版社，2006：97.
[③] 徐复观. 中国人性论·先秦篇 [M]. 上海：三联书店，2001：341.

## 二、质疑语言

在人类思考终极的过程中,语言既是表达思想的利器,又受自身有限性的制约;既有力地推动了思想的发展,又构成其前行的阻力和障碍。语言有界,思想无限。如何用有形的语言来传达无际的思想,是古今中外诸多思想家在形上之域所面临的一个难题。

中国传统哲学中对语言功能的尝试性思考可以上溯到《道德经》:"道可道,非常道。名可名,非常名。"①在老子看来,道作为宇宙的最高存在,根本无法用有形的语言来言说和命名,无法通过语言转为具体的可见事物。但同时,如果不借助语言,思想也无法交流和承续。因此,出于言说的必要和需要,老子只能勉强为之,将其强谓之"道"。此外,老子主张"大音希声""正言若反""行不言之教"等,都是对语言功用性的一种反驳。

相对于老子而言,庄子的语言观念与柏格森主义更为接近。他们都质疑语言,却都用瑰丽洒脱的文笔表达出诗意盎然的思想,使得文字充满了思的力量,思想洋溢着语言的炫彩。在他们这里,名与实、诗与思、言与意、文学与哲学水乳交融,不分彼此。

庄子对语言的态度首先表现为"道不可言"。对庄子来讲,"道"既包含天地人的宇宙论意义,指向宇宙生生不息之变化,又包含自然界之生命个体,指向个体心灵之自由与解放;它既容纳宇宙之无限和整体,又收留个体之多样和创造。正是在整体与个体,无限与有限,同一与多样,自由与创造的你来我往中,"道"跳跃出有形世界,视之无形且听之无声,可传而不可受,可得而不可见,无法用有形语言来述说,"道不可闻,闻而非也;道不可见,见而非也;道不可言,言而非也。"②

"得意而忘言"是庄子又一重要的语言观点,"筌者,所以在鱼,得鱼而忘筌;蹄者,所以在兔,得兔而忘蹄;言者,所以在意,得意而忘言。"③ 表面看来,"得意忘言"表达的是言意关系,是语言与思维之间工具与目关系的表述。而实际上,它给出的是一种自由之境界。在庄子这里,"意"与"言"之间的关系是相忘,是自由自在的小鱼在江湖中对水之存在的遗忘,是沉浸于大道中的高士对道之存在的遗忘。只有相忘才能抵达自由,"相濡以沫,不如

---

① 老子. 道德经 [M]. 黄朴民,译注. 长沙:岳麓书社,2011:4.
② 杨柳桥. 庄子译注 [M]. 上海:上海古籍出版社,2006:361.
③ 杨柳桥. 庄子译注 [M]. 上海:上海古籍出版社,2006:466.

相忘于江湖"，与其字斟句酌地精细打磨，不如忘掉语言，直接体道、悟道而得道。庄子的"得意忘言"对此后主张不立文字的禅宗思想产生重大影响。

柏格森的绵延本体是一种流动性的实在，它犹如一条无底无岸的河流，时时在动，刻刻在变。而语言，尤其是概念，作为智能支配下空间性思维的产物，只是一种空间化的象征符号，具有静止性、凝固性、外在性等特征，根本无法表达流动的绵延。

对语言的批判性思考并不意味着对其实用性的彻底否定，面对名与实、言与意、静止与流动之间的矛盾，庄子与柏格森都试图进行新的突破。庄子的法宝在于寓言。《庄子》内外三十三篇，除了个别篇目外，绝大多数都是以大大小小的寓言故事组成，通过大量奇幻瑰丽、隽永谐趣的审美意象向读者传递不可言传之道。柏格森的创新在于隐喻。炸弹般四射的生命冲动、雪球般不断丰富的记忆、流水般持续变化的绵延以及穿越黑暗的直觉明灯等多彩形象把我们引向直觉，暗示生命的绵延存在。

禅宗也具有明显的超语言特性。禅宗主张教外别传，将一切宗教仪式和佛教经典置于次要地位，认为成佛不一定非读教理教义，佛不在书本中，而在本心里，往往一个提问、一声棒喝、一线灯光便能触发顿悟之智，找到自心本性，立地成佛。因此，禅宗主张不立文字，以心传心。可以说，在力主突破语言束缚、抛弃概念分析和逻辑推理等理性方法，主张直接进入事物内部并与之融合等思想方面，禅宗的顿悟之法在总体上与柏格森的直觉方法甚为接近。但相对于禅宗完全取消文字而言，柏格森对语言的态度是双向的，也是积极的，他既反思文字之弊，又本着创造之精神尽量去打破旧有语言之枷锁，体现出西方哲学永无止境的探索精神。

## 三、远离功利

非功利性是柏格森生命哲学的重要特征。就本体而论，绵延着的生命即一种变化性的存在，不可逆转，不能预测，更无法言表。生命的不确定性意味着它无法被科学所掌控，不能带来具体的实用价值。就方法而言，直觉是把握绵延的唯一可行性方法。直觉具有非功利性。要想获得直觉，主体必须摆脱当下生活的羁绊，使心灵"违背自身，一反它平常在思想时所习惯的方向，必须不断地修正，或者说改造它所有的范畴"。[①]换言之，主体若要完全处于对象内

---

[①] H. Bergson. La Pensée et le Mouvant [M/OL]. Chicoutimi: UQAC, 2003: 117 [2016-06-28]. http://classiques.uqac.ca/classiques/bergson_henri/pensee_mouvant/bergson_pensee_mouvant.pdf.

部，就必须扭转日常思维之方向，跳脱智能的约束，进而超越现实，超越功利。就价值而论，拥有行动、创造和爱的基督教神秘主义构成了柏格森道德和宗教的最终旨归。就审美而言，主体只有借助绵延化的直觉才能真正领悟艺术作品的内涵，作家和画家只有在远离现实与功利的时间绵延中才能创造出独一无二的作品。

中国传统哲学中的非功利性趋向主要集中在道家，尤其被庄子思想表现得淋漓尽致。在老子那里，道虽生万物，却"生而不有，为而不恃，长而不宰"，① 道之所以天长地久，乃"以其不自生也，故能长生"②。道对人而言体现为虚静之美。"致虚极，守静笃。万物并作，吾以观复"③，人心只有排除主观欲念和成见，保持虚静的状态，才能关照宇宙万物的变化以及本源。

庄子继承了这一思想，主张"无己""无功""无名""不逆寡、不雄成、不谟士（谋事）""不悦生、不恶死"，在精神上摆脱世俗观念，不被生、死、存、亡、贫、富、穷、达所羁绊，保持一种自然而然的状态，也就是自由的状态。"天地有大美而不言"，天地之道在这里已经超越了自然宇宙，达到了主体对精神高度自由的追求。其实，庄子的"无己""无功""无名"已不完全是自然之道，而是主体的一种精神追求，需要在"外天下""外物""外生"的基础上，通过"心斋"和"坐忘"才能达到。"虚者，心斋也"，即空虚的心境；"坐忘"则是要"堕形体，黜聪明，离行，去知"，从各种是非得失的计较和思虑中解脱出来。只有达到了"心斋"与"坐忘"，在空虚的心境下，彻底排除利害观念，才能实现对"道"的观照，达到精神的自由境界。

庄子将这种境界称之为"游"，它与柏格森的自由之境甚为相通。自由是柏格森绵延的最高境界，而"游"则是庄子对道的最高体验。"游"本义是游戏，没有目的，没有利害计较，不受现实束缚，十分自由自在。在"游"的状况下，即在精神绝对自由的条件下，主体才能摆脱功利的羁绊，进入审美境界，去观照"道"，观照无言的"天地大美"，才能从有限的一草一木和一山一水中把握宇宙无限的生机，才能释放主体无限的创造力。庄子讲"逍遥游"，讲"乘天地之正气，而御六气之变，以游无穷"，④ 讲"乘云气，御飞龙，而游乎四海之外"，⑤ 讲"游心于物之初"，讲"得至美而游乎至乐"，都是指这种彻底摆脱利害观念的精神境界。

---

① 老子. 道德经 [M]. 黄朴民，译注. 长沙：岳麓书社，2011：168.
② 老子. 道德经 [M]. 黄朴民，译注. 长沙：岳麓书社，2011：30.
③ 老子. 道德经 [M]. 黄朴民，译注. 长沙：岳麓书社，2011：61.
④ 杨柳桥. 庄子译注 [M]. 上海：上海古籍出版社，2006：3.
⑤ 杨柳桥. 庄子译注 [M]. 上海：上海古籍出版社，2006：9.

## 第二节 同名背后的差异

中式直觉与柏格森的直觉主义虽然从称谓上共享"直觉"这个名号,但其同名的表象下存在着质的差异:从发生学角度分析,中式直觉思维是一种自然孕育与人文和合的结晶,用栾栋教授的话说,是自然人文与人文自然地浑然一体;而柏氏直觉是西方哲学方法发展进程中辩证矛盾双方相互斗争的结果。前者以和合为特质,后者以抗争为本要。从机理上看,中式直觉思维的基本进路具有不可言说性和不可思议性。而柏格森则借助心理学和生物学对直觉做了逻辑化的分析性解说,直觉为此呈现为一个可思之物。从旨归上来看,中式直觉思维要么指向道德,要么指向空无,而柏格森直觉指向的是一种不带主观色彩的客观实有。

### 一、缘起之异

从发生学的角度看,柏格森的直觉主义与中式直觉思维的产生有着迥异的历史大背景:前者是西方哲学方法论逻辑发展进程中内在矛盾的显现,是对理性垄断的一种抗争和反驳,背离和反叛是其特质;而后者则是天人合一模式下的自然孕育,具有非逻各斯的整体性和涵发性,顺应及和合是其特质。

受自然环境影响,中式直觉思维在根源处就表现出对自然的顺应与和合:封闭的自然环境和农牧式的耕作方式为其产生创造了实践条件,对实践和观察的高度重视为其产生准备了理论前提。

自然环境是孕育文化和思维的母体。与开放、便利、碧波万顷的爱琴海诸岛不同,中国古代先民居住的是一个封闭崎岖的内陆,它不仅隔断了中华文明与其他文明间的直接交流,也注定了先民们无法像古希腊人那样跳脱自然,远离生活实践,在纯思辨的认识活动中去寻找至高无上的存在。其次,古代中国是一个农业大国,由于生产力发展水平较低,当时的农耕基本上是靠天吃饭。在具体的农耕实践中观察四季变化构成了先民农业生产的基本出发点,也成为他们认知自然、应对变化、维护生命的重要手段。这种认知方式以实践和观察为基础,往往驻足于现象,更多地和具象联系在一起。

从理论上看，由于生产实践中人与自然的关系是一种依附关系，对自然的崇拜使得自然本身不再是认识的对象或客体。因此，在认知方式上，中式思维表现出对自然服从性的崇拜和顺应，而不是分割性的拷问与征服。崇拜和顺应使得认知主体渴望达到与自然的仰望式融合，即天人合一。这种和合构成了中式思维整体性的基础。李约瑟（Joseph Needham，1900—1995）在《中国古代科学思想史》一书中对中式传统思维方式做了较为透彻的分析。他认为，相对于西方思维中机械的因果模型而言，中式思维是一种"关联式的思考"（coordinative thinking）或"联想式的思考"（associative thinking）。①

思维的整体性使得中式思维在认识进路中很自然地将主体世界和客观世界融合在一起。认知主体在认知过程中不会向外找原因，而是反求诸己，形成一种和合状态。而且，这种整体思维又体现出以主体为先的倾向。在主体的能动作用下，处于变化中的宇宙万物"在导向平衡与和谐的过程中得以关联"，②直觉成为认知万物和沟通万物的有效方法。

对古希腊以来理念哲学的批判构成了柏格森直觉主义形成的历史大背景：从爱利亚学派的芝诺到现代哲学的康德，柏格森对西方各种理念哲学体系进行了回顾，并在此基础上提出了直觉的认识方法。

对爱利亚学派芝诺的思考构成了柏格森哲学思想的起始点。他认为，芝诺悖论的根本错误在于"把运动和由运动物体所经过的空间混为一谈"，③将运动变为静止。"理念"是柏拉图哲学的旗帜，"把事物归结为理念，就是把变化分解为它的主要瞬间，每一个瞬间按照假设都逃出了时间规律，汇集于永恒之中。"④由此可见，柏拉图的理念论排除运动，拆解变化，逃离时间，不过是芝诺学说的继承和发展。作为柏拉图的学生，亚里士多德试图通过引入运动和变化来补正纯理性的世界。不过，亚氏的运动仍产生于"不变物体的降级，如果没有已经存在的不变性，就没有运动，也不存在可感知的世界。"⑤

在柏格森看来，西方现代哲学仍走在古希腊人所开辟的道路上，也就是说，现代哲学在本质上还是理智的作品。柏格森对现代哲学的批判集中体现在

---

① 李约瑟. 中国古代科学思想史［M］. 南昌：江西人民出版社，2006：347.
② 成中英. 论中西哲学精神［M］. 上海：东方出版中心，1991：282.
③ H. Bergson. Essai sur les données immédiates de la conscience［M/OL］. Chicoutimi：UQAC，2002：53［2016-06-28］. http：//classiques.uqac.ca/classiques/bergson_henri/essai_conscience_immediate/essai_conscience.pdf.
④ H. Bergson. L'évolution créatrice［M/OL］. Chicoutimi：UQAC，2003：184［2016-06-28］. http：//classiques.uqac.ca/classiques/bergson_henri/evolution_creatrice/evolution_creatrice.pdf.
⑤ H. Bergson. L'évolution créatrice［M/OL］. Chicoutimi：UQAC，2003：188［2016-06-28］. http：//classiques.uqac.ca/classiques/bergson_henri/evolution_creatrice/evolution_creatrice.pdf.

对康德哲学的解读之上。

首先,柏格森明确反对康德空间化的时间观。在柏格森这里,时间是绵延,是性质,是经历,是过程,不能随意延长和压缩。而康德则将时间看作与空间一样的先验直观形式,是先于内容的先天存在,可以随意切割、压缩和延长。康德对时间的看法正是智能空间量化思维的产物,柏格森认为:"康德的错误在于把时间当作一种纯一的媒介。他似乎没有注意到,真正的时间是由相互渗透的瞬间构成。他还没有注意到,当真正的时间具有一个完全纯一的形式时,它其实是被放在空间中进行表达的。"[1] 其次,柏格森对康德赋予知性的独立地位持有保留意见,他曾经如下指责康德:"他过分强调了知性的独立性。"[2] 也就是说,柏格森认为知性具有一定的独立性,但反对知性过分的独立。对知性独立性的接受,说明柏格森同意康德关于主体认识具有自主性的界定;对于"过分"的批评,说明知性的独立性不能是完全的,否则就会在智能和现实之间挖开一道鸿沟。康德哲学也确实造成了这样的结果。因此,需要寻求新的方法,以便将认识和现实联系起来,重新恢复形而上学的意义和价值,这种方法即直觉。

在认知世界过程中,中西方民族体现出不同的思维方式和思维风格。西方柏格森的直觉主义是对西方理性传统思路的一种反拨,而中式直觉思维则是在顺应自然的前提下人类避亡求存的经验产物。中西直觉方法不仅在缘起上不同,而且在直觉概念的内涵或者说运作机制,以及最后方法的旨归上也有较大分殊。

## 二、机理之殊

缘起之异从发生学角度对两者形成的外部条件进行分析,机理之殊则试图对两种直觉方法的内部机理进行探析。中式直觉思维的机制有传统和现代两种研究思路,它们的分析内涵是什么?其意义何在?对柏格森的直觉而言,它又是如何运行的?厘清这些问题,是中西直觉比照性分析的重要内容。

从历时角度看,中式直觉思维在运作机理上一般存在两种思路。一种思路是因袭传统叙述方式,即通过对言意关系的分析,应用隐喻的手法来解读。此

---

[1] H. Bergson. Essai sur les données immédiates de la conscience [M/OL]. Chicoutimi:UQAC, 2002:102 [2016-06-28]. http://classiques.uqac.ca/classiques/bergson_henri/essai_conscience_immediate/essai_conscience.pdf.

[2] H. Bergson. La Pensée et le Mouvant [M/OL]. Chicoutimi:UQAC, 2003:120 [2016-06-28]. http://classiques.uqac.ca/classiques/bergson_henri/pensee_mouvant/bergson_pensee_mouvant.pdf.

时的直觉被解释为对理性的悬置和一种切身的体认、顿悟等。对其运作机理的解释也多用文学语言，例如"得意忘言""得鱼忘筌""得兔望蹄"等来说明这种不知之知、不言之言的冥冥状态。需要指出的是，该理路下的解释只是拿直觉的结果来替代直觉的过程，实质上少有分析的内容，也就是言犹未言。此种进路经常将重点放在儒家的直觉方法上：儒家从"格物"到"致知"的过程似乎有着一定程度上的清晰性和言说性，但这种过程不能作为直觉本身的机理分析，它只是直觉的前提条件，而非直觉本身。

另一种思路表现为中西结合。该进路一方面部分沿袭传统的阐述方式，同时又借用西方工具理性来解剖中式直觉，并用思辨理性的术语来表述。其主要观点认为，[1] 直觉不但包括逻辑分析和思辨这些必要准备，还包括超理性的神悟、证会、体认等。直觉具有实践的品格，是身体力行的德行涵养过程。另外，直觉也是本体的呈现，是多种动态过程的合一，是由多个动态的相互交参、相互激荡的过程交织在一起的统一体。

在第一种思路下，中式直觉思维获得的是描述性阐释，是用直觉的结果来观照直觉的过程，其解释力仍囿于不可言说性和不可分析性；第二种思路则是在部分保留传统不可言说的特质下，试图借鉴西方哲学的分析性，力图为中式直觉思维穿上逻辑化的外衣。经过逻各斯化的中式直觉似乎获得了一种对不可思议之思议和对不可言说之言说的状态，它既是逻辑的浓缩，又是对逻辑的超越，是一种超越理性的理性。逻辑上的格式化使直觉获得了现代化的学术形态，但其外在的言说性与表述的思辨性只是一种形式上的并列和串联。非理性的消解和理性的建构既体现出中式直觉向现代化转型的勇气，同时也映射出其长持传统经典特质的胆怯。

不同于中式直觉思维的自然生产，柏格森的直觉方法是对西方传统理性思维的反叛。柏氏认为，理性的清晰性来自分割性的解析思维，这种清晰性下蛰伏的是一种静止和僵化，它不能抵达变化着的实在。这种理性的运作机制被柏氏称为"思维的摄影机机制"，其隐藏的假设在于"我们能够借助稳定的中介去思考那些不稳定的东西，能够借助静止去思考运动"[2]。这种机制并不关注事物的内在变化，而是置身于事物的外面，通过对运动轨迹的拆解来人为地重构事物的变化。我们的智能、语言和常识一般都是这样运作的，它们能够了解和把握静止的无机体，却无力去理解把握运动着的生命。生命是一个进化的过

---

[1] 许全兴. 中国哲学直觉论思想的形成与发展 [J]. 河北学刊, 2008 (4): 37-38.
[2] H. Bergson. L'évolution créatrice [M/OL]. Chicoutimi: UQAC, 2003: 162 [2016-06-28]. http://classiques.uqac.ca/classiques/bergson_henri/evolution_creatrice/evolution_creatrice.pdf.

程，具有最高程度的绵延，它不能通过智能而只能通过直觉来实现。那么，作为不同于理性思维的机制，直觉是否具有清晰性？或者说，直觉是否有自己的机制呢？

首先，柏格森给予直觉一种描述性的定义："我们把直觉叫共感（symathie），通过这种共感，我们置身于对象之内，以便同对象中那些独一无二的，因而是不可表达的东西融为一体。"① 直觉是"共感"表明直觉本身首先就是一个运动：它"置身于对象之内"，不借助于任何中介直接与对象接触，直抵实在；它同对象中那些独一无二的、不可表达的东西融为一体，直觉因此不仅是一种接触之知，还是一种理解之知和融合之知。

直觉的运作有其特定的认知对象。直觉的对象不同于理性认知所指向的静止知识，它指向绵延，指向一个动态的过程。理性看到的东西"并非是直接呈现在直觉中的实在（la réalité），而是真实（le réel）对实践的兴趣和社会生活需求的适应"。② 这种真实是人化的、理性的世界，它有利于行动和实践，一如科学带给我们肉体上的快乐（plaisir）；而"纯粹的直觉，无论对内还是对外，都是一种不可分割的连续性"，③ 它的认知是精神层面的体悟，给予我们的是至上的精神欢乐（joie）。正如有学者指出的那样："建立在概念、观念、推理基础之上的沉思其实只处于精神的表层，直觉、领悟、感受才直达精神的本质。"④

柏格森直觉不同于西方传统的认识论机制。西方传统认识论机制是在主客二分的基础上展开，通过探讨主客体关系来探索思维与存在：主体要么通过理性达到客体，要么通过经验达到客体。而直觉是一种能动的运动，它由本能引导，直接进入事物，和绵延合二为一。直觉与绵延的融合消解了传统认识机制中主客体的界限。不同于主客体间"主动—被动"和"接受—反映"的两种传统模式，直觉不再单单是一种认识，它更多地表现出一种理解。

柏格森的直觉以绵延为认知对象，以心理机制为运思基础，最后的体悟表现为一种融合、一种变化、一种流动和一种创造，是对西方理性精神的一种质疑和反叛。较中式直觉思维机制而言，它仍旧持有相对的清晰度，体现出较强

---

① H. Bergson. La Pensée et le Mouvant [M/OL]. Chicoutimi：UQAC, 2003：100 [2016-06-28]. http：//classiques.uqac.ca/classiques/bergson_henri/pensee_mouvant/bergson_pensee_mouvant.pdf.
② H. Bergson. Matière et mémoire [M/OL]. Chicoutimi：UQAC, 2003：108 [2016-06-28]. http：//classiques.uqac.ca/classiques/bergson_henri/matiere_et_memoire/matiere_et_memoire.pdf.
③ H. Bergson. Matière et mémoire [M/OL]. Chicoutimi：UQAC, 2003：108 [2016-06-28]. http：//classiques.uqac.ca/classiques/bergson_henri/matiere_et_memoire/matiere_et_memoire.pdf.
④ 尚杰. 还原实际的精神生活——不朽的柏格森 [J]. 江海学刊, 2011 (6)：17.

的言说性；而在中式直觉中，释道两家重空灵和玄悟，主张得意忘言；儒家虽重格物，但对"致知"却语焉不详。除了言说的清晰性这个区分度外，柏格森直觉与中式直觉的运思方向也不同。中式直觉是向内的，是反求诸己，去己见，达无我，最终走向融合。而柏格森的直觉是向外的，深入外物，与外物相融。最后，两者消解主客体的方式也一样。中式直觉思维更多与自然相连，从儒家的格物致知，到释道两家最后的空灵，传统直觉是一种向上的升华，或者说在中式思维中，主客体从来就没有截然分开过。而柏格森的直觉则致力于扭转传统思维习惯，逆着理性思维的功利方向来化解主客二分的背离，是对主客二分的一种克服与超越。

## 三、旨归之分

从缘起之异到机理之殊，从外部条件到内部机制，柏格森的直觉主义与中式直觉思维的异质性也自然向两种方法的旨归处延伸。中式直觉思维的最终指向有两个，一是道德本体，二是空无。而柏格森直觉主义指向的是一种不带伦理色彩的客观实有。

儒家从直觉认识方法所抵达的本体性结论是"天"和"仁"两个核心范畴。"天"被理解成冥冥中支配世间万物的一种无形力量；而"仁"则是指人之所以为人的规定性，是人之所以为人的道德规范。孔子提出了"知天命"的命题，即"不知命，无以为君子"①。其后人子思进一步提出"不诚无物""至诚如神"的命题，并指出"诚者，天道也；诚之者，人之道也"②，也就是说，天道的诚与人自身的道德本性是统一的。在儒学发展中，本体论的演进始终是以道德为红线。程朱理学认为，通过格物最后能"脱然贯通"，因为理原本就是通天的。"在天为命，在义为理，在人为性。主于身为心，其实一也。"③格物穷理的要义就是体悟天命，即人性的道德本体。与程朱理学向外的至思理路对应，陆王心学则是崇尚内向性直觉。王阳明曾说："心即理也。天下又有心外之事，心外之理乎？"④ 其"心外无物""心外无理"的主张以及其认识进路中的"至良知"使得该学说中的本体和方法无不浸染着道德和伦理的色彩。

不同于儒家直觉的道德伦理旨归，释道两家则是对一切的消解。在老子看

---

① 杨伯峻. 论语译注 [M]. 北京：中华书局，2009：209.
② 大学·中庸 [M]. 李春尧，译注. 岳麓书社，2012：99.
③ 程颢，程颐. 二程集（第三册）[M]. 王孝鱼，点校. 北京：中华书局，1981：204.
④ 于民雄，顾久. 传习录全译 [M]. 贵阳：贵州人民出版社，1997：6.

来,"道"是一个不可道、不可名的最高范畴,是一个与"有"同在的"无"的世界,它甚至有着比"有"更根本更有决定性的意义。不过,这样一个世界却无法用正常的感觉与理性去把握,只能在静默中加以体认。庄子随后发展了老子的思想。在庄子看来,"道"首先也是一种无形无象的绝对存在,只有通过"心斋"与"坐忘"这些离形去智的方法才能达到对它的体认和感悟。其后,魏晋玄学继承和发展了老庄的虚无本体观。其中,王弼提出"贵无"和"体无"的本体论和方法论,认为世界的本体为无,它无形无相,不可言说,只能以体悟的方式去把握;《不真空论》的作者僧肇也曾指出,世间万物"非有非真有,非无非真无",世界本身乃"万物之自虚"。

中式直觉超时空的、非逻辑的直接体认呈现两种结果:一是落脚于道德本体,知天知仁,形成一种道德哲学;二是归寂于空与无,把世界看成幻相,人生是空,宇宙即无。对于前者,道德本体实质上是把自然实在替换成伦理,而伦理又是一种人的主观性,这种无广延的性质消融了有广延的自然,这也是归向"无"的一种表现形态。

不同于中式直觉旨归的尚无路向,柏格森直觉主义的旨归则更多地通向颇具中立色彩的实有,这种实有存在是柏格森直觉主义的唯一指向。直觉发现绵延,而绵延即是宇宙。绵延的实在不同于宇宙物质性的实在,它是对物质在哲学层面上的一种提升,是一种运动性的客观实有。这种实有存在即意识的直接材料,它是世界的原初存在,是世界的直接材料,它不通过智能的过滤,而在直觉中直接呈现:"事实上,如果我们越是习惯于从绵延的观点来思考和观察一切事物,我们就越是重归于本原之方向,尽管它是超验的,但是我们却分享它,它的永恒性不是一种不动的永恒性,而是一种生命之永恒(une éternité de vie)。"① 因此,直觉下的世界本体是活生生的,是一种生命,是一种生命的实在。

这种以生命形象呈现在意识中的实有不可避免地要重释西方传统哲学中的一个最为根本的问题,那就是存在与虚无。从学理上看,虚无有着吞噬一切的逻辑力量:它不仅在时间上先于存在,也在逻辑上先于存在。基督教文明中上帝创世之前便是虚无,要不上帝创造之说则难以成立。而且,虚无同样具有吞噬上帝的逻辑力量:上帝创世之前是虚无,那上帝是否存在?"如果上帝被虚无领先,上帝不再稳固,那么他就不再是上帝了。"② 因此,不论是西方传统哲学还是西方神学,虚无要么是逻辑推演的起点,要么就是连上帝也无法化解

---

① H. Bergson. La Pensée et le Mouvant [M/OL]. Chicoutimi: UQAC, 2003: 97 [2016-06-28]. http://classiques.uqac.ca/classiques/bergson_henri/pensee_mouvant/bergson_pensee_mouvant.pdf.

② H. Hude. Bergson Ⅱ [M]. Paris: Editions universitaires, 1990: 130.

的魔咒。柏格森的直觉主义则彻底地摔碎了虚无这个作为世界万物的逻辑起点,也消解了存在之上的魔咒。"必须直接地思考存在,不要拐弯抹角,也不要求助介于存在和我们之间的那个虚无幽灵(fantôme de néant)。"① 存在不是虚无,它就是运动变化,就是绵延着的生命。

从本体论角度看,东方哲学尚无,西方哲学尚有。表面看来,柏格森的直觉主义所旨归的实有似乎是西方思想发展史中的应有之义。但是,通过柏格森的直觉方法所把握的实在却不同于西方传统哲学中的实在:西方传统的实在是指世间万象变幻背后的那个不变,即本质;而经由柏格森直觉触摸到的实在则是世间万象变幻的变化本身,或者说是绵延,是创造本身。

中式直觉思维与柏格森的直觉都是从认识主体出发、不离具象的一种经验性思维,但前者在抽象思维不占主导地位的历史条件下却最终脱离了物质的羁绊,成就了一个空灵的抽象概念;后者却在抽象思维占主导地位的历史条件中依然驻足于现象,这不能不说是一个值得深思的现象。

## 第三节 中西直觉之融通

明末清初,中国国力式微,经世致用之学风兴起,传统思想的非功利性特质受到王夫之等人的批判,② 重直觉的传统思潮逐渐消退。直至 20 世纪 20 年代,柏格森思想随着西学的大规模输入而进驻中国,与传统直觉思想碰撞交融,形成了近代的直觉论。

在东西文化剧烈冲突的 20 世纪上半叶,梁启超、梁漱溟、张君劢、熊十力、冯友兰、贺麟、东方美、唐君毅、牟宗三等学者或借用西方的非理性思想,或借用西方的逻辑概念和逻辑方法,来挖掘中国传统思想,尤其是儒学传统的内涵价值,促使其与西方文明接轨。在此过程中,他们几乎无一不受柏格森生命哲学的熏染,其中尤以梁漱溟、张君劢、熊十力三人为最,本节将以此三人学说为对象探讨中西直觉之融通。

---

① H. Bergson. L'évolution créatrice [M/OL]. Chicoutimi: UQAC, 2003: 175 [2016-06-28]. http://classiques.uqac.ca/classiques/bergson_henri/evolution_creatrice/evolution_creatrice.pdf.
② 许全兴. 中国哲学直觉论思想的形成与发展 [J]. 河北学刊, 2008 (4): 36.

## 一、梁漱溟之"新孔学"

梁漱溟被认为是中国现代哲学史上第一个倡导直觉的学者,[①] 其思想出入东西各家,佛学的唯识宗,儒家的孔孟仁学、陆王心学,叔本华、柏格森哲学等都在其思想发展中留下程度不等的痕迹。他在 20 世纪初所建立的"新孔学"便是生命哲学与陆王心学彼此糅合的产物。[②]

生命哲学是梁漱溟思想的来源之一:"中国儒学、西洋生命派哲学和医学三者,是我思想所从来之根柢。"[③] 其中,柏格森对他的影响尤为深远,梁漱溟所说的西洋生命派哲学,主要就是指柏格森的生命思想:"于初转入儒家,给我启发最大,使我得门而入的是明儒王心斋先生……后来再与西洋思想印证,觉得最能发挥尽致,使我深感兴趣的是生命派哲学,其主要代表者为柏格森。记得二十年前,余购读柏氏名著,读时甚慢,当时常有愿心,愿有从容时间尽读柏氏书,是人生一大乐事。柏氏说理最痛快、透澈、聪明。"[④]

早在 1916 年之前,梁漱溟已开始接触柏格森著作,[⑤] 并在《究元决疑论》一文中,第一次谈到柏格森。在这篇文章中,他将柏格森的"生命"概念译作"生活",将"创演"译作"生成进化"。1920 年,在《唯识述义》一书中,梁漱溟曾对比当时欧洲流行的三大思想流派:以罗素为代表的数理派、以柏格森为代表的进化论派以及以布拉德雷为代表的古典传统派,认为进化论派与东方思想最为契合。1921 年,应《民铎》"柏格森号"之邀,梁漱溟撰写《唯识家与柏格森》一文,试图进一步融合佛教唯识学与柏氏的生命哲学。总体说来,这个阶段梁漱溟是把柏格森哲学与佛教的唯识论做比较而言的。差不多同一时期,在《东西文化及其哲学》的演讲中,他扩大了对柏格森的生命哲学的吸收与改造,全面引进柏氏哲学的基本概念,如"生命""绵延""直觉"等,重释儒家"万物化生"的变易思想,使之成为"新孔学"的一个重要来源。

梁漱溟高度重视柏格森创造的生命概念,并在其著作中做出积极回应。在柏氏哲学中,生命既像炸弹和蒸汽一般,没有预期,没有方向,没有止境,充满了偶然和不定,又好像人类的童年,蕴含着无尽的潜在和可能。在梁漱溟看

---

[①] 贺麟. 哲学与哲学史论文集 [M]. 北京:商务印书馆,1990:175.
[②] 董德福. 现代新儒家与柏格森生命哲学 [J]. 复旦学报,1993 (3):50.
[③] 梁漱溟. 梁漱溟全集(第2卷)[M]. 济南:山东人民出版社,1990:126.
[④] 梁漱溟. 梁漱溟全集(第2卷)[M]. 济南:山东人民出版社,1990::127.
[⑤] 景海峰. 论柏格森对现代新儒学思潮的影响 [J]. 现代哲学. 2005 (3):78.

来，文化就是生活，生活就是"没尽的意欲（will）"，就是整个的宇宙生命。儒家学说本来就是讲宇宙之生的，在孔子思想中，"这一个'生'字是最重要的观念，知道这个就可以知道所有孔家的话。孔家没有别的，就是顺着自然道理，顶活泼顶流畅去生发。他以为宇宙总是向前生发的，万物欲生，即任其生，不加造作必能与宇宙契合，使全宇宙充满了生意春机"①。梁漱溟还援引儒家经典中诸多包含"生"的语句，如"生生之谓易""天地之大德曰生""天何言哉，四时行焉，万物生焉"等来例证儒家学说对于"生"的重视。这样，在梁漱溟的理解下，生命成了柏格森哲学与孔子儒学相互交融的支点，生命哲学在西方社会的兴起即意味着儒家哲学在世界范围内的即将复兴。

此外，柏格森对于智能的反思以及对直觉方法的倡扬在某种程度上启发了梁漱溟，带来了他对理智和唯科学主义的拒斥以及对中国传统文化的崇尚。在柏格森看来，智能总是迂回于对象外围，将绵延的事物静态化，将其分解为已知要素，然后用已知来重构运动。因此，它总无法抓住绵延瞬间的新生事物，无法认识不断创造的自由生命。而直觉则可以带领主体不借助于任何中介物与对象接触，深入其内部，随对象自身的发展而变化，与对象合二为一。在梁漱溟看来，柏格森对于智能的反思有助于我们理解科学的局限性，而他对于直觉的倡导则可以加深我们对东方文化特殊价值的认识："柏格森的哲学固于印度思想大有帮忙，似也有为中国思想开其先路的地方。譬如中国人所用这出于直觉体会之意味的观念，意有所指而非常流动不定，与科学的思路格格不入；若在科学思路占唯一绝对势力的世界就要被排斥不容存留。而今则有柏格森将科学上明确而固定的概念大加指摘，他以为形而上学应当一反科学思路，要求一种柔顺、活动的观念来用。这不是很像替中国式思想开其先路吗？"②

在柏格森的直觉中，梁漱溟找到了中国传统思想的抒发之地。其后，他果断放弃佛学中的"非量"概念，而用"直觉"来指称中国文化的内在规定性，并将直觉置于理智之上，借此意指其相对于西方文化的先进性。在他看来，直觉代表中国文化的特质，理智代表了西方文化的特质。中国文化向内用力，意在道德上的追求，"直觉即仁"，它不但是认识生命存在的唯一方法，而且是一切道德之来源。以理智为特征的西方文化则向外用力，意在物质上的追求，它得到的只是事物之共相，而不可能触及活生生的生命之本体。西方文化中机械与物的高度发展不仅带来了对物的宰治，也带来了人的异化和人性的丧失。

---

① 梁漱溟. 梁漱溟全集（第1卷）[M]. 济南：山东人民出版社，1990：448.
② 梁漱溟. 梁漱溟全集（第1卷）[M]. 济南：山东人民出版社，1990：445.

因此,"现在世界直觉将代理智而兴"①,以理智为特征的西方文化已成为过去,以直觉为特征的中国文化将代表未来世界文化的方向,柏格森主义的兴起表明"西方思想界已彰明的要求改变他们从来人生态度,而且他们要求趋向之所指就是中国的路、孔家的路。"②

新文化运动时期,新学说、新思潮此起彼伏,哲学引起人们高度重视。但是,国家存亡的现实问题总迫使学者们避免高深的理论研究而关切理论本身的实用性,他们积极引进新思想新学说,但对其介绍却总停留在表面,未能深入地进行理论上的分析与建构。成长于这一背景中的梁漱溟的思想无疑带有深刻的时代烙印,他出入中西思想各家,对比中国传统文化与柏格森生命哲学的相似与相通,以此探寻传统文化的新出路。但是,梁漱溟并没有致力于对柏格森哲学的深入分析,也没有建立自己的哲学体系,其直觉说还只是佛家唯识学及儒家学说与生命哲学间的生硬比附。也就是说,梁漱溟对于生命哲学的借鉴还没有达到形而上学的高度,他尚未致力于利用生命哲学来进行儒家形而上学的重建工作。③ 这一点由其后的熊十力完成。

## 二、熊十力之"新唯识论"

出道略晚于梁漱溟的熊十力与柏格森哲学也有着深厚渊源。20世纪30年代,他"向内发掘儒佛思想,向外吸收西方现代哲学,特别是柏格森的生命哲学",④ 筑建起了融通中西文化的"新唯识论"。

"创造"是熊十力为学的明显特质,也是他与柏格森在内在气质上的契合点之一。秉承着追根溯源的精神,柏格森在批判传统理念哲学的过程中背负着记忆的雪球,既披荆斩棘、勇敢前行,又尊重过去、不忘传统,实现了在本体论、方法论以及哲学语言上的另辟蹊径。相对前人而言,熊十力一开始就采用理性主义的方法,有意识地从本体论、方法论等角度创建新儒家体系,"这种做法具有严格的哲学理论意义"。⑤ 在《新唯识论》的开篇序言中,他明确指

---

① 梁漱溟. 梁漱溟全集(第1卷)[M]. 济南:山东人民出版社,1990:505.
② 梁漱溟. 梁漱溟全集(第1卷)[M]. 济南:山东人民出版社,1990:504.
③ 吴先伍. 现代性的追求与批评——柏格森与中国近代哲学[M]. 合肥:安徽人民出版社,2005:73.
④ 高瑞泉. 新唯识论与柏格森生命哲学[C]//冯契,王亚夫. 时代与思潮(3)——中西文化交汇. 上海:学林出版社,1990:38.
⑤ 陈永杰. 早期现代新儒家直觉观考察——以梁漱溟、冯友兰、熊十力、贺麟为例[D]. 上海:华东师范大学,2009:83.

出:"本书于佛家,元属创作。"① 如同柏格森一样,熊十力的创造并不是空穴来风,"凡言创者,皆有依据,凭籍,以为创也,不是突然凭空撰出甚物事来而始谓之创也。"② "新唯识论"正是他在中印西三方哲学基础上的"元属作品"——"学者诚肯虚心,细心熟习此论,必见夫此土晚周儒道,以讫宋明及旁及印土大乘,其诸哲学家中对宇宙人生诸大问题,无不网罗融合贯穿《新论》中,旁皇周浃,无所遗憾。又其针对西洋哲学思想而言,而完成东方哲学的骨髓与形貌。"③ 由此可见,熊十力的研究并不拘泥于任何一家,而是从世界文化的立场,三方兼治,首先向西洋思想借力,再"荡之以佛老,严之以宋明儒"。就西方哲学而言,他所汲取的主要就是柏格森的生命哲学。当初,与他有着深厚友谊的张东荪、谢幼伟等人曾多次提到,"新唯识论"的某些观点与柏格森的思想颇为相像,对此,熊十力曾在著作中多有回应,并不断加以剖析。④

对直觉主义的高度倡扬是熊十力与柏格森的又一通融之处。并且,他走向直觉的路径与柏格森也十分接近。他不再用传统的描述法,而是用理性主义思辨的方法来建构儒家新学说。在他之前,直觉总被理解为一种不可分析、不可言说的"顿悟"。在阐释直觉的过程中,学者们只重描述而不重分析,只重体悟而不重论证,只描画各种不同的体验,而没有深入考察其内在的规定性。熊十力自觉借用西方逻辑分析法,从本体论和方法论的层面来说明直觉的本体地位,实现了直觉从感性到理性的转化。对熊十力来讲,直觉不再是模糊不清的神秘感悟,而是一种"以多种思维构成的、以多种方式表现出来的活动,是一个复杂曲折的过程,而且还是一个由低级往高级发展的多层次体系"。⑤ 熊十力区分不同的直觉形态,如"性智""体认""默识""证会"等,这些概念在他的学说中都有着清晰的界定,从不同侧面昭示着直觉的存在。由此可见,熊十力所关注的并不是中西直觉之同,而是发现了两者在更深层面的差异。在他看来,"直觉"一词实际上很难涵盖中国传统思想的丰富内涵,故而他采用了"性智""体认""默识""证会"等不同的表述。这种表面看来有些杂乱的做法实质上还原和再现了中国传统思想的博大与精深,防止了对西方思想的盲目崇拜。

---

① 熊十力. 新唯识论 [M]. 上海:上海书店出版社,2008:7.
② 熊十力. 十力语要 [M]. 北京:中华书局,1996:389.
③ 熊十力. 十力语要 [M]. 北京:中华书局,1996:125.
④ 景海峰. 论柏格森对现代新儒学思潮的影响 [J]. 现代哲学. 2005 (3):80.
⑤ 陈永杰. 早期现代新儒家直觉观考察——以梁漱溟、冯友兰、熊十力、贺麟为例 [D]. 上海:华东师范大学,2009:83.

自由意志是柏格森哲学的终极追求，也是"新唯识论"本体心之最高境界。柏格森的自由包含人和宇宙两个层面。从《论意识的直接材料》到《物质与记忆》，再到《创演论》，自由从深层自我走向物质世界，进而突破主体与物质的阀限，迈向宇宙时空。这其中，以心为表征的精神构成了从个体自由到宇宙自由的桥梁。心是"新唯识论"的本体，是世界创造的本源。《新唯识论》一书开宗明义，表明心之本体地位，"今造此论，为欲悟诸究玄学者，令知实体非是离自心外在境界，及非知识所行境界，唯是反求实证相应故。"① 熊十力以本心为本体，其内质固然是陆王心学之传续，但与柏格森的自由生命也有着密切联系。从某种程度上说，柏格森的自由即生命的本真状态，即直觉，它不受理性约束，不被空间切割，与科学与语言的外向性追求形成鲜明对照。熊十力以本心为本体，部分也是为了反对科学的向外追求，反对将理智和知识用于探索形而上学问题。

另外，从内容上讲，心之本体与自由的生命冲动之间存在在不少可通约之处。熊十力说："心之所以可说为体者，正以其不物化耳。今于吾人生活上理会，只有生活力之刚健足以胜物而不为物引处，可以说这里才是心，亦即说这里才是体，若其人陷于物欲不能自拔，即是完全物质化，而消失生命，便不曾有心，便失掉了固有的本体，只是一堆死物质。"② 从这里可以看出，熊十力本体论意义上的心与物质相对，是保持生命不同于物质的基本特征，其实质上就是生命，是柏格森那炸弹般不断冲破物质障碍的生命冲动和自由意志。并且，当心进一步被阐释为"翕辟成变"的发展过程时，熊十力实际上借用了柏格森生命之不断上升和下降的运动来展示宇宙进化，"一翕一辟之谓变。原夫恒转之动也，相续不已。"③ 在此运动中，翕接近于外在的物质，辟类似于内在的精神，"夫翕凝而近质，依次假说色法，夫辟健而至神，依次假说心法"。④ 两者在宇宙进化中的地位不尽相同，翕作为物质化运动，必定要受内在辟精神的指导与规范，从而使宇宙世界的发展符合天性与天道，"说翕为色，说辟为心。心主乎身，交乎物感，而不至为形以役物，所谓辟以运翕，而不化于翕了。是则翕唯从辟，色唯从心"。⑤ 此时，熊十力的心如同柏格森的记忆一般，不仅成为身之主宰，而且还扩展至宇宙，成为宇宙世界的本体存在。

值得注意的是，熊十力对柏格森哲学的借鉴并非刻意模仿和机械照搬，而

---

① 熊十力. 新唯识论 [M]. 上海：上海书店出版社，2008：9.
② 熊十力. 新唯识论 [M]. 上海：上海书店出版社，2008：10.
③ 熊十力. 新唯识论 [M]. 上海：上海书店出版社，2008：32.
④ 熊十力. 新唯识论 [M]. 上海：上海书店出版社，2008：33.
⑤ 熊十力. 新唯识论 [M]. 上海：上海书店出版社，2008：33.

是在一定思想指导下将其作为素材纳入自己的哲学体系。在此过程中,他既有借鉴和吸收,又有反思和批判。他反对柏格森将意志界定为生命冲动,认为生命冲动只是一种盲目的本能冲动,是一种生物生命,不具有道德意义,没有达到精神乃至道德的高度,是一种"习气暴流":"生命派之学者,大概体验夫所谓意志追求,或生之冲动处。此盖在与形骸俱始之习气上有所理会,遂直以习气暴流认为生命(西方哲学如叔本华、柏格森等,持说之根柢不能外此)殊不知必于空寂中识得生生不息之健,方是生命本然。"①

## 三、张君劢之"新玄学"

1923年的"科学与玄学论战"是中国现代思想发展史上极其重大的事件。在这场论战中,张君劢以西方生命哲学,特别是柏格森哲学为武器,宣传自己的"新玄学"思想,主张建立儒学化的生命哲学体系。"新玄学"以"心为实在说"为逻辑起点,以"自由意志论"为核心,以宋明理学的"内生活之修养"为归宿,是柏格森生命哲学与宋明心学相结合的产物。

20世纪初,张君劢留学德国,师从于生命哲学家鲁道夫·奥伊肯(Rudolf Christoph Eucken, 1846—1926),这对他系统研究和接受生命哲学产生很大影响。奥伊肯继承生命哲学之传统,将自己的思想称之为精神生活哲学。他反对自然主义和理智主义,强调内心精神生活的独立性和完整性。② 在德国留学期间,张君劢还曾两度专程抵法,问学于柏格森,"和柏格森研讨中西各种哲学的比较"③。因而,相较于同时期的其他学者而言,张君劢对于柏格森哲学的理解和研究有着相当的深度,这对他后来在国内传播柏氏学说,并把它与传统儒学相结合创建新儒学体系产生很大影响。④ 因此,就时间而论,张君劢接触柏格森思想的时间要略晚于梁漱溟,但就其对柏格森哲学的概念、范畴和理论把握而言,则要远胜过后者,其学说也更具中西合璧的特征。⑤

回国后,张君劢致力于宣传奥伊肯和柏格森哲学,发表了不少与柏格森思想相关的文章。1921年8月《法国哲学家柏格森谈话记》发表,这是张君劢

---

① 熊十力. 十力语要 [M]. 北京:中华书局,1996:6-7.
② 刘放桐. 新编现代西方哲学 [M]. 北京:人民出版社,2000:130.
③ 罗义俊. 评新儒家 [M]. 上海:上海人民出版社,1989:585.
④ 吴汉全. "科学与人生观论战"中的张君劢与柏格森哲学 [J]. 湖北师范学院学报(社哲版),1993(4):117.
⑤ 翁芝光. 论柏格森生命哲学对张君劢新儒学思想的影响 [J]. 福建论坛(人文社会科学版),1995(5):8.

携友人拜访柏格森的谈话记,反映了他对柏格森学说的极度崇尚,"呜呼!康德以来之哲学家,其推到众说,独辟蹊径者,柏格森殆一人而已!"①

1923 年,科学与玄学论战爆发。丁文江代表科学派,以罗素、斯宾塞的逻辑经验主义为依据,高扬科学大旗,鼓吹科学必然有益于人的精神生活和智力发展,是人格教育和品德修养的最好工具。张君劢代表玄学派,以柏格森哲学为出发点,论证科学在精神中的作用是有限的,为发达的物质文明带来了精神生活的枯燥和单调,使得自由意志和道德责任失去根基,导致"人生如机械然,精神上指慰安所在则不得而知也。"②

"心为实在"是张君劢"新玄学"的逻辑起点,也是他眼中传统儒学与西方唯心论思想的重要契合点之一。《人生观》一文明确指出,"人生观之中心点,是曰我。"③ 在张君劢看来,人不但衣履属外,而且皮毛血肉,甚至是具有思维功能的大脑都是外在部分,"心"才是真正的实在,是构成人的真正本质。在这里,"心"即生命哲学中的主观精神,亦即孔子的"正己"之"己"与孟子的"求在我"之"我",即陆象山、王阳明等人高谈的"心性"。"人同此心,心同此理,东圣西圣,心同理同",以孔、孟、陆、王为代表的中国心性说与以柏格森为代表的西方生命哲学虽然名号不同,但精神实质是相通的。为此,张君劢将东西方思想加以比较,认为唯心派好言的"心之实在"就是理学史上的"危微精一",柏格森"创造可能之处,则有自觉性之表现"就是《中庸》中"惟天下志诚……能尽物之性,则可以赞天地之化育",柏格森的"本体即在变中"即《易传》中"易不可见,乾坤或几乎息矣"。④ 通过比较,张君劢找到了中西学"心为实在"的共同实质,为进一步融合柏格森思想与中国传统儒学以建立新儒学体系打下基础。

"自由意志"是科学与玄学论战的根本问题。关于这一点,张君劢曾在当年论文结集出版之际说道:"此二十万言之争论,科学非科学也,形上非形上也,人生为科学所能解决与不能解决也,有因与无因也,物质与精神也,若去其外壳,而穷其精核,可以一眼蔽之,曰自由意志问题是矣!"⑤ 自由意志是柏格森生命哲学的重要组成部分,对张君劢的人生观论战产生重大影响。对

---

① 张君劢. 法国哲学家柏格森谈话记 [M] //张君劢. 中西印哲学文集. 台北:台湾学生书局,1981:1235.
② 张君劢. 科学之评价. 科学与人生观 [M]. 济南:山东人民出版社,1997:39.
③ 张君劢. 人生观. 科学与人生观 [M]. 济南:山东人民出版社,1997:33.
④ 张君劢. 再论科学与人生观并答丁在君. 科学与人生观 [M]. 济南:山东人民出版社,1997:115-116.
⑤ 张君劢. 人生观之论战序 [M] //张君劢. 中西印哲学文集. 台北:台湾学生书局,1981:995.

此，张君劢曾在文章中提及："时我方自欧洲返国，受柏格森与倭伊锵之影响，鼓吹'人类思想有自由意志之说'。"① 对于柏格森的自由意志理论，张君劢相当熟悉："十九世纪之末年（一八八九），柏格森氏《时间与自由意志》一书出版，阐明人生之本为自觉性。此自觉性顷刻万变，过而不留，故甲秒之我，至乙秒则已非故我。惟心理状态变迁之速，故绝对无可量度，无因果可求……惟其然也，故心理变为自由行为，而人生之自由，亦在其中。"② 而实质上，"自由"乃中国历代儒家圣贤所深惧之事，故而很难与孔、孟、陆、王相附会。但五四时期，西方科学主义之风至上，传统思想日渐式微。为了迎战科学之飓风，张君劢有意改造柏格森的自由意志论，使其为自己的人生观学说做例证。1923年在清华大学《人生观》的演讲中，张君劢指出科学与人生观的五点差异，认为人生观的特点在于主观、直觉、综合、自由意志和单一性，而科学的特点在于客观、论理、分析、因果和同一。张君劢关于人生观的诸多特点无不与柏氏绵延本体的自由特性相对应，他对科学的判断也无不与柏格森对科学的反思相暗合。

无论是借用"心为实在"，还是假托"自由意志"，张君劢学说的旨归在于建立以"内生活之修养"为目的"新玄学"体系。故而，他在汲取柏格森哲学的同时，也对其进行了批评，"倭氏柏氏提倡自由意志、行动与变之哲学，为我之所喜，然知变而不知有常，知流而不知潜藏，知行动而不知辨别是非之智慧。不免为一副奇峰突起之山水，而平坦之康庄大道摈之于外矣。倭氏虽念念不忘精神生活，柏氏晚年亦有道德来源之著作，然其不视知识与道德文化中之静定要素则一也。"③ 由此可见，张君劢对柏格森思想的汲取有着其深层的取舍标准，那就是以道德为最高理想的孔孟儒学和宋明理学。故有学者言，"柏格森哲学不过构成了张君劢理论的浅表，而其真正的深层内核则是宋明理学。"④

从梁漱溟到熊十力，再到张君劢，新儒家学派的第一代学者们在中西思想碰撞的世纪之交，勇敢吸纳西方的非主流思想，以柏格森等西方哲学为借鉴，致力于传统儒家思想的复兴与重建。他们的学说虽然与当时的主流思潮呈现出

---

① 张君劢. 我之哲学思想 [M]//刘梦溪. 中国现代学术经典·张君劢卷. 石家庄：河北教育出版社，1996：706.
② 张君劢. 再论科学与人生观并答丁在君 [M]//张君劢. 科学与人生观. 济南：山东人民出版社，1997：73.
③ 张君劢. 我之哲学思想 [M]//刘梦溪. 中国现代学术经典·张君劢卷. 石家庄：河北教育出版社，1996：712-713.
④ 吴先伍. 现代性的追求与批评——柏格森与中国近代哲学 [M]. 合肥：安徽人民出版社，2005：205.

一定程度的相悖，但对于传承历史、接续传统，发掘精神的意义与价值，抵制科学主义泛滥，预防思想的独脉偏张都有着独特而又积极的意义。正是在这中与西、传统与现代、人生与科学的反复碰撞和交流中，柏格森哲学参与了中国近代思想的现代性追求，在新儒家学说中实现了与中国传统思想的融合。

# 结　语

　　纵观中西方思想史，最具颠覆性和破坏性的思潮往往更能吸引世人目光。与后现代思想家对传统的全盘拆解和彻底解构不同，柏格森属于建构性的学者，他敏锐犀利又温和中庸，他既批判理念哲学中存在的永恒静止，又不放弃对存在的终极追问；他既觉察到了近代科学发展的理性之弊病，又积极将科学取得的最新成果用于形而上学的构建。他站立在世纪的交叉口，一手拥握对传统的记忆，致力于寻求对存在、真理和绝对的终极认识，一手指向自由的未来，对常识、语言、科学和理性的功用提出质疑；他一边拆解历史与传统，一边又通过记忆将它们不断融入现在与未来。他试图通过建立"实证的形而上学"来调和传统与现代、历史和未来之间的裂缝。笔者认为，正是这种建构性的调和遮掩了柏格森思想犀利而尖锐的刀锋，使其失去了一部分应有的关注。

　　就其哲学思想的结果而论，非功利性导致柏格森在国内学术界长期被忽略和遗忘。与柏格森相比，后现代的思想家们经常站在现代性的对立面，从现实社会的某个或某些问题入手，通过思想领域内的沉思和探讨，企图找到这样或那样的解决方案。与现实生活的密切联系使得后现代思想家们或多或少戴上了功用性的标签，同时也获得了更多的目光。而柏格森的思考则是哲学领域内的思辨，他从意识的直接材料出发，将实在定义为变动不居的现实变化；他拆解传统理念哲学，批判机械论和进化论思想，反思近代科学，将它们对静止性和空间性的偏爱归因于人类注重功利的思维天性；他认为针对行动的智能分析只能认识静止僵死的事物，只有流动的直觉才可以深入事物内部，认识真正的运动和变化。以时间的思维而不是空间的思维、以直觉的方法而不是纯理性的方法，来看待宇宙人生的范式，体现了柏格森重变化、轻静止，重多样、轻同一，重精神、轻功用的思想实质。因此，在讲究效率、追求功用、注重现实意义的当下，柏格森研究在国内的边缘化具有一定的时代必然性。

　　"关注生命"的实用主义价值取向带来了21世纪国内学界对柏格森思想的适度重视和多样理解。但学界无论是将人视为柏氏生命思想的核心，还是认为生命就是意识，都将生命牢牢捆绑在有限的生命体之上，对生命做了具象化理解。这样，生命体在物质层面的有限性必然会消解柏格森生命的自由本质，将柏氏竭力从身体中独立出的精神又拽了回去。

从理据层面看，第一种理解以人和人的自我经验为标准，对柏氏的思想进行收编。此观点背后隐藏的是以人为中心的价值取向。但人不是万物的尺度，更不是自由的尺度。人只有作为自然的一员而不是作为主宰者才能拥有自由。第二种理解则蹈循柏氏思想的发展理路，从心理学出发揭示出生命的本质是意识。在该研究看来，这个出发点使柏氏成就了一门基于科学心理学之上的形而上学。如果说在近代，面对科学，哲学丧失了延续两千多年的骄傲，并在不加批判地接受科学方法论的过程中差点成为科学附庸的话，那么"科学的哲学"也只能表明，在现代哲学只能把自己的根基交给科学后才能乞得自身的合法性。其实，这种科学的实证信念不仅违背了柏氏方法论的精神，而且捆绑了对生命概念的理解并使之不能得以超拔。

因此，学界对柏格森生命思想的理解表面上是多样的，但其背后隐藏的价值取向却是贫乏和单一的。实用主义的取向已内化为众多理解者内心的信念，它不仅在思想层面禁锢了理解，而且在行动层面支配着阐释过程，使得研究者不能站在非功利性角度来理解生命概念，在阐释中用功利的实用绳索将超拔的生命又扯了回来。从实用角度看，超越后的生命所内含的神秘性会导致实证之外的、无用的和唯心的玄谈，此种神秘的不定性不能成为人类实践行动的基石。

对柏氏生命概念进行超拔性理解的根据在于柏氏本人对具象生命的超拔，他站在经验的立场指出了超验的东西。科学将精神归属生命体（大脑），结果导致了生命的物质化和规律化，生命不得不从属于必然性；柏格森将精神独立于生命体（大脑），结果实现了生命的绵延和超越，生命由此走向无限与自由。由此可见，一种研究并非越贴近具体的生命就越能揭示其本质，而对生命体进行超越的探索也并非远离了生命，也许正好相反。

对柏氏生命思想超拔性的理解遇到了学理和价值两个层面的障碍。前者在于，因为害怕落入唯心主义那种不接地气的玄谈，对生命的理解只能死死抓住有形的生命体，而不敢摆脱具象进行抽象的形上之思。但是，仅在人与物的框架内理解生命，则恰恰误失了精神的自由。生命如果踩着短暂的物质支点去企及自由，便只能跌入物欲的无尽轮回。后者在于，因为害怕有用、无用的功利追问，对柏氏生命概念的理解仅局限于实用。其实，有用、无用这种提问方式本身就是对自由的窒息和扼杀。自由只有在人与物的关系之外才能全面呈现。只有放空心灵，非功利地去思，才能真正领会自由。

本书所持生命的超越观仅是对柏氏生命思想的一种理解。这种理解带来了人文域内对实用价值的质疑。人文研究是否必须持有实用价值？实用性标准必将剔生命的不可言说性和不确定性。当生命的神秘性被清洗，当符号成为言说一切的利器，由此而来的确定性将成为理解柏氏思想的指南，成为后学阐释柏格森的依据和规定。既然依据和规定已在，那么人文绵延之思的空间是否被压缩？

非功利性的思是人文研究的根本，这种象牙塔式的研究旨在用自由的方式揭示精神的自由。本书无意否定科学也能带来自由，但科学带来的是行动的自由和征服的自由，自由背后是欲望与欲望的满足以及新欲望产生的无尽之路。倘若科学与人文都能导向自由，那么我们不能用前者统摄后者，不能用有用性来质问后者。而后者也不能委身前者，人文自身要有勇气摆脱物质层面功用的有限性，要有勇气面对超越的生命，而在精神层面叩问自由与不朽。

由此，柏格森生命思想的非功利性意义不仅仅在于揭示了人和宇宙两个层面的自由，还在于它对人文研究方法论的影响。非功利性的价值取向使得人文研究与科学研究区分开来。自然科学研究的对象是物质，它为了人类的实际生存，需要对规律做必要的探究。而人文研究的对象是人，是生命，它不能仅仅面对人的实际生存，还要面对人生的意义、生命的意义。而对意义的追求不能简化成对规律和必然性的效法。人文研究应当允许象牙塔式的思考。我们不能像要求自然科学那样，苛求人文研究也必定产出一个量化的结果。人文侧重的是思的过程，是精神的自由空间。应该说，柏氏思想的非功利性特质及其揭示的自由之果对当代人文研究具有一定的借鉴意义。不过，要承认这种意义的条件在于，人文研究必须有勇气接受非功利性的思辨。

非功利之思就是一种审美之思，它是柏格森生命思想获得文学性的秘密所在。这种非文学的文学性似乎也在呼唤非文学的文学研究。此现象对文学研究在方法论层面会产生何种启示，是一个值得继续深入研究的课题。

当然，任何学说都是不完美的。任何学说都是对完美的一种追求，学说自身的不完美也呼唤着后学对超越的追求，而超越正始于局限之处。柏格森是极富创新精神的思想家，创新是柏氏思想的关键词，是其思想最大的优点。不过，最大的优点也是其最大的缺点。创造不仅意味着对旧有既成性的突破，意味着自由，同时也意味着不定。柏氏学说的不定源于对空间确定性思维的破除。破除的长处在于对自由的企及，短处在于自己的学说也因此失去了根基，成了无根的浮萍。问题不止于此，不定性不仅使得对柏氏学说的回溯找不到根基，而且也使得对其学说的前瞻找不到方向。因为生命的无限既是他的哲学和诗意的来源，也是其浪漫化哲学的盲点。

上述的局限性需要深层的学理解释。应该看到，如果优点也能成为缺点，那我们是否可以考虑盲点也就是亮点，无根就是有根。表面上看，生命的无限已超出了言说和理解的范围，但就实质而论，无限与无形就是可言说和可理解向自身反面的转化，即归藏。归藏对逻各斯的有形言说和理解形成一种制约，消解了工具理性的一脉独张，使得非功利下的静观和冥思得以可能，使得言说的外在之秀出转为不可言说的内在之隐藏，也就是化有为无。需要指出的是，此种有无的转化并非物质层面有无相生的循环往复，而是通化境域内的一种创生。这种创生孕育着从无生出新有。

不过，从无到新有的转化并不能证明柏氏的学说就是无根的有根。根基问题的阐释仍要从辟思的角度去推究不定性这个难点。从辟思的角度意味着不能用孤立的眼光看不定性。不定性源于柏氏对空间思维的批判，而对空间思维的批判正是他在时空裂隙中的创演。绵延（时间）之思是对独断空间思维的扼制和化解。两种思维范式实际上形成了一种相反相成、相生相克的张力关系，这种张力使得隐秀魔方的起承转合成为可能，使得柏氏的创演性生命在时空夹缝中得以绽放。

由此，我们可以看到，柏氏从直觉中开辟了哲学新路，从心理学边缘长出了思想嫩杈，从科学的围城中酝酿了突破。虽然他抛弃了科学实证的根据，但获得了人文思辨的根基。从人文学角度看，对柏格森生命思想的解读是从辟思到辟创的一个完整的研讨过程，但这里的思与创并不是逻各斯意义上的起点和终点，它不是一个封闭的圆圈，而是栾栋教授所说的辟解，即一种舒卷，一种橐槁，既化感通变，也通和致化。人文学研究不重在抽象静止的逻辑结果，而重在灵活变通和开发圆融的思考过程。

柏格森的生命思想自身蕴含着丰富的创造性，对它的解读自然也是多层面和多角度的。任何一种解读都不能作为捆绑柏格森主义的一孔斗室，其创意来源和后续走向也有待多方面的探索和发掘。

# 参 考 文 献

## 一、直接引用专著和论文

［1］ LE ROY E. Une philosophie nouvelle ［M］. Paris：Librairie Félix Alcan, 1913.
［2］ WORMS F. Annales bergsoniennes ［M］. Paris：PUF, 2002.
［3］ WORMS F. Annales bergsoniennes Ⅱ ［M］. Paris：PUF, 2004.
［4］ WORMS F. Bergson ou les deux sens de la vie ［M］. Paris：PUF, 2004.
［5］ WORMS F. Le vocabulaire de bergson ［M］. Paris：Ellipse, 2000.
［6］ WORMS F. L'intelligence gagnée par l'intuition? : la relation entre bergson et kant ［J］. Les études philosophiques, 2001（4）.
［7］ DELEUZE G. Le bergsonisme ［M］. Paris：PUF, 1966.
［8］ BERGSON H. Cours Ⅰ ［M］. Edition par Henri Hude avec la collaboration de Jean-Louis Dumas, Paris：PUF, 1992.
［9］ BERGSON H. Cours Ⅱ ［M］. Edition par Henri Hude avec la collaboration de Jean-Louis Dumas, Paris：PUF, 1992.
［10］ BERGSON H. Cours Ⅲ ［M］. Edition par Henri Hude avec la collaboration de Jean-Louis Dumas, Paris：PUF, 1995.
［11］ BERGSON H. Cours Ⅳ ［M］. Edition par Henri Hude avec la collaboration de Françoise Vinel, Paris：PUF, 2000.
［12］ BERGSON H. Essai sur les données immédiates de la conscience ［M/OL］. Chicoutimi：UQAC, 2002 ［2016 - 06 - 28］. http：//classiques. uqac. ca/classiques/bergson_henri/essai_conscience_immediate/essai_conscience. pdf.
［13］ BERGSON H. La pensée et le mouvant ［M/OL］. Chicoutimi：UQAC, 2003 ［2016 - 06 - 28］. http：//classiques. uqac. ca/classiques/bergson_henri/pensee_mouvant/bergson_pensee_mouvant. pdf.
［14］ BERGSON H. L'energie spirituelle ［M/OL］. Chicoutimi：UQAC, 2003 ［2016 - 06 - 28］. http：//classiques. uqac. ca/classiques/bergson_henri/energie_spirituelle/energie_spirituelle. pdf.
［15］ BERGSON H. Les deux sources de la morale et de la religion ［M/OL］. Chicoutimi：UQAC, 2003 ［2016 - 06 - 28］. http：//classiques. uqac. ca/classiques/bergson_henri/deux_sources_morale/deux_sources. pdf.

[16] BERGSON H. L'évolution créatrice [M/OL]. Chicoutimi：UQAC, 2003 [2016 - 06 - 28]. http：//classiques. uqac. ca/classiques/bergson_henri/evolution_creatrice/evolution_creatrice. pdf.

[17] BERGSON H. Le rire [M/OL]. Chicoutimi：UQAC, 2002 [2016 - 06 - 28]. http：//classiques. uqac. ca/classiques/bergson_henri/le_rire/Bergson_le_rire. pdf.

[18] BERGSON H. Matière et mémoire [M/OL]. Chicoutimi：UQAC, 2003 [2016 - 06 - 28]. http：//classiques. uqac. ca/classiques/bergson_henri/matiere_et_memoire/matiere_et_memoire. pdf.

[19] BERGSON H. Mélanges [M]. Paris：PUF, 1972.

[20] GOUHIER H. Bergson dans l'histoire de la pensée occidentale [M]. Paris：Vrin, 1989.

[21] HUDE H. Bergson Ⅰ [M]. Paris：Editions universitaires, 1989.

[22] HUDE H. Bergson Ⅱ [M]. Paris：Editions universitaires, 1990.

[23] WAHL J. Tableau de la philosophie française [M]. Paris：Gallimard, 1962.

[24] POPPER K. The open universe [M]. trans. By Andrew Motte. Prometneus Books, 1995.

[25] 爱因斯坦. 爱因斯坦文集：第 3 卷 [M]. 许良英, 赵中立, 张宣三, 编译. 北京：商务印书馆, 1979.

[26] 奥古斯丁. 忏悔录 [M]. 周士良, 译. 北京：商务印书馆, 2012.

[27] 柏拉图. 柏拉图全集：第 3 卷 [M]. 王晓朝, 译. 北京：人民出版社, 2007.

[28] 陈卫平, 施志伟. 生命的冲动：柏格森和他的哲学 [M]. 上海：上海三联书店, 1988.

[29] 程颢, 程颐. 二程集：第 3 册 [M]. 王孝鱼, 点校. 北京：中华书局, 1981.

[30] 大卫·雷·格里芬. 超越结构：建设性后现代哲学的奠基者 [M]. 鲍世斌, 等, 译. 北京：中央编译出版社, 2001.

[31] 玻姆 D. 代物理学中的因果性和机遇 [M]. 秦克成, 洪定国, 译. 北京：商务印书馆, 1965.

[32] 恩格斯. 自然辩证法 [M]. 于光远, 译. 北京：人民出版社, 1984.

[33] 费迪南·费尔曼. 生命哲学 [M]. 李健鸣, 译. 北京：华夏出版社, 2000.

[34] 高瑞泉. 新唯识论与柏格森生命哲学 [C] //冯契, 王亚夫. 时代与思潮（3）：中西文化交汇. 上海：学林出版社, 1990.

[35] 高宣扬. 重新评价柏格森及其对当代哲学研究的现实意义 [EB/OL]. (2008 - 04 - 01) [2016 - 06 - 28]. http：//www. cnki. net/KCMS/detail/detail. aspx?QueryID = 7&CurRec = 1&filename = ZGXP200804001037&dbname = CPFD9908&dbcode = CPFD&pr = &urlid = &yx = &uid = .

[36] 贺麟. 哲学与哲学史论文集 [M]. 北京：商务印书馆, 1990.

[37] 叶秀山, 傅乐安. 西方著名哲学家评传：第 2 卷 [M]. 济南：山东人民出版社, 1984.

[38] 亨利·柏格森. 时间与自由意志 [M]. 吴士栋, 译. 北京：商务印书馆, 2010.

[39] 亨利·柏格森. 形而上学导言 [M]. 刘放桐, 译. 北京：商务印书馆, 1963.

[40] 海德格尔. 形而上学导论 [M]. 熊伟, 王庆节, 译. 北京：商务印书馆, 1996.

[41] 黑格尔. 自然哲学 [M]. 梁志学, 薛华, 钱广华, 沈真, 译. 北京: 商务印书馆, 1986.
[42] 黄裕生. 真理与自由 [M]. 南京: 江苏人民出版社, 2002.
[43] 吉尔·德勒兹. 康德与柏格森解读 [M]. 张宇凌, 关群德, 译. 北京: 社会科学文献出版社, 2002.
[44] 恩斯特·卡西尔. 人文科学的逻辑 [M]. 北京: 中国人民大学出版社, 1991.
[45] 康德. 纯粹理性批判 [M]. 邓晓芒, 译. 杨祖陶, 校. 北京: 人民出版社, 2004.
[46] 康德. 形而上学导论 [M]. 庞景仁, 译. 北京: 商务印书馆, 1978.
[47] 康蒲·斯密. 康德《纯粹理性批判》解义 [M]. 韦卓民, 译. 武汉: 华中师范大学出版社, 2000.
[48] 拉·科拉柯夫斯基. 柏格森 [M]. 牟斌, 译. 北京: 中国社会科学出版社, 1991.
[49] 兰西·佩尔斯, 查理士·撒士顿. 科学的灵魂 [M]. 潘柏滔, 译. 南昌: 江西人民出版社, 2006.
[50] 老子. 道德经 [M]. 黄朴民, 译注. 长沙: 岳麓书社, 2011.
[51] 李德顺, 孙伟平, 赵剑英. 马克思哲学范畴研究 [M]. 北京: 中国社会科学出版社, 2010.
[52] 李文阁, 王金宝. 生命冲动: 重读柏格森 [M]. 成都: 四川人民出版社, 1998.
[53] 李醒尘. 西方美学史教程 [M]. 北京: 北京大学出版社, 2006.
[54] 李约瑟. 中国古代科学思想史 [M]. 南昌: 江西人民出版社, 2006.
[55] 梁漱溟. 梁漱溟全集: 第1卷 [M]. 济南: 山东人民出版社, 1990.
[56] 梁漱溟. 梁漱溟全集: 第2卷 [M]. 济南: 山东人民出版社, 1990.
[57] 列宁. 哲学笔记 [M]. 中共中央马克思恩格斯列宁斯大林著作编译局, 译. 北京: 人民出版社, 1960.
[58] 刘放桐. 新编现代西方哲学 [M]. 北京: 人民出版社, 2000.
[59] 刘梦溪. 中国现代学术经典·张君劢卷 [M]. 石家庄: 河北教育出版社, 1996.
[60] 六祖坛经 [M]. 徐文明, 注译. 郑州: 中州古籍出版社, 2008.
[61] 栾栋. 人文学概论 [M]. 广州: 暨南大学出版社, 2012.
[62] 罗素. 人类的知识 [M]. 张金言, 译. 北京: 商务印书馆, 1983.
[63] 罗素. 西方哲学史: 上 [M]. 何兆武, 李约瑟, 译. 北京: 商务印书馆, 2010.
[64] 罗素. 西方哲学史: 下 [M]. 马元德, 译. 北京: 商务印书馆, 2010.
[65] 罗义俊. 评新儒家 [M]. 上海: 上海人民出版社, 1989.
[66] 中共中央马克思恩格斯列宁斯大林著作编译局. 马克思恩格斯选集: 第1卷 [M]. 北京: 人民出版社, 1995.
[67] 孟子 [M]. 杨伯峻, 今译. André LEVY, 法译. 大中华文库汉法对照. 长沙: 岳麓书社 & 湖南教育出版社, 2009.
[68] 苗力田. 古希腊哲学 [M]. 北京: 中国人民大学出版社, 1995.
[69] 尼古拉斯·布宁, 余纪元. 西方哲学英汉对照辞典 [M]. 北京: 人民出版社, 2001.

[70] 牛顿. 牛顿自然哲学著作选 [M]. H. S. 塞耶，编. 王福山，等，校译. 上海：上海译文出版社, 2001.

[71] 乔治·贝克莱. 人类知识原理 [M]. 关琪桐，译. 上海：商务印书馆, 1936.

[72] 撒穆尔·伊诺克·斯通普夫，詹姆斯·菲泽. 西方哲学史 [M]. 丁三东，等，译. 北京：中华书局, 2005.

[73] 尚新建. 重新发现直觉：柏格森哲学新探 [M]. 北京：北京大学出版社, 2000.

[74] 北京大学大学哲学系外国哲学史教研室. 十六—十八世纪西欧各国哲学 [M]. 北京：商务印书馆, 1975.

[75] 孙荣吉. 地质科学史纲 [M]. 北京：北京大学出版社, 1984.

[76] 汤川秀树. 经典物理学Ⅱ [M]. 北京：科学出版社, 1986.

[77] 托马斯·库恩. 必要的张力 [M]. 范岱年，纪树力，译. 北京：北京大学出版社, 2005.

[78] 王理平. 差异与绵延 [M]. 北京：人民出版社, 2007.

[79] 威廉·白瑞德. 非理性的人 [M]. 彭镜禧，译. 梅晓璈，校. 哈尔滨：黑龙江教育出版社, 1988.

[80] 吴国盛. 时间的观念 [M]. 北京：北京大学出版社, 2006.

[81] 吴康. 柏格森哲学 [M]. 台湾：商务印书馆, 1966.

[82] 吴先伍. 现代性的追求与批判：柏格森与近代中国哲学 [M]. 合肥：安徽人民出版社, 2005.

[83] 熊十力. 十力语要 [M]. 北京：中华书局, 1996.

[84] 熊十力. 新唯识论 [M]. 上海：上海书店出版社, 2008.

[85] 徐复观. 中国人性论·先秦篇 [M]. 上海：上海三联书店, 2001.

[86] 亚里士多德. 物理学 [M]. 张明竹，译. 北京：商务印书馆, 1982.

[87] 严复. 穆勒名学 [M]. 北京：商务印书馆, 1981.

[88] 杨东. 文学理论：从柏拉图到德里达 [M]. 北京：北京大学出版社, 2009.

[89] 杨柳桥. 庄子译注 [M]. 上海：上海古籍出版社, 2006.

[90] 岳介先. 评柏格森的生命哲学美学 [M]. 江淮论坛, 1991 (4).

[91] 于民雄，顾久. 传习录全译 [M]. 贵州人民出版社, 1997.

[92] 张秉真，章安祺，杨慧林. 西方文艺理论史 [M]. 北京：中国人民大学出版社, 2005.

[93] 张君劢. 中西印哲学文集 [M]. 台北：台湾学生书局, 1981.

[94] 张君劢. 科学与人生观 [M]. 济南：山东人民出版社, 1997.

[95] 张汝伦. 现代西方哲学十五讲 [M]. 北京：北京大学出版社, 2013.

[96] 张志伟. 西方哲学十五讲 [M]. 北京：北京大学出版社, 2013.

[97] 张志伟. 康德的道德世界观 [M]. 北京：中国人民大学出版社, 1995.

[98] 周易 [M]. 张善文，今译. P. -L. -F. Philastre，法译. 大中华文库汉法对照. 长沙：岳麓书社 & 湖南教育出版社, 2009.

[99] 朱光潜. 西方美学史 [M]. 北京：中国长安出版社, 2007.

[100] 蔡英田. 时间的困惑：读奥古斯丁《忏悔录》[J]. 吉林大学社会科学学报, 1997 (3).

[101] 程倩春. 达尔文进化论对近代哲学的影响 [J]. 云南大学学报（社会科学版），2007（3）.
[102] 邓晓芒. 康德时间观的困境和启示 [J]. 江苏社会科学，2006（6）.
[103] 董德福. 现代新儒家与柏格森生命哲学 [J]. 复旦学报，1993（3）.
[104] 范志军. 自然界中的两个王国：莱布尼茨自然哲学初探 [J]. 东南大学学报（哲学社会科学版），2005（5）.
[105] 费大伟. 柏格森非理性主义美学中的绵延说 [J]. 美术研究，1984（2）.
[106] 付昌玲. 柏格森与意象派诗论的历史传承 [J]. 江西社会科学. 2012（5）.
[107] 郭志今. 绵延、直觉与审美：柏格森美学思想评述 [J]. 浙江学刊，1990（4）.
[108] 胡景敏. 从真实的时间出发：论柏格森哲学的逻辑起点 [J]. 长春工程学院学报，2006（1）.
[109] 黄龙保，王晓林. 中西哲学直觉思维之同异 [J]. 安徽大学学报（哲学社会科学版），1988（2）.
[110] 凯瑟琳·勒维尔. 柏格森的美学思想 [J]. 陈圣生，译. 北京社会科学，2002（3）.
[111] 景海峰. 论柏格森对现代新儒学思潮的影响 [J]. 现代哲学，2005（3）.
[112] 刘放桐. 法国哲学的现代转型 [J]. 甘肃社会科学，2013（1）.
[113] 栾栋. 论人文学术还家 [J]. 学术研究，2007（10）.
[114] 栾栋. 辟文学别裁 [J]. 文学评论，2010（4）.
[115] 栾栋. 辟文化简说 [J]. 中国文化研究，2011（3）.
[116] 栾栋. 辟文学通解：兼论文学非文学 [J]. 文学评论，2008（3）.
[117] 栾栋. 释哲 [J]. 中国文化研究，2009（夏之卷）.
[118] 栾栋. 水性与盐色：从中西文化原色管窥简论华人的文化品位 [J]. 唐都学刊，2003（1）.
[119] 栾栋. 文学他化论：关于文学的三悖论考察 [J]. 学术研究，2008（6）.
[120] 栾栋. 文学通化论 [J]. 文学评论，2011（4）.
[121] 罗跃军. 论柏格森"绵延"概念之内涵及其对过程哲学的影响 [J]. 求实学刊，2011（7）.
[122] 戚文藻. 柏格森直觉主义今议 [J]. 福建师范大学学报（哲学社会科学版），1984（1）.
[123] 钱智修. 现今两大哲学家概说 [J]. 东方杂志，1913（10卷），第1号.
[124] 尚杰. 时间概念的历史与被叙述的时间 [J]. 浙江学刊，2006（3）.
[125] 尚杰. 悖谬乃哲学的姿态：对柏格森的重新解读 [J]. 哲学动态，2009（2）.
[126] 尚杰. 还原实际的精神生活：不朽的柏格森 [J]. 江海学刊，2011（6）
[127] 沈顺福. 从《周易》与柏格森的角度论生存的本质 [J]. 周易研究，2010（4）.
[128] 宋继杰. 海德格尔论亚里士多德的时间观 [J]. 世界哲学，2006（6）.
[129] 孙志明. 评柏格森的非理性主义 [J]. 江西大学学报（哲学社会科学版），1987（3）.
[130] 田佳友. 柏格森美学思想再认识 [J]. 学术月刊，1990（9）.
[131] 王礼平. 柏格森：哲学作为严格的科学 [J]. 自然辩证法研究，2006（8）.

[132] 王礼平. 超越还是内在：论勒维纳斯与柏格森之间根本差异与殊途同归 [J]. 浙江学刊, 2008 (2).
[133] 王宗昱. 梁漱溟与柏格森哲学 [J]. 社会科学家, 1989 (3).
[134] 翁芝光. 论柏格森生命哲学对张君劢新儒学思想的影响 [J]. 福建论坛（人文社会科学版）, 1995 (5).
[135] 吴国盛. 生命的飘逝 [J]. 读书, 1997 (8).
[136] 吴国盛. 世界图景悖论：兼论艾舍尔《画廊》的哲学意义 [J]. 北京大学学报（哲学社会科学版）, 2001 (4).
[137] 吴汉全. "科学与人生观论战"中的张君劢与柏格森哲学 [J]. 湖北师范学院学报（哲学社会科学版）, 1993 (4).
[138] 吴先伍. 过去永恒真实：论柏格森的过去本体论 [J]. 华东师范大学学报（哲学社会科学版）, 2002 (6).
[139] 夏腊初. 论柏格森的"心理时间"对意识流小说的关键性影响 [J]. 云南师范大学学报, 2005 (7).
[140] 叶立国. 哲学思想：系统科学形成的形而上学基础 [J]. 系统科学学报, 2012 (5).
[141] 詹宇国. 柏格森的科学哲学思想 [J]. 哲学研究, 1998 (5).
[142] 张峰. 在本能与智能之间：对柏格森直觉概念的再思考 [J]. 武陵学刊, 2013 (5).
[143] 张峰. 归根·通变·创造：论柏格森思想的人文之境 [J]. 齐齐哈尔大学学报, 2013 (6).
[144] 周荫祖, 金元浦. 论柏格森直觉主义及其美学意义 [J]. 青海师范大学学报（哲学社会科学版）, 1987 (4).
[145] 朱鹏飞. 艺术是时间的造物：浅析柏格森的"艺术—时间观" [J]. 电子科技大学学报（社会科学版）, 2004 (1).
[146] 包国祥. 自由与时间 [D]. 吉林：吉林大学, 2008.
[147] 陈永杰. 早期现代新儒家直觉观考察：以梁漱溟、冯友兰、熊十力、贺麟为例 [D]. 上海：华东师范大学, 2009.
[148] 江冬梅. 生命·艺术·直觉：柏格森与20世纪中国美学 [D]. 重庆：西南大学, 2011.
[149] 赵伟. 时间与创造：柏格森哲学中的创造概念研究 [D]. 上海：复旦大学, 2011.

## 二、其他参考资料

[1] ARBOUR R. Henri bergson et les lettres françaises [M]. Paris：Librairie José Gorti, 1955.
[2] BENDA J. La trahison des clercs [M]. Paris：Grasset, 1927.
[3] DELEUZE G. Différence et répétition [M]. Paris：PUF, 1968.
[4] DERRIDA J. L'écriture et la différence [M]. Paris：Seuil, 1967.
[5] DÉCOMBRES V. Le même et l'autre [M]. Paris：Minuit, 1979.
[6] GOUHIER H. Bergson et le christ des évangiles [M]. Paris：Vrin, 1987.

[7] GRIFFIN D R. Founders of constructive postmodern philosophy: pierce, james, bergson, whitehead and hartshorne [M]. Albany: Sunny Press, 1993.

[8] JANKKÉLÉVICH V. Henri bergson [M]. Paris: PUF, 1989.

[9] DE LATTRE A. Bergson: une ontologie de la perplexité [M]. Paris: PUF, 1990.

[10] LE ROY E. Une philosophie nouvelle [M]. Paris: Librairie Félix Alcan, 1913.

[11] MOSSÉ-BASTIDE R-M. Bergson et plotin [M]. Paris: PUF, 1959.

[12] PHILONENKO A. Bergson ou de la philosophie comme science rigoureuse [M]. Paris: les éditions du cerf, 1994.

[13] ROBINET A. Bergson et les métamorphoses de la durée [M]. Paris: éditions Seghers, 1965.

[14] SOULEZ P&WORMS F. Bergson: biographie [M]. Paris: Quadrige, Presses Universitaires de France, 2002.

[15] SOULEZ P. Bergson politique [M]. Paris: PUF, 1989.

[16] TROTIGNON P. L'idée de vie chez bergson et la critique de la métaphysique [M]. Paris: PUF, 1968.

[17] VIEILLARD-BARON J-L. Bergson et bergsonisme [M]. Paris: Armand Colin, 1999.

[18] VIEILLARD-BARON J-L. Bergson. que sais-je? [M]. Paris: PUF, 1993.

[19] 保罗·利科. 活的隐喻 [M]. 汪家堂, 译. 上海: 上海译文出版社, 2004.

[20] 贝尔纳·亨利·列维. 萨特的世纪: 哲学研究 [M]. 闫素伟, 译. 北京: 商务印书馆, 2005.

[21] 曹顺庆. 比较文学论 [M]. 成都: 四川教育出版社, 2002.

[22] 曹顺庆. 比较文学史 [M]. 成都: 四川人民出版社, 1991.

[23] 陈惇, 刘象愚. 比较文学概论: 修订版 [M]. 北京: 北京师范大学出版社, 2000.

[24] 陈惇, 孙景尧, 谢天振. 比较文学 [M]. 北京: 高等教育出版社, 1997.

[25] 陈挺. 比较文学简编 [M]. 上海: 华东师范大学出版社, 1986.

[26] 达尔文. 物种起源 [M]. 周建人, 叶笃庄, 方宗熙, 译. 北京: 商务印书馆, 2009.

[27] 梵第根. 比较文学论 [M]. 戴望舒, 译. 北京: 商务印书馆, 1937.

[28] 方汉文. 比较文学基本原理 [M]. 苏州: 苏州大学出版社, 2002.

[29] 冯俊. 后现代哲学讲演录 [M]. 北京: 商务印书馆, 2003.

[30] 高宣扬. 当代法国哲学导论 [M]. 上海: 同济大学出版社, 2004.

[31] 格奥尔格·西美尔. 生命直观 [M]. 刁承俊, 译. 北京: 生活·读书·新知三联书店, 2003.

[32] 哈贝马斯. 后形而上学思想 [M]. 曹卫东, 付德根, 译. 南京: 译林出版社, 2001.

[33] 亨利·柏格森. 形而上学导言 [M]. 刘放桐, 译. 北京: 商务印书馆, 1963.

[34] 亨利·柏格森. 创造进化论 [M]. 姜志辉, 译. 北京: 商务印书馆, 2004.

[35] 亨利·柏格森. 创造进化论 [M]. 李斯, 译. 长春: 时代文艺出版社, 2006.

[36] 亨利·柏格森. 创造进化论 [M]. 肖聿, 译. 南京: 译林出版社, 2011.

[37] 亨利·柏格森. 创造的进化论 [M]. 陈圣生, 译. 桂林: 漓江出版社, 2012.

[38] 亨利·柏格森. 材料与记忆 [M]. 肖聿, 译. 南京: 译林出版社, 2011.
[39] 亨利·柏格森. 道德与宗教的两个来源 [M]. 王作虹, 成穷, 译. 南京: 译林出版社, 2011.
[40] 亨利·柏格森. 生命与记忆: 柏格森书信选 [M]. 陈圣生, 译. 北京: 经济日报出版社, 2001.
[41] 亨利·柏格森. 笑 [M]. 徐继曾, 译. 北京: 北京十月文艺出版社, 2005.
[42] 亨利·柏格森. 心力 [M]. 胡国钰, 译. 上海: 商务印书馆, 1929.
[43] 吉尔·德勒兹. 哲学与权力的谈判: 德勒兹访谈录 [M]. 刘汉全, 译. 北京: 商务印书馆, 2001.
[44] 基亚. 比较文学 [M]. 颜保, 译, 北京: 北京大学出版社, 1983.
[45] 加里·古廷. 20世纪法国哲学 [M]. 辛岩, 译. 南京: 江苏人民出版社, 2005.
[46] 柯林武德. 自然的观念 [M]. 吴国盛, 译. 北京: 北京大学出版社, 2006.
[47] 乐黛云. 比较文学简明教程 [M]. 北京: 北京出版社, 2003.
[48] 乐黛云. 比较文学原理新编 [M]. 北京: 北京大学出版社, 1998.
[49] 乐黛云. 中西比较文学教程 [M]. 北京: 高等教育出版社, 1988.
[50] 乐黛云. 比较文学原理 [M]. 长沙: 湖南文艺出版社, 1988.
[51] 刘献彪, 刘介民. 比较文学教程 [M]. 北京: 中国青年出版社, 2001.
[52] 栾栋. 美学的钥匙 [M]. 西安: 陕西人民出版社, 1983.
[53] 栾栋. 感性学发微 [M]. 北京: 商务印书馆, 2001.
[54] 莫诒谋. 柏格森的理智与直觉 [M]. 台北: 水牛出版社, 2003.
[55] 莫为民. 二十世纪法国哲学 [M]. 北京: 人民出版社, 2008.
[56] 皮埃尔·特罗蒂尼翁. 当代法国哲学家 [M]. 范德玉, 译. 北京: 生活·读书·新知三联书店, 1992.
[57] 尚杰. 归隐之路: 20世纪法国哲学的踪迹 [M]. 南京: 江苏人民出版社, 2008.
[58] 王福和. 比较文学原理与实践 [M]. 沈阳: 辽海出版社, 2002.
[59] 王礼平. 差异与表象的毁灭: 略论德勒兹与柏格森之间的渊源关系 [EB/OL]. [2016-06-28]. http://cpfd.cnki.com.cn/Article/CPFDTOTAL-ZGXP200811001027.htm.
[60] 王向远. 比较文学学科新论 [M]. 南昌: 江西教育出版社, 2002.
[61] 威尔·杜兰特. 哲学的故事 [M]. 金发燊, 等, 译. 上海: 上海三联书店, 1997.
[62] 韦斯坦恩. 比较文学与文学理论 [M]. 刘象愚, 译. 沈阳: 辽宁人民出版社, 1982.
[63] 吴国盛. 追思自然 [M]. 沈阳: 辽海出版社, 1998.
[64] 吴国盛. 现代化之忧 [M]. 北京: 生活·读书·新知三联书店, 1999.
[65] 吴国盛. 自由的科学 [M]. 福州: 福建教育出版社, 2002.
[66] 吴国盛. 让科学回归人文 [M]. 南京: 江苏人民出版社, 2003.
[67] 杨乃乔. 比较文学概论 [M]. 北京: 北京大学出版社, 2002.
[68] 尤昭良. 塞尚与柏格森 [M]. 桂林: 广西师范大学出版社, 2004.
[69] 约翰·迪尼. 中西比较文学理论 [M]. 刘介民, 译. 上海: 学苑出版社, 1990.

[70] 约瑟夫·祁雅里. 20世纪的法国思潮 [M]. 吴永泉, 陈京璇, 尹大贻, 译. 北京: 商务印书馆, 1987.

[71] 张沛. 隐喻的生命 [M]. 北京: 北京大学出版社, 2006.

[72] 赵敦华. 西方哲学简史 [M]. 北京: 北京大学出版社, 2001.

[73] 赵修义. 柏格森的非理性主义 [M] //《外国哲学》编委会. 外国哲学: 第6辑. 北京: 商务印书馆, 1985.

[74] 朱利安·班达. 知识分子的背叛 [M]. 佘碧平, 译. 上海: 上海人民出版社, 2005.

[75] AZOUVI F. Anatomie d'un succès philosophique: les effets de l'évolution créatrice [J]. Le débat, 2006 (3).

[76] BARREAU H. Bergson face à spencer: vers un nouveau positivisme [J]. Archives de Philosophie, 2008 (2).

[77] DOUÇOIS J. Le vivant en activité: besoin, problème et créativité chez bergson [J]. Archives de Philosophie, 2008 (2).

[78] LEMOINE M. Remarque sur la métaphore de l'organisme en politique: les principes de la philosophie du droit et les deux sources de la morale et de la religion [J]. Les études philosophiques, 2001 (4).

[79] MABILLE B. Eloges de la fluidité: hegel, bergson et la parole [J]. Les études philosophiques, 2001 (4).

[80] RIQUIER C. Bergson et le problème de la personnalité: la personne dans tous ses états [J]. Les études philosophiques, 2007 (2).

[81] SIBERTIN-BLANC G. L'art du déséquilibre (actualités bergsoniennes) [J]. Les études philosophiques, 2005 (2).

[82] SITBON-PEILLON B. A la suite de l'évolution créatrice: les deux sources de la morale et de la religion l'entropie, un principe social？[J]. Archives de Philosophie, 2008 (2).

[83] SITBON-PEILLON B. Bergson: centenaire de l'évolution créatrice avant-propos [J]. Archives de Philosophie, 2008 (2).

[84] VIEILLARD-BARON J-L. Les paradoxes de l'éternité chez hegel et chez bergson [J]. Les études philosophiques, 2001 (4).

[85] VIEILLARD-BARON J-L. L'événement et le tout: windelband, lecture de bergson [J]. Revue philosophique de la France et de l'étranger, 2008 (2).

[86] VIEILLARD-BARON J-L. Réflexion sur la réception théorique de l'évolution créatrice [J]. Archives de Philosophie, 2008 (2).

[87] VIEILLARD-BARON J-L. Lecture de bergson [J]. Revue philosophique de la France et de l'étranger, 2008 (2).

[88] VIEILLARD-BARON J-L. Levinas et bergson [J]. Revue philosophique de la France et de l'étranger, 2010 (4).

［89］ WATERLOT G. Dieu est-il transcendant：examen critique des objections du p. De Tonquédec adressées à l'auteur de L'Evolution créatrice ［J］. Archives de Philosophie, 2008（2）.

［90］ WINDELBAND W. En guise d'introduction à matière et mémoire de bergson ［J］. Revue philosophique de la France et de l'étranger, 2008（2）.

［91］ 包国祥. 精神是时间的本质：从费尔巴哈、马克思、海德格尔的批判看黑格尔时间思想的实质 ［J］. 内蒙古民族大学学报, 2008（5）.

［92］ 曹东勃. 进化论创立以来的文化回响 ［J］. 云南社会科学, 2011（5）.

［93］ 拉弗朗斯 G. 柏格森著作中的自由与生命 ［J］. 哲学译丛, 1992（5）.

［94］ 高瑞泉. 柏格森与中国现代哲学 ［J］. 杭州师范学院学报（社会科学版）, 2005（4）.

［95］ 郭燕杰, 李好. 试探牛顿神学自然观及其与机械论思想的关系 ［J］. 科学之友, 2009（5）.

［96］ 郝春鹏. 悲剧与喜剧题目的解析：对柏格森《笑》的有关问题的分析 ［J］. 社科纵横, 2008（3）.

［97］ 贺兰英. 机械论思想探源 ［J］. 黑河学刊, 2013（1）.

［98］ 贺滟波, 何志钧. 穿行在影像世界中的德勒兹：从德勒兹对柏格森的四个注解看其电影理论 ［J］. 鲁东大学学报（哲学社会科学版）, 2011（9）.

［99］ 黄颂杰. 论柏格森哲学 ［J］. 学术界, 1995（6）.

［100］ 季国清. 20 世纪哲学的历史转向：兼论生命哲学的历史冤案应该昭雪 ［J］. 求实学刊. 1998（6）.

［101］ 贾江鸿. 重新梳理和思考笛卡尔的身心问题 ［J］. 自然辩证法研究, 2011（3）.

［102］ 凯瑟林·勒维尔. 柏格森的美学思想 ［J］. 陈圣生, 译. 北京社会科学, 2002（3）.

［103］ 李利. 论时间观的流变：从康德到海德格尔 ［J］. 学术探索, 2012（2）.

［104］ 李月媛. 从古典到现代 由空间到时间：柏格森的时间观对西方现代艺术的影响 ［J］. 西北民族大学学报（哲学社会科学版）, 2008（3）.

［105］ 刘瑾. 直觉和非理性的张扬：从柏格森的美学观看二十世纪西方音乐中的非理性倾向 ［J］. 天津音乐学院学报, 1999（4）.

［106］ 卢雅静. 时间的绵延：读莫奈绘画作品 ［J］. 美术教育研究, 2012（13）.

［107］ 马志生, 敬海新. 哲学思维方式的嬗变：从预成论到生成论 ［J］. 北方论丛, 2003（6）.

［108］ 任丰田. 斯宾塞社会进化论思想述评 ［J］. 重庆科技学院学报（社会科学版）, 2010（9）.

［109］ 沈骊天. 微弱的有序与强大的无序：论当代辩证发展观与机械论演化观的根本分歧 ［J］. 中国社会科学, 1995（5）.

［110］ 孙琦. 从柏格森的哲学观看艺术创作 ［J］. 美术学刊, 2009（12）.

［111］ 孙志明. 评柏格森的非理性主义 ［J］. 江西大学学报（哲学社会科学版）, 1987（3）.

［112］ 王礼平. 心与身的交汇：柏格森"二元论"及其实质 ［J］. 自然辩证法研究, 2002（6）.

[113] 汪天文. 三大宗教世界观念之比较 [J]. 社会科学, 2004 (9).
[114] 吴重庆. 生命情调的变奏：柏格森生命哲学在现代中国的流变 [J]. 福建论坛（人文社会科学版）, 1993 (4).
[115] 吴尚忠, 沈其新. 论柏格森与马克思的时间观 [J]. 韶关学院学报（社会科学版）, 2008 (11).
[116] 肖焜焘. 关于空间、时间、物质与运动的哲学考察：读黑格尔《自然哲学》笔记 [J]. 教学与研究, 1985, (6).
[117] 徐世民. 当代工具理性批判语境中的柏格森哲学 [J]. 安徽广播电视大学学报, 2012 (3).
[118] 杨大春. 从"形象整体"到"世界之肉"：梅洛庞蒂对柏格森自然观的创造性读解与借鉴 [J], 哲学研究, 2008 (12).
[119] 俞吾金. 问题意识与哲学困境：梅洛-庞蒂知觉现象学探要 [J]. 学术月刊, 2013 (4).
[120] 詹宇国. "柏格森热"湮灭的原因探析 [J]. 北京行政学院学报, 2002 (3).
[121] 张岱年. 生命与道德 [J]. 北京大学学报（哲学社会科学版）, 1995 (5).
[122] 张德广. 柏格森直觉认识和理智认识关系的基础 [J]. 社会科学家, 2011 (10).
[123] 张今杰, 季士强. 柏格森"绵延说"与理性方法的局限性 [J]. 社会科学家, 2006 (4).
[124] 张琼. 柏格森对自由的新理解 [J]. 内蒙古民族大学学报（社会科学版）, 2008 (5).
[125] 张向荣. 否定与重建：法国现代派文学的非理性维度 [J]. 学术交流, 2010 (9).
[126] 张中. 审美与直觉主义 [J]. 唐都学刊, 2013 (2).
[127] 赵剑. 黑格尔论存在与时间 [J]. 哲学研究, 2009 (1).
[128] 朱鹏飞. 在绵延中寻找美：柏格森美论述评 [J]. 西安电子科技大学学报（社会科学版）2003 (2).
[129] 朱鹏飞. "绵延"说与柏格森生命哲学的兴衰 [J]. 西南民族大学学报（人文社科版）, 2005 (9).
[130] 朱鹏飞. 主旋律艺术与开放道德：浅谈柏格森道德观对于主旋律艺术创作的启示 [J]. 文艺理论与批评, 2006 (3).
[131] 朱鹏飞. 柏格森："理念"论美学到"生成"论美学的桥梁 [J]. 安徽大学学报（哲学社会科学版）, 2007 (5).
[132] 朱全国. 柏格森生命哲学对文学活动的启示 [J]. 长城, 2010 (4).
[133] 朱松峰. 西美尔论生命 [J]. 云南大学学报（社会科学版）, 2011 (6).
[134] 呼啸. 柏格森戏剧理论的现代阐释 [D]. 西安：陕西师范大学, 2007.
[135] 刘云云. 论萧伯纳的创造进化论 [D]. 济南：山东大学, 2010.
[136] 张琼. 柏格森哲学中的绵延概念解析 [D]. 长春：吉林大学, 2006.

# 后 记

　　论文搁笔的那一刻，最为欢喜雀跃的是我不满 8 岁的女儿。于我自己，却近乎一种无所措手足的茫然与失落，它不招自来，且挥之不去。

　　2011 年 9 月，承蒙栾栋教授错爱，我有幸来到广东外语外贸大学攻读博士学位。先生是位大气磅礴的学者，不拘泥于中西任何一家之言，问学问道追求圆观宏照、通和致化，于文于思气势磅礴、高屋建瓴。当初，正是得益于先生的高瞻远瞩，我结识了柏格森，由此进入其深邃的生命之境。如今，3 年的博士生活转瞬即逝，我也一路急赶，步步匆忙，其中诸多点滴来不及回味，太多的感激没有道出，只能在这里一并表达。

　　因工作远在长沙，再加上两年来家事连连，故不能长期待在学校聆听先生的教诲。先生总能理解我的难处，尽其所能地在学业上关照我，一有可能便通过长篇邮件和短信与我交流。每次与先生碰面，他经常不顾劳累与不适，与我促膝长谈，从学之有涯到无涯，从生之有限到无限，先生的论题涉古旁今，纵贯中西，字字句句远见卓识，意味深长，每每让我有醍醐灌顶、豁然开朗之觉。在先生的弟子中，我年龄较长且天资稍逊，每与先生畅谈，他都不吝言语，极尽鼓励之辞，使我得以放下重重顾虑，欣欣然前行。3 年来，我能在诸多意外面前咬牙挺过，较为顺利地完成博士论文，其中多半得益于先生所给予的理解、鼓励与帮助。师恩厚重，非我言语所能尽述。

　　在这里，要感谢广东外语外贸大学给予我的有形培养与无形熏陶。初到广外，喧闹都市中这静谧的一隅已让我惊喜，而诸位老师沉浸学问的安然与怡然更让我感动。栾栋教授的高远、徐真华教授的广博、郑立华教授的洒脱、陈桐生教授的平实、杨韶刚教授的谦和，都给我留下了至深的记忆。读博期间，自己虽然不能全然待在学校，但老师们所给予的求学与致思精神却一直伴我左右，并使我终身受益。

　　感谢中山大学的高小康教授、王坤教授，广东外语外贸大学的徐真华教授、郑立华教授、陈桐生教授、张弛教授、张进教授。他们在论文开题报告会、预答辩以及答辩中提出的宝贵意见不仅使我的论文得以顺畅完成，而且对于我今后的学术道路也多有裨益。

感谢我的硕士导师佘协斌教授和张森宽教授。多年来，他们一直关注我的工作和学业，给予我种种关心和帮助。

感谢晓敏、逸莹、高琴、泽明和小白，广东外语外贸大学的生活有了你们的陪伴，多了几份温馨，少了些许孤单。感谢泽明不嫌不烦，多次帮我打印和递送论文。感谢研究中心的李瑛老师，她的帮助免去了我在长沙与广州来回奔走的辛苦。

心灵深处那最温馨的谢意还要送给我的爱人。在我读书做论文期间，他不但承担所有家务，还和我一起思考探讨，在哲学的王国里尽情游弋。没有他的相知相伴，我的人生一定不会像现在这样知足和幸福。

张峰

2014 年 5 月 28 日

于长沙梅岭书斋